圖解

五南圖書出版公司 印行

自我探索與成長

邱珍琬／著

閱讀文字

理解內容

觀看圖表

圖解讓
自我探索
更簡單

序言

諮商師不可缺少的自我探索與覺察能力

　　認識自己是我們一輩子的功課，我們從認識自己開始，在了解之後，才會愛自己、認可自己的價值，也才能進一步悅納自己。許多大學生進入大學時，亦是第一次獨立生活，會同時發現到自己的許多能力與挑戰。我們心理輔導學系的學生會有一堂「大一入門課」，其主要目的是協助新鮮人可以及早融入大學生活、有效利用相關資源，讓自己的大學生活更滿意，而其中很重要的一項就是「自我覺察」課程。

　　不僅是一般人有自我覺察的必要性，諮商師的自我探索與覺察更是非常重要的一項能力，許多正在受訓的諮商師常常忘記這一點，結果在實際的臨床工作上發生許多預想不到的問題，不僅讓當事人受到傷害，自己也對助人專業失去了信心。

　　在近二十年的培訓輔導教師與諮商師的過程中，我發現許多學生懷抱著錯誤的觀念來系所，其一就是認為自己是來助人的。然而，倘若我們所學的知能無法先運用在自己身上、讓自己信服，又怎能使用在當事人身上？其次，不少學生認為諮商只是使用助人技巧的工作，卻沒有思考到諮商師本身的「自我知識」才是最根本之方。幸好，許多諮商師或輔導教師培育系所，已經將自我覺察開設為一門課程，提

供學生做選修，而一般大學部也有類似課程，但著重點與內容有許多不同。諮商師若不了解自己，沒有與當事人一樣的生命體會，又如何同理當事人的處境，進一步予以有效的協助？因為諮商通常是以自己為治療工具，以自己的真誠一致展現在當事人面前，讓他／她與他人有誠實緊密的接觸與互動之後，看見自己的「能」，然後才有改變的動力與行動。因此，在自我了解的同時，清楚自己的挑戰或不足，就會有所行動，自然會有所成長。

市面上有許多有關覺察的工具書，但較少針對諮商師自我覺察的書籍；此外，綜覽自我覺察相關課程，許多授課教師還是使用一些相關書籍，卻沒有一本名為「自我探索」的書，這或許正展現了百家爭鳴、各有重點的多元情況。之前，我教授有關自我覺察與探索的課程時，都是靠自己摸索、慢慢上手，這本書讓我有機會將歷年來對於助人專業的自我探索教學與研究做一番統整，希望可以帶給相關領域的後進一些參考地圖，也可做為一般大學生自我認識與成長用書。在本書中，我將「自我覺察」與「自我探索」交互使用。

序

第1章 諮商師自我覺察的重要性

第2章 知汝自己

第3章 檢視與覺察和原生家庭的關係

第10章 對助人專業的自我探索與覺察

附錄

參考書目　

第1章
諮商師自我覺察的重要性

學習目標：

　　認識與了解自我，必須從「覺察」開始，並清楚覺察的定義與可以努力的方向。

1-1 自我探索與覺察的重要性

我們對於自己很好奇，不僅希望知道自己是怎樣的一個人，希望過怎樣的生活，完成怎樣的生命任務；也期待知道別人是怎麼看自己，對自己的評價如何，以及自己可以貢獻給社會國家的是什麼。這些都需要自我探索與覺察的功夫與努力，也就是「知汝自己」（know yourself）的功課，也可稱之為「自我知識」（self knowledge）。

許多在大學執教的同僚常常提到，現在大學生的自戀與自我中心、缺乏同理心，而最令人啼笑皆非的是「對自己不夠了解」，特別是在需要表現能力與成果時，事先總是把自己想得很完美，一到要表現或驗收成果時，就會怯場、退縮、不了了之，甚至將箭頭指向他人，即使是應徵教學或研究助理職務，只將其視為打工、增加收入的「涼缺」，詢問他有哪些技能，卻支吾吾說不出個所以然來。

「自我覺察」是諮商師及專業協助人員，個人與專業成長很重要的一項工作（Locke, 2001），當然這也可以運用在一般人的自我知識與成長。許多諮商師教育者（counselor educators）也一致認為，應該將自我覺察納入諮商師養成體系中，可使專業人才的培育更為周全、完整（Corey, Corey, & Callanan, 2007; Cormier & Hackney, 1993），儘管許多學者一再提醒自我覺察的重要性（如 Corey, 1991, 2002; Hazler & Kottler,

1994），國外的諮商師培育機構卻甚少將「自我覺察」納入正式訓練課程，陳金燕、王麗斐（1998）做過研究發表，然而也只是針對課程實施後的學生做追蹤評估，少了在課程內容與進行階段的探究，而陳金燕（1996a）也在實際進行課程教學之後發現：將自我覺察納入零散的教學中，固然有其功效，但因為缺乏系統與統整性，顯示還有許多進步空間。幸好目前國內不少諮商相關系所已經將「自我覺察」列為課程，可以讓準諮商師或輔導教師，在正式加入專業助人工作之前，先做一些自我整理的功夫。

我常常告訴即將開始諮商師之路的學生：

一、要將自己所學先應用在自己身上，倘若有效，才可以用在當事人身上，要不然無以說服自己與當事人，也不清楚這個理念或技術用在當事人過程中的實際情況（包括困難與功效）。

二、學習心理學與諮商，應該可以讓自己成為健康快樂的人，如果情況不是如此，可能就必須檢視自己是否真正學會，或是有一些未竟事宜依然困擾的我們，需要做一些澄清與整理。儘管在諮商師訓練過程中，時時耳提面命，然而學生也有許多個別差異，不一定願意領受我們的提醒，當然也要為自己的選擇負責了。

現代大學生（邱珍琬，2013）

- 不重視基礎能力的養成
- 較有創意
- 素質較差
- 不若以往的學生認真
- 對未來不確定
- 敢自我表現
- 學習目標較不明確
- 學習態度較為被動
- 不願意抓住學習機會或參與率低
- 自信指數較差
- 個人中心
- 不相信努力會有成果
- 較功利與市場導向
- 與他人之間的關係淡漠
- 家長有過度保護傾向

 中國學生眼中的臺灣學生（邱珍琬，2015）

- 懂得享受生活，也在生活中展現創意。
- 民主素養展現在學生的自主性與平權意識上
- 人際互動較熱絡
- 團隊合作經驗多
- 家人關係較親密
- 文化衝擊較多
- 人情味較濃郁
- 對外面的世界關注較少
- 敢於表現自我創意
- 缺乏競爭意識及國際觀
- 上課互動多且活潑
- 危機意識較低
- 發言較無條理
- 較早接受性教育，性別界線較模糊。
- 缺乏硬底子功夫
- 容易有小圈圈
- 主動學習的積極性較低

1-2 **自我探索與覺察的重要性（續一）**

　　自我覺察的功夫應該是持續下去的過程與工作（Gladding, 1999），不應一時或止，筆者希望將「自我覺察」的課程當作一個敲門磚，讓準諮商師們可以從這裡開始，對於自我與專業成長有更敏銳的覺知、反思與行動跟進，也可以建立起自我與諮商專業之間的緊密連結，除了在專業上更能發揮效能外，甚至可以做長期的自我檢視工作，真正成為一個「持續」（on-going）的歷程，也就是隨著經歷與成熟度的不同，自我覺察的向度、著重點與深度可能有差異。

　　誠如 Corey（1991）所言：諮商師必須知道自己的定位、能力與限制，然後以自我認知為據點，去協助當事人，倘若不知自己是誰、在做什麼，又怎能有效地協助當事人？就是所謂的「知汝自己」之後，才能有效協助當事人「成為他／她自己」（Goldhor-Lerner, 1989, cited in Winter, 1994）。

　　人本諮商師非常重視治療師自身的覺察與功能，治療師本身就是一個工具，運用他／她自己以及治療關係，來協助當事人。傾聽自我是每日的功課，諮商師的存在是有效療癒的基本要素，而諮商師與自己的關係，更是決定其工作品質的重點（Mearns & Thorne, 2007）。

　　「自我覺察」是許多諮商師養成課程中著重的一項功課或過程，目的是希望諮商師在真正協助他人之前，有足夠的自我知識，一來可以讓自己在個人與專業上持續成長（這也是當事人之福），二來可以避免諮商師在臨床工作中出現的自我議題妨礙了治療過程與功效。

　　由於諮商師所面對的是一般人在日常生活中會遭遇的問題或困擾，而諮商師也是人類社群裡的一分子，不免也會經歷這些議題，倘若助人專業者有殘留的未竟事務或是議題未解，很容易在諮商場域中被引發或挑起，而諮商師本身卻無敏感度或覺察，進而妨礙了治療工作，甚至對當事人造成傷害，就茲事體大。自我覺察可以讓諮商關係更安全，也讓治療師可以更客觀地看事物（Hackney & Cormier, 2009, p.14）。

　　回到一般生活中，希臘哲人蘇格拉底說過，我們一生的任務就在於「知汝自己」，每個人都努力在認識、了解自己，進一步展現自我與實現自我。曾子也說過「吾日三省吾身」，認為讓自己進步成長的途徑之一，就是反思與反省，我們在親職教育中也發現「願意反省的父母就是好父母」。因此可以了解：藉由覺察，可以讓自己更了解自己，同時也會有反思或反省，進一步思以改進之道，讓自己更好。

小博士解說

　　自我探索就是認識與了解自我的方便之道，也是讓自己更進步的不二法門。自我探索少不了會定義自己，因為想要知道自己是誰、為何來到這個世上、此生有什麼目的。當然，我們不是天生下來就會定義自己，而是先從周遭人開始，特別是與我們關係緊密、我們視為「重要他人」（significant others）的那些人來定義自己，漸漸地，隨著年齡與經驗的增長，我們慢慢拿回了自主權，他人對我們的看法只是「參照值」，不一定就是真相或有價值的，這就是所謂的「內在自我評價」。

完成以下語句

Step 1 以 **1分鐘** 時間將空格填入不同的形容詞，**不要想太多。**

我是一個 _____ 的人。	我是一個 _____ 的人。
我是一個 _____ 的人。	我是一個 _____ 的人。
我是一個 _____ 的人。	我是一個 _____ 的人。
我是一個 _____ 的人。	我是一個 _____ 的人。
我是一個 _____ 的人。	我是一個 _____ 的人。

Step 2 檢視自己所填寫的答案，有沒有發現什麼？

Step 3 所填寫的形容詞有沒有「從表面到內心」的傾向？
自己所填寫的皆是表面的事實（如姓名、性別、國籍、出生地、職業）？
還是馬上進入核心（如性格、興趣、缺點）？
這也暗示著自己對他人的開放程度。

 記錄自己的能力（舉隅，不限於此）

☐ 我有不錯的耐力，
能夠堅持到最後。

☐ 我可以將每日所思
所感記錄下來。

☐ 我會主動關心身邊的人。

☐ 我不會因為一時失敗而喪志。

☐ 我會帶給他人正面的力量。

☐ 我會發現他人的優勢，
也不吝於稱讚。

☐ 我喜歡觀察他人，
也反思自己的行為。

☐ 我有不錯的寫作能力。

☐ 我喜歡活動，
也讓生活有創意。

☐ 我會照顧家裡的小動物，
將其視為我的責任。

☐ 我不會將他人的批判
毫不保留地接納，
而是將其視為改進的參考。

＋ 知識補充站

　　自我覺察是認知、感受與行動三位一體的統整概念，不是單純「知道」或是有不同的感受而已，而是要有接續的動作，會進行改善或修正。

1-3 諮商師的自我探索與覺察訓練

諮商師的自我探索

助人之前要先學會助己。許多進入諮商輔導專業練課程的準諮商師，第一個念頭是想要協助他人，然而諮商師訓練裡很重要的一項功課是：將所學運用在自己身上，如果有效，再將其運用在當事人身上。「諮商」是一種生活方式的選擇，學習諮商就表示喜歡這樣的生活方式，願意讓諮商成為生活的一部分，而且劍及履及，甚至與諮商「合而為一」。

覺察的工作不是在專業或臨床上而已，最好的方式就是在日常生活中養成覺察的習慣。因為諮商師所面對的當事人，都是在一般生活中遭遇困境或瓶頸，諮商師也是一般人，需要在平常生活中有更敏銳的覺察與感知，才能夠更真實體驗當事人的經驗，再則，若能覺察自己可能有的偏見或思考，一來不會傷害當事人，二來也有助於諮商師自己的反省與成長。

有人認為諮商只是自己謀生的方式，與個性及生活無關，因此也接受自己在臨床場域的表現（專業態度與行為）與真實生活（做自己）不一致，這點其實很值得商權。倘若諮商是一種生涯方式，所謂的「生涯」包含了自己的個性、喜愛的生活方式與態度，以及生命意義之所在。因此，選擇諮商做為一生的志業，除了要相信助人對自己生命極具重要意義之外，也應願意在生活中履行諮商人的哲學與原則。

許多價值觀存在於「認知層面」，但很容易在言行舉止之中表現出來，因此即便諮商師在上述的覺察上都無問題，然而在現實情況中的表現可能會有差異，若沒有敏銳的自我覺察習慣，很容易就犯下錯誤，甚至傷害了當事人。通常是在遭遇一些情況時（有時很細微），諮商師才會敏銳覺察到自己的價值判斷，倘若沒有刻意留意，很容易在事件過去後，也不會引發任何反思或改進的動作。有鑑於諮商是助人工作，敏銳的覺察與改善動作是必要的，要不然助人反而害人，其所背負的責任更大。

覺察需經過刻意訓練

儘管人有自我反省的能力，基本上也是理性的動物，但覺察是需要經過刻意訓練，不是渾然天成的。有些人並不喜歡常做自我反省，而是比較喜歡反省他人，說出他人需要改進的部分；然而，自己的生命需要自己負責，責怪或反省他人並不能讓我們有所改進。覺察需要經過刻意訓練，進而成為自己的重要能力之一。

諮商師的自我覺察會越來越迅速，且更容易找出解決之方，進一步有改變的行動。諮商師的繼續進修是當事人之福，同樣地，諮商師願意自我覺察，不只在專業上更能勝任，在自我生命與成長上更是獲益良多。有些覺察是旁人提醒，但是有效能的諮商師的確有更多且細微的自我覺察。

正因為自我覺察是刻意訓練與努力而養成的能力，表示個體需要有主動積極的作法與行動，才有可能增進自我覺察的能力。「覺察」通常不是「認知」（知道）或「情感」（感覺難受或受挫）層面的警覺或了解而已，還需要進一步的行動做執行與改進，要不然「覺察」只停留在這些膚淺的層面而已，沒有實質效用。

諮商師日常生活的自我省思（舉隅）

與原生家庭的關係

1. 我與家人的關係如何？
2. 我的家庭氣氛如何？
3. 我的家庭有哪些價值觀或是規則？
4. 我從父母身上看見什麼？
5. 我與手足間的關係如何？
6. 我的原生家庭可有祕密？
7. 我父母的原生家庭又如何？

個人成長史

1. 生命中的重要他人是誰？對我的影響為何？
2. 我的生命經驗中有哪些重要事件？我對這些事件的看法如何？
3. 從性別角度來看自己的成長史，有沒有什麼特殊事件？
4. 我對自身成長的文化與族群了解多少？我的文化對我的影響為何？

接案之後的省思

1. 我對這個當事人有何看法？生命中是否也曾經有過類似經驗的人？
2. 我覺得這個案子很棘手，還是很容易？
3. 我喜歡我的當事人嗎？這個當事人讓我想到什麼？

每日的生活省思

1. 我今天過得如何？有沒有看到特別事件或人物？
2. 我今天的心情與狀況如何？

對於理論與實務的聯結

1. 我是否閱讀或是聽聞最新近的專業論文或相關文章？參加了研討會或聚會有一些新的學習？
2. 我今天對於哪個觀念又有了新的體悟與認識？
3. 我發現哪個理論的哪一點可能有新的創發？
4. 我試用了一個新的技術，這個技術是我自己發想的。

閱讀或是影音資料

1. 哪些訊息跟我之前的理解不同？
2. 哪些故事或資訊勾起我曾有過的經驗或傷痛？這些都經過處理了嗎？要不要繼續處理？

聊天或討論

1. 我對於某些人的看法是否改觀？為什麼？
2. 今天又有哪些重要的提醒與領悟？感謝這些人在我的生命中出現。

1-4 **自我與專業成長並行**

自我覺察與自我成長、專業成長二者密不可分。許多助人專業者較著重專業上的覺察，每每在接過一個案例或是晤談之後，會仔細思考與反省可以做得更好的地方，然而專業覺察只屬於專業層面上的嗎？我們很容易發現其實不盡然，因為助人專業所接觸的，都是人生世上會發生的大小事務，諮商師自己也可能遭遇到。擔任助人專業的特權，是可以接觸到形形色色的人物與際遇，絕大多數都是在生命中遭逢劇變或困厄的當事人，很多私事都令人不堪、難受，而助人專業者都可以被託付與信任，更應該珍惜與戒慎恐懼，因為會反省的諮商師是更好的諮商師。當然光是覺察是絕對不夠的，還需要有更進一步的行動改善，才能達成覺察的目標，這樣的覺察才有意義。

自我探索（或覺察）可能會帶來我們不喜歡的了悟或是不舒服的感受（Lister-Ford, 2002），似乎多了解自己一些，就會多看到自己的弱點與挑戰，然而自我覺察有專業倫理上的必需性，也有個人成長的必要性，目的是要讓我們在自我與專業成長上都有所增進。在諮商師教育中，自我探索或覺察的重要意義在於：

一、避免將自我未解決的議題帶入諮商場域中，甚至損害了當事人的福祉。

二、從認識自我的過程中，更清楚自己，也接受自己，才可以做為當事人的典範而效法之。

三、在治療過程中，諮商師本身就是最重要的工具，因此也可以決定治療的有效程度，所以諮商師更清楚自己的個性、能力、價值觀與挑戰，就可以減少諮商中可能犯的錯誤。Goulding 與 Goulding（1979/2008, p.3）提到，治療不能只靠諮商師的魅力，「『人』自己才是關鍵所在」，而治療現場是「人與人的交會」，治療師除了提供自己之外，對於當事人的了解與接納也是療效關鍵（Corey & Corey, 2011, p. 43）。

有研究者（Radeke & Mahoney, 2000, cited in Corey & Corey, 2011）發現：專業助人者不僅在助人工作中看到自己的影響力，也讓自己成為更好、更有智慧的自我覺察者，他們更能欣賞人際關係之美、忍受曖昧不明、享受生命之美、感受靈性，也有機會去檢視與改變自我價值觀。這裡也說明了光是覺察的力道並不足，還需要有改變的動力與行為。

在治療過程中，不是諮商師在協助當事人而已，諮商師本身在與不同當事人的交會與互動中，可以讓自己更成長，了解更多的人性與悲憫，也更肯定自己工作的意義與貢獻。自我覺察的必要性不僅是在諮商師養成訓練中發現，也彰顯在目前的若干助人實務工作上，如工作負荷造成的倦怠與缺乏自我照顧（包括沒有看到自己的盲點）、缺乏同儕與有效督導的相互學習與成長（陳金燕，1993），都可能是自我覺察功夫的不足所致。

有效諮商師的特質（Hackney & Cormier, 2009, p.13）

自我覺察與了解	對自我需求、感受、優劣勢與因應方式、助人動機的了解。
心理健康	相信助人專業，也願意去認識、了解自己，並做適當的自我整理。
敏銳度	對自己及他人的族群或種族等文化議題敏銳且了解。
開放的心胸	願意接觸與接納不同。
客觀	處理自己的未竟事務，不將當事人的事務個人化。
有能力	專業、倫理與人際能力。
可信賴	可相信、負責任、可預測。
具人際吸引力	喜歡與人相處、有處理人際關際的技巧與能力。

成功的諮商師必須要（Staton et al., 2007, p.148）

了解自己

了解當事人

協助當事人改變

了解當事人的治療關係

有效運用治療關係

1-5 自我與專業成長並行，成為成熟諮商師

自我與專業成長並行（續）

有學者說得好：「當你距離真我越遠，你就更可能在諮商中犯下根本的錯誤。」（Staton et al., 2007, p.140），其暗示的意涵就是：專業助人者的首要之務就是了解自己、接納自己，也願意真實呈現自己，這就是個人中心學派創始人 Carl Rogers 所謂的「諮商師的透明度」或「真誠一致」。唯有治療師裡外如一、前後一致，以真實坦誠的面貌對待當事人，才有可能以自己為治療工具，提供與建立真誠無偽的治療關係，同時讓當事人感受到自己是「如其所是」地被完全接納，進而願意接納與喜歡自己、感受到自己的價值，也願意為自己做更好的改變。

要成為一個諮商師，最重要的是了解「自己的模樣」（your way of being, Corey, 2001, p.25），「知道自己是誰」也是發展自己獨特諮商型態的起點。了解自己之後，才會清楚自己的優勢與挑戰，也會有具體的努力方向，因此會更願意悅納自己、真誠過生活，也會更快樂。擔任諮商工作，不僅可以面對自己許多未探索的障礙，如權力、性慾、價值觀，或一些存在議題，如孤單、死亡與意義（Corey, 2001, p.113），也可以藉由進一步的覺察與行動，讓自己的專業與生命品質更佳。

成熟諮商師的特色

成熟、有效的諮商師所表現出來的，就是與自己核心理論一致的生活哲學與態度。治療師會因為某一諮商取向或理論，吻合或可解釋自己的個性、信念及生活經驗而情有獨鍾，不僅在認知上相信這一個取向（或理論）對於世界、人性與問題的觀點，也在生活中劍及履及這些信念，因此有人會說「這位諮商師很『理情』」或「這位諮商師很『人本』」，其意思就是指治療師在臨床工作與生活上，都是以此理論的觀點為圭臬。

諮商師的身體力行，不僅說明了身為專業人員對所服務當事人與族群及社會的責任，同時也讓自己的專業與生命質感更佳。諮商師也是當事人效法的楷模，因此在某方面是一位教育者的身分，以身作則是非常重要的。擔任助人工作是一項難能可貴的「特權」，其影響層面極大，需要戒慎恐懼。

小博士解說

諮商師的成熟度與其經驗值、專業成長等成正比，也就是需要不斷地自我省思與進修，方能成為更有效率的治療師，這意謂著諮商師要讓自己在專業上更精進，必須要擔任主動、積極的行動角色。

成熟的諮商師應該展現的特色
（Jacobs, cited in Whitmore, 2004, pp.67-68）

1 了解人類成長與發展、心理病理學、不同理論與取向的理論與實務、研究方法與覺察。

2 成熟的判斷力，做決定（評量與治療過程）的自信，與做評估的能力。

3 在與當事人接觸或焦慮時，還能同時思考與聚焦。

4 能評估諮商過程，包括自我評估、監控自己的判斷，與發展一個「內在督導」。

5 對督導的態度。不只是訓練之必要，也是深入了解與發展實務的重要諮詢來源。

6 以不防衛的態度對實務做反省，也從錯誤中學習。

7 對學習開放（統整知識與實務）。

8 能夠工作，並隨經驗拓展個案源與脈絡。

9 對「未知」覺得坦然，有能力放棄對威權的需求，也對自己能力更有自信。

10 對自己能力的真誠謙卑，也讓當事人可以更認可助人專業。

11 自我接納、有自信地自我呈現、一致的承諾，與當事人工作時展現出效率與專業。

12 從不同經驗裡持續地自我發展與增進自我知識。

13 隨時間而增加的效率，有機會與不同的當事人工作，統整理論與實務，也可以發展劃時代的新理論。

✛ 知識補充站

　　諮商師所喜愛的治療取向，與自己的個性有極大關聯，而所選取的治療理論，通常是可以解釋自己的生命經驗者，才會持續專研此學派，使其與諮商師的自我整合起來，成為行事處世的方針。

1-6 **自我覺察的定義與項目**

自我覺察的定義

自我聚焦（self-focus）或自我覺察（self-awareness）源自社會心理學，目前常用於諮商師的專業發展上。其定義為：諮商師覺察自我與經驗的程度，然而過度的自我聚焦會引發不必要的焦慮（Ellis, Hutman, & Chapin, 2015）。

一般對於「自我覺察」的定義，眾說紛紜，而簡單說來是：個體有意識地知覺某些特殊事件，對於自己心理、情緒、人際關係、文化，甚至行為上的影響（Sommers-Flanagan & Sommers-Flanagan, 1993, cited in Brown & Parham, 1996）。

國內學者陳金燕（2003）將「自我覺察」定義為：「自己『知道、了解、反省、思考』自己在『情緒、行為、想法、人我關係及個人特質』等方面的『狀況、變化、影響及發生的原因』」（p.61）。自我覺察是有意識地做自我觀察與反思，除了身體、感受、生理、物質環境與人際面向的知覺之外，還涉及感受與內心思考部分。筆者認為可以再加上「行動」部分，因為光是覺察還是屬於「認知」的層次，因此必要時還要加上行動做改變，所以本書的覺察也將行動囊括在內。

自我覺察項目

Mortiboys（2005, p.99）建議教師自我覺察的幾個向度，它們是：覺察自己當下有關教學的任何感受，覺察身為教師的價值觀與態度，以及覺察自己的教師行為、他人怎麼看待自己。倘若以諮商師的覺察來說，也可以是：覺察有關諮商的當下感受，身為諮商師的價值觀與態度，以及覺察自己的諮商師行為、與他人是如何看待。綜合言之，就是：個體對於自己現存生活與生命情況的過去、現在與未來的各種環境、文化、背景等相關影響的了解與行動。

自我覺察的範圍很廣，幾乎可以囊括生命經驗的全部，Corey 與 Corey（2002）在其自我檢視的書籍裡，觸及到了學習、過去經驗與影響、挑戰與自主、健康、壓力管理、愛與親密關係、性與性別、工作與休閒、失去與死亡，以及生命意義等課題。

由是觀之，覺察應該是「知人與知己」的功夫，除了了解自己的一切生活歷程、特質與文化之外，還必須關懷周遭的人物環境，甚至是潛在的當事人與所採取的行動（Hill, 2003），套用 Arredondo（1999, cited in Hill, 2003, p.41）的說法：諮商是動態的文化經驗（a dynamic, cultural-bound experience）。我認為每一個個體都代表著不同的文化體，個體就是一種文化的揉成，因此概括來說，覺察就是將所有關於此文化體的一切都列為關注議題，而更進一步體認與反省個體在宇宙的地位，與心靈上的需求領悟。

小博士解說

「自我覺察」項目包含甚廣，但是萬變不離其宗，都要從自我本身做起，自日常生活、與他人互動過程，以及靈性或其他生命關切的事件裡，願意持續花時間與心力，去做深入思考，也以實際行動執行。

自我覺察項目

知覺與行為	藉由五官等的知覺去感受，然後從動作或聲音管道來表現。
感受	情緒與生理的感受，像是手掌出汗或心跳加速等。
欲望（想要）	對於未來事情的展望或希冀，像是將臨的畢業、中樂透等。
價值與評價	比上列更廣泛的經驗，像是對他人的評價、社會或靈性議題的看法等。

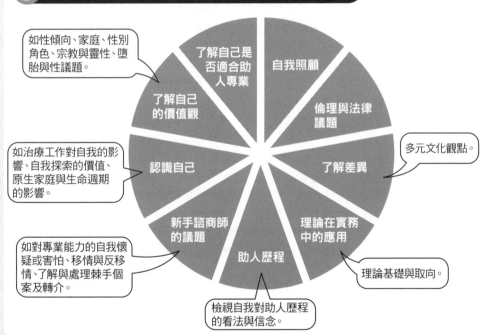

專業助人者的自我覺察項目（Corey & Corey, 2011）

+ **知識補充站**

　　人類是有能力覺察的動物，但不是每個人都願意花時間與心力向內看自己，因為這個動作需要有極大的勇氣去面對自己的不完美或不堪。然而，只要踏出第一步，後續的部分就更容易，自我覺察的深入與否，也與自己想要過的生活意義有關。

1-7 自我覺察項目與行動跟進

自我覺察項目（續）

完形學派提到最多「自我覺察」，Polster 與 Polster（1973, cited in Sharf, 2012, p.224）舉出四項的自我覺察：一、知覺與行為的覺察。二、感受的覺察。三、欲望（想要）的覺察。四、價值與評價的覺察。

Perls（1973）則提出自我覺察的三個範圍，它們是：一、對外在環境的覺察。二、對自我的覺察。三、對自我與環境互動的覺察（即對訊息做抽象解釋的過程）（引自曾貝露，2011, p.23）。

當然，自我覺察不限於此，也不限於當下的覺察。

此外，完形學派是針對治療過程，以及一般人常常無法真誠面對自己與他人（治療目標），而強調「自我覺察」的重要性，若拿到日常生活與諮商師訓練課程來說，「自我覺察」是持續性的工作，也是讓治療師的專業與個人成長有極大助益的功課。

Zinker（1978, cited in Sharf, 2012, p.226）特別提到完形學派可以協助當事人對自我與環境諸多面向有更完整的覺察：

一、個體對於自我身體感受與環境有充分覺察。

二、個體擁有自己的經驗，且不會將自己的經驗投射在他人身上。

三、個體學會覺察自己的需求與滿足需求的技巧，同時不會妨礙他人的權益。

四、充分與知覺接觸，可以容許個體去欣賞自己所有的面向。

五、與其哀鳴、埋怨或讓他人有罪惡感，倒不如去體驗自我的力量，以及自我支持的能力。

六、個人對於周遭人事物的敏銳度增加，同時可以保護自我免於危險環境的傷害。

七、對於自己的行動與其結果負起責任，是更大的覺察。

在提升自我覺察的線索上，可區分為：生理感官、肢體動作、情緒感覺及想法念頭等，覺察的時點可以是立即（當下）或事後，而受到啟發的原因可能是自發性的或他人所提點（陳金燕，2003, p.61）。覺察主要是以個人內在經驗為核心，由外而內可分為個人、家庭、社會與文化四個層次。本書將就不同向度的重要議題做討論，分散在不同章節之中。

覺察背後要有行動跟進

只有覺察是不足夠的，需要進一步行動去做改變。「覺察」屬於認知層面，許多人很會覺察，尤其是針對他人的不足之處或是錯誤，當然也會覺察到自己的不足之處或錯誤，然而只是「知道」卻沒有進一步的行動跟進，這樣的「覺察」沒有太多的作用，需要有接下來的行動，才會讓覺察有意義、改變成為可能。

刻意地訓練覺察能力之後，不僅對生活周遭的人事物敏銳度增加、覺察速度加快，細膩及敏銳的感受也會隨之而來，然後就會有想要更好的改善動力，而這個動力會驅使個體去執行改善計畫，進行改變。也許你／妳要問：「難道改變就會更好嗎？」當然不一定！若是好的，就繼續維持下去，然而我們一般人的惰性，常常是維持現狀，即便知道不方便或是不對，也不會積極去做改變，除非是被逼到盡頭，在不得不的情況下，才會思考改變的可能性，有時候改變來得太晚，也不一定有效。

自我內在經驗（陳金燕，2003, p.63）

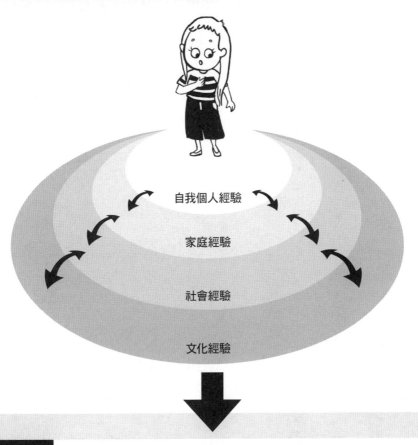

自我個人經驗

家庭經驗

社會經驗

文化經驗

個人經驗	個人藉由這些經驗而有的情緒、思考（含哲學觀）與行動。
家庭經驗	原生家庭給予個人的影響，包括信念、價值觀、道德規範或傷害等。
社會經驗	與不同個人的互動、衝突等經驗與學習。
文化經驗	與不同語言、社經地位或風俗習慣的個人、族群與社區接觸及互動的經驗。

第 2 章
知汝自己

學習目標：

　了解「自我知識」的面向，包括：關鍵自我、社會自我、因應自我、創意自我與身體自我及其細目。

2-1 自我認同與發展

　　「知汝自己」是自我覺察的第一項，也是各項之統稱，希臘哲人蘇格拉底認為人的一生就在「知汝自己」，也是持續建立自我感的過程。所謂的「知汝自己」是怎麼一回事？如何落實在實際的生活中？我們一輩子都想要清楚、弄懂自己是怎樣的一個人，在認識及了解自己之後，才容易悅納自己，也願意讓自己更好。中國人有所謂的「自知之明」，這樣的人通常較有社會智慧、自律、能夠被信賴。當了解到自己是怎樣的一個人，會有什麼樣的反應或作為，喜歡與想要成就的是什麼，自然就有生命目標，會採取行動去執行與完成，自我覺察也是多元智慧裡的一個元素。

自我認同與發展

　　「我」到底代表著什麼？在談到自我覺察的功課之前，有必要針對「自我」與「自我認同」做一些說明。「自我」通常包含幾個面向：生理我（外表、身材、特徵、技能、動作、健康情況等）、社會我（與他人相處的、他人眼中的自己）、智慧我（認知與理性）、情緒我等。

　　「自我」是許多心理學者重視的議題，像是佛洛依德將其分為「生物我／本我」、「自我」與「超我」，指的是個體與生俱來的衝動與慾力（生物我）、要平衡本我與超我要求的現實我（自我），以及以父母或社會道德為憑依的「超我」。佛氏強調「本我」在人格過程中的影響力，也就是個體潛意識底下運作的力量。

　　孩子從出生那一刻起，就開始「長自己」了，但是父母較少意識到這一點。依據兒童發展學家 Piaget 的理論，幼兒對於人、我是無法區分的，因為他們會以自己的角度與觀點來看所有事物，等到幼兒能夠區分人我時，「自我」於焉產生，接著才會進一步更去認識與理解自我，許多家長在聽到幼兒第一次說「不」時，就很清楚孩子不是父母的分身，而是有自己獨特性格、想法、感受與行動的「個體」了。當然，還必須有人我「關係」的存在，才有機會去觀察與檢視自我，然後依據人我的「接近性」與「相似性」，來了解自己對他人的影響，或是自己屬於哪一個群體（Duval, Silvia, & Lalwani, 2001, p.17-18）。

　　自我認同主要與「社會比較」（social comparison）及「資訊的社會影響」（informational social influence）（Duval et al., 2001, p.19）有關，也就是個人會與他人做比較，同時受到社會上一些資訊（如性別角色、重要他人期待）的影響。單單只是自己一個人，無從得知他人對自己的觀感與看法，也無法知悉自己是怎樣的一個人，因此他人的評估可以做為參照架構，看看自己符合社會文化的標準如何，獨特性又怎樣，然後從中做判斷與修正，畢竟人有獨立性，同時生活在群體之中，也需要顧慮他人的感受。

自我認同項目舉隅（不限於此）

我喜歡自己的程度如何？

我對自己了解多少？
清楚自己的優缺點嗎？

我喜歡自己的性別嗎？
對自己有性慾可以坦誠以對？

我喜歡自己的身材與長相嗎？

我的一致性如何？

我願意坦誠面對他人嗎？

我有幾個有意義
的人際關係？

我接納原生家庭所
給我的一切，也願
意從中學習嗎？

我是不是很在乎他人對我的看法？
會不會因此而假裝或掩飾真實的自己？

雖然我面對不同的人會展現不同
的自己，但我很明白自己是怎樣的
一個人，也盡量維持核心自我？

2-2 **自我認同與發展、影響因素**

自我認同與發展（續）

通常「自我認同」是先由他人（特別是「重要他人」）眼光來定義自己，慢慢才會以他人的評論為參照標準，並檢視自己的條件，接著進展到自我定義及評價系統。像是小時候，我們會將自我的內涵與優劣交由他人掌控，因此當別人說我們好時，就沾沾自喜，反之，就會認為自己不好、沒有價值，尤其很重視重要他人的評語。隨著年歲與生命經驗的成長，我們慢慢拿回自主權，他人的意見可以當作參考，並不足以影響我對自己的看法。然而，若是自信不足者，還是會以他人意見為導向，失去自己評估的能力，甚至以討好他人為目標，這也呼應了 Carl Rogers 所說的「建立內在自我評價」的重要性。

影響自我認同的因素

自我認同是指自認為自己是怎樣的一個人。自我認同受到諸多因素的影響，包括傳統、歷史、社會、文化、族群、性別、出身、家庭背景、社經地位、身體功能與外表、能力、性傾向、價值觀等，不一而足，要清楚釐清的確有難度，還要看個體本身是如何看待這些因素或條件而定。

我們終其一生都在企圖更清楚地認識自己，因此從與他人的互動中是最容易獲得訊息的，小時候或許會將自我評價的權力放在重要他人或不相干的人手中，後來隨著經驗值增加，慢慢取回自己的權力，但同時也會深受身處社會文化的約制，基本上男性較女性有自信。例如，女性本身的地位因受到男性主宰社會而較低落，而女性又重視與人之間的關係（包括他人對自己的看法，怕破壞和諧而不敢說出自己的意見），倘若女性又有所謂的「複製父權」（將男性至上的觀念內化，甚至執行），更會對自我信心與看法有斲害。許多女性是到中年之後，甚至是為人母之後，為了護衛下一代，而變得更堅強、有自信，或許是已經經歷了人生許多事件，累積了一些生活智慧，也願意為自己挺身而出。

自我認同會影響自己怎麼看自己或對自己的期待，也涉及他人（尤其是重要他人或同儕）如何看自己、定義自己，而因為人不能自外於周遭環境或人群，因此自然也受到自己是哪一種族、文化與地位、風俗和價值觀等等的影響。

小博士 解說

「自我概念」（self concept）指的是個體對於自己的看法、認為自己是怎樣的人、對自我價值與自信的程度等。自我概念不是憑空形成，也不是不會改變，個人隨著生命經驗的累積與思考，會慢慢修正對自我的看法，通常會更清楚自己，也接納自己。

不同心理學派對自我的解釋

精神分析	自我（ego）代表人格中的理性，也是人格與外界接觸的部分，其功能是調節原始衝動（本我）與社會道德（超我）的要求。
楊格的精神分析	人格裡面的「意識」中心，其功能是將意識組織起來，提供自我認同感與維繫每日的生活。
人本學派	自我概念（self concept）是人格的核心，由經驗、價值、意義與信念所組成；「真實我」（real self）與「理想我」（ideal self）間的差距，將造成個人煩惱。
存在主義	自我是一個完整的個體，不可切割且與不同個人彼此互相影響。
理情學派	自我是一統整之存在，思考、感受與行為俱足。
溝通交流分析	人格中有三種自我狀態（ego states，父母、成人與孩童），關乎個人行為模式與行動。

自我認同的影響因素（不限於此）

傳統　文化　族群　能力　社經地位　歷史　社會　性別　性傾向　家庭背景　身體功能與外表

自我認同的影響因素

＋ 知識補充站

「自我認同」依據張春興（1989）的解釋為：個體自覺為一個獨立的個體，且對其自身有「統合感」。所謂的「統合感」是代表人格成熟的一種狀態，乃個體綜合當前自我、生理特徵、社會期待、以往經驗、現實環境及未來希望等六個層面，成為一個整體的人格結構（pp.591 & 317-718）。

2-3 **自我知識**

諮商師的「自我知識」先於專業知能，必須對自己有一定程度的了解之後，進一步才能為其他人做更好的服務。有些人投入諮商或輔導的行列，卻不太清楚自己是誰、要的是什麼。而當面對生命中遭遇困境的當事人時，常常被勾起舊有的創傷或是未竟事務，造成對當事人的傷害。

諮商師要做倫理的專業判斷並不容易，除了需要對諮商專業倫理有清楚的認識與了解、修過相關的倫理課程之外，還要有法律方面的常識與知識，因為服務的對象不同，有可能會涉及不同的法律層面，像是平等教育法、家暴或虐童案、父母執行親職的權利與限制、未成年兒童與青少年的權益與福祉、涉及違法或犯罪案件等，因此最重要的是輔導教師或諮商師本身的自我覺察功課。

想要擔任助人工作者，第一個要很清楚自己為什麼想要從事這一行，是為了自己的療癒、為自己的生命找答案，是喜歡幫助他人或被需要的感受，還是因為社會的聲望地位？助人專業是生涯的一種選擇，因此要考慮到自己的個性、生活方式與生活目標，讓專業可以與個人生命結合在一起。

社會大眾對於諮商師或輔導老師的期許很高，而不管從事的是哪一種行業，都希望對社會或人類有正面、積極的貢獻，因此最好的方式就是「表裡如一」、「言行一致」，一來對自己誠實就很好交代，二來也不需要花費額外的心力去遮掩或欺騙，人生可以過得坦蕩蕩。選擇從事諮商這一行，自我覺察、反思與做適當的改變行動是很重要的。

遊戲治療大師 Landreth（2002, cited in Blanco, Muro, & Stickley, 2014, p.45）曾說過：「治療師帶入遊戲治療關係，最重要的資源就是自己。技巧與技術是有用的工具，但治療師要能運用自己的個性，才是最偉大的資產。」因此他提醒治療師要去認識及探索自己，才可能進一步協助當事人的自我成長，這一點其實與 Carl Rogers 的信念若合符節，諮商師提供自己做為治療工具，因此治療師的真誠、前後一致與無條件的積極關注，可讓當事人映照自己、接納自己、願意改變。

身為一個人或諮商師，最重要的是了解「自己的模樣」，或是「自我知識」（Corey, 2001），這也是發展自我獨特諮商型態的起點。擔任諮商工作，接觸的是一般人生活中會遭遇的問題與瓶頸，因此治療師本身也要對生活周遭的相關議題有所了解。此外，諮商師也會觸碰到許多自己尚未探索的障礙，如權力、性慾、價值觀，或一些存在議題，如孤單、死亡與意義，可以藉由進一步的覺察與行動，讓自己的專業與生命品質更佳。

阿德勒提到，人天生下來就有自卑感，而這種自卑感讓我們有動力與勇氣去克服與超越，反而成為一種反動力。Rogers 提到，人的「不一致」是進入治療的前提，而所謂的「不一致」通常是「理想我」與「現實我」之間的差距過大（類似「眼高手低」）。人之所以痛苦，主要是因為總覺得自己「不夠好」，所以想要讓自己擁有更多、變得更好，殊不知先接受「夠好」的自己、喜歡自己之後，才可以欣賞其他的美好。接納自己的所有，或是接納當下的一切同時，會有平和的心境，這就類似「尖峰經驗」（peak experience）那般自在愉悅。

心理學家艾利克森的心理社會人格發展階段
（Erikson, 1997, pp.32-33）

發展階段	危機特色	優勢	重要關係
嬰兒期	基本信任對不信任	希望	母親
兒童早期	自主對羞愧或懷疑	意志	父母或主要照顧人
遊戲期	啟始對罪惡感	目標	家人關係
學齡期	勤奮對自卑	能力	鄰里學校
青春期	認同對認同混淆	忠誠	同儕團體與外團體、領導模式
成人前期	親密對孤立	愛	友誼、性、競爭與合作伴侶
成人期	傳承對停滯	照顧	分工與分攤家務
老年期	統整對絕望	智慧	人類族群與我群

  從「周哈里窗」看自己的不同面向

2-4 自我的面向之一：關鍵自我

Ivey 與 Ivey（2008, pp.34-39）將自我分成五個部分，分別是：關鍵自我、社會自我、因應自我、創意自我與身體自我，若是以兩人所提的幾個面向來探討，就涉及到以下幾個重點，本章會做簡單介紹，而將其重點置於不同章節。

關鍵自我

一、靈性

許多人在出生時就承襲了家族或父母的信仰，在臺灣也有人在小時候就隨著家人茹素。一般人想要有精神或靈性的寄託，大概在三十歲左右最明顯，或許是在這個年紀已經經歷了生活中的許多事件，發現俗世的價值觀不能滿足自己，甚至因為生活遭受劇變，想要仰賴更高明的神祇，或是尋求更高遠的價值，就會開始追尋靈性的歸屬或依靠。

人生在世，有許多事物或現象不是我們可以理解或解釋，加上人有死亡或不存在的焦慮，這些都是在世的知識或科學無法解答的，於是就有超越俗世的信仰產生，這些信仰可以為人生或死亡找出路或答案。

二、性別認同

我們對於自己所屬的生理性別感覺如何？因為這個性別而被對待的情況如何？如果是男性、異性戀，是不是有理所當然的權力感？而身為女性、異性戀的感受又是如何？倘若身、心的性別不一致呢？或是自己的性別認同是少數呢？這些都會影響我們對於自己的看法及自信。

我們是否曾經因為自己的生理性別而受到寵渥、騷擾或歧視嗎？女性的社會化過程與男性有很大的不同，女性常常是被要求要自我控制，以安全為考量（Collins, 2002），也重視與他人之間的聯繫，拿到性的議題上來說，女性就被要求被動、配合、壓抑自己的需求。

三、文化或種族認同

我們屬於中華民族，又因語言與居住地（如外省、閩南、客家、原民、新住民）、生活習慣或價值觀等不同，這些都是自己的歷史、自我的一部分，不能切割開來。我們對於自己所屬族群的正向與負向觀點為何？有無共同的歷史創傷（如本省與外省人、原民與臺灣人）？這些都會影響我們的政治傾向與認同。

小博士解說

我們生活在自己的族群或國家中，較少到國外接觸不同文化或族群，比較沒有機會受到自我認同的震撼，若是以觀光客身分出遊，短期之內也不會有太大的衝擊，除非居留一段時間，與當地人有密切接觸，才會有機會以他人經驗來覺察自身的許多議題（如族群認同、他人對外族人的看法與對待等）。

自我的面向（Turner, 2007, p.103）

核心自我 (core self-conception)	指在不同情境下的統整自我（較為模糊）。
次身分 (sub-identities)	個人對自己在不同階層與機構領域的自我評價（較為清楚）。
角色身分 (role-identities) 或情境角色 (situational-identities)	個人在特殊社會建構脈絡下的特殊角色，如是怎樣的一位母親，或學生在某科目的班級表現為何。

自我面向與情緒覺察的關係

健康自我（Ivey & Ivey, 2008, pp.34-39）

2-5 自我的面向之一：關鍵自我（續一）

四、自我照顧

1. 接納自己

楊格（Carl Jung）提及「阿尼瑪」與「阿尼瑪斯」的觀念，分別代表不同性別裡的「異性」特質（如感受、態度與價值觀），每個人都有這些兩性的特質，只是礙於社會文化對於不同生理性別的約束，有時候不能表現某一性別的特質。像是有些男性認為男人不應該哭或是表現軟弱，所以一直表現得很堅強、冷漠，而有些女性認為自己若是表現出堅決與粗魯，就會被貶損，或被標籤為「不像女人」。

其實，男性若能適時展現溫柔，女性可以表現肯定，就不會因為「性別」而剝奪了自己呈現真實自我的可能性。接納自己的長處與短處，認為可以改進的就改進，無法改善的也要真心接受，這就是接納「如我所是」（as I am），最怕的是看不到自己的優勢，老是認為別人比我們好，或是自視甚高，不願意接受自己有短處的事實。

人本心理學派 Carl Rogers 的理論中，有一個「評價中心」（locus-of-evaluation）的概念，指的是一般人對於自我評價會從他人的標準（外來的）移轉到自己的標準。自我價值在最初雖然需要他人的積極關注，但是後來個體就不需要依賴這些外來的關注，成為一個有自信與自尊的人，也就是自己建立評價標準，不需要以他人之標準來評估自己。Carl Rogers 提出「功能完全的人」（the full functioning person）的概念，就是指理想的情緒健康者，不僅對經驗開放、活得有意義與目的，也相信自己與他人（Seligman, 2006）。

2. 了解自我的價值（自尊）

接受自己的模樣，包括自己的能力與限制，在接納之後，才會喜歡自己，或做下一步的改善動作。「接納」並不等同「自戀」，後者是以自我為中心，若無得到自己想要的或關注，就會怪罪他人，認為別人對待自己不公。

「接納自己」的真正含意在於：不花時間與心力去否認自己或仇恨自己，而是開始積極去認識、喜愛、尊重與照護自己。只有喜愛自己的人才會尊重自己，並進一步贏得他人的尊重與喜愛，倘若自己都不喜歡或尊重自己了，又怎能要求他人喜歡或尊重自己？

3. 自我照顧與自律

「自我照顧」是每一個人的重要功課，「自愛」當然也要從自我照顧開始，而「自愛」與「自律」是一體兩面、相輔相成，自愛是愛惜與愛護自己，而自律則是為此負起責任。「自我照顧」包括照護自己的身體、心理（包括情緒）與心靈，最簡單的就是清潔衛生、遠離藥物、健康維持與安全習慣。而所謂的自律，就是知道節制與管理，凡事重視平衡、過與不及都不好，因此涵括的面向甚廣，生活習慣、飲食與睡眠、壓力與情緒調適等都在其中。

4. 自我實現與成長

每個人都有自己的夢想、希望可以成就的人生目標，卻不一定都能夠達成。每個人對於成功的定義也不同，在人生中想要的成就亦不同，只要發揮所長、有益社會，都是值得實現的夢想，在人生不同階段可以規畫近、中、長不同目標與執行計畫，讓自己築夢踏實。

自我照顧項目與內涵

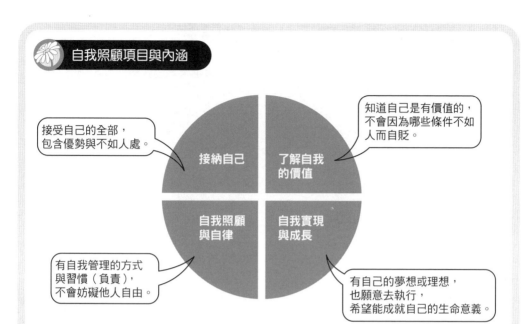

接受自己的全部，
包含優勢與不如人處。

知道自己是有價值的，
不會因為哪些條件不如
人而自貶。

接納自己

了解自我
的價值

自我照顧
與自律

自我實現
與成長

有自我管理的方式
與習慣（負責），
不會妨礙他人自由。

有自己的夢想或理想，
也願意去執行，
希望能成就自己的生命意義。

自我探索與成長關注面向（Corey, 2002）

檢視自己的
成長過程

工作與休閒

性別

性與性慾

壓力管理

意義與價值觀

身體與健康

與他人的關係

死亡與失落

寂寞與孤獨

＋ 知識補充站

　　功能完全的人，是指一個人可以接觸到自己最內在的感受與渴望，不僅了解自己的情緒，也信任自己的直覺與衝動，「無條件積極關注」是功能完全者的重要特色。

2-6 **自我的面向之二：社會自我**

一、自我界限

「界限」是心理學名詞，指的是與他人之間無形的關係線，用來規範自己與他人的關係（親密或疏遠），以維持自我的獨立性，同時也維持與他人的關係。維持彈性的界限是最好的，也就是不僵固、不糾結的狀態，而界限的拿捏主要是靠個體主觀認定的關係來評估，自己有絕對的權力來做決定，而不是在被逼迫或不得不的情況下而做的選擇。

二、友誼與愛

有了「界限」的觀念之後，就會清楚自己與他人的關係該如何掌握。我們都需要與他人互動、建立有意義的人際關係，有所歸屬，自己就不會孤單。

但是，友誼與愛情卻不是我們可以完全掌控，友誼還有親疏遠近關係不同，況且要雙方「共同認定」並不容易。像是我若視對方為知己，對方卻不一定有同樣的認定（或許只當我是「朋友」），我們對他／她好，對方不一定領情，反之亦然，但是無需太掛心，只要討好自己想討好的人就好，然後進一步試試看有無深交的可能。

在愛情中，不要迷失自我，因為親密關係中除了「我們」之外，還有分別獨立的「我」，倘若在交往過程中，主、被動地將自己的支持或人際網路給疏離了，或許在緊要關頭（或戀情進展不順利時），沒有可商議或求助的對象，處境可能更艱難，甚至危險。

諮商師當然也有自己的人際、友情與愛情關係，這些私人事務也會影響到對關係的看法或作為，要謹慎小心。諮商師本身對於親密關係與友誼的觀點如何，會不會害怕與他人太靠近，總是擔心他人對自己有所圖；或是擔心當事人喜不喜歡自己，對自己能力看法如何；會不會對於某些當事人較喜歡，有些較疏遠，都是值得關注的事項。

諮商師不需要與當事人做朋友，因為關乎專業倫理，但是建立與維持治療的信任關係是必要的。治療師不能與當事人發展治療以外的其他關係，保持這條倫理的界限，諮商師責無旁貸。

小博士 解說

諮商師可不可以諮商與自己有關係的人？這其實違反了「雙重關係」的原則，主要是對方因為這層關係（如父子），不一定會信任及採用諮商師所提的意見或解釋，同時可能會破壞彼此既存的關係，這不僅折損了諮商師的專業，也讓諮商師在情感上陷入兩難。

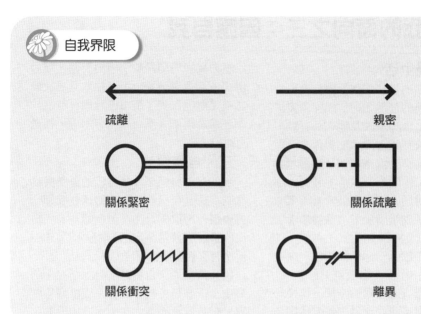

自我界限

疏離 ←———————————— 親密 ————————————→

關係緊密   關係疏離

關係衝突   離異

 界限是：

- •「界限」是看不見、摸不著的，除了定義個人與次系統，也決定了家人彼此之間的接觸範圍。

- •「界限」最好是「半穿透的」，可區分彼此的功能，也就是可以維持各次系統的獨立，同時彼此互相支持。

- • Minuchin（1974）認為家庭成員的界限必須要清楚界定，這樣不僅可以容許次系統的成員執行自我的功能，不受到過多的干擾，同時也可以讓個別成員與次系統間有適當連結。

- • 界限不宜太僵固（擁有獨立卻失去親密）或太糾結（擁有親密卻失去獨立性），最好保持彈性。

2-7 自我的面向之三：因應自我

一、休閒生活

我對於休閒的看法如何？對於自己生活習慣與事務的管理如何？如何規畫自己的生活（包含與家人及他人的互動）或學習？有沒有適當的休閒與休息，做自己喜歡做的事來調劑生活？覺得無聊時會怎麼做？休閒生活也是生涯的一部分，尤其是現代人常常汲汲營營於工作或瑣事，忘了放慢腳步去沉澱與思考，讓自己有喘息及檢視的機會。

休閒不需要趕赴一個度假勝地，或在擁擠的車陣中抱怨，有時候只是放空，找一個可以讓自己放鬆的空間，轉換一下心情，或從事嗜好活動，都是休閒，端賴自己想要以何種方式復原與酬賞自己而已。

二、壓力調適

當我有約定或截止日期的工作及責任要完成時，會如何計畫與進行？習慣拖延，等期限快到了才焦急嗎？還是總將責任攬下來，不相信他人？容易壓抑情緒，然後突然爆發嗎？還是一直隱忍，自己百受煎熬？與他人互動中的情緒會如何排解？會尋找建設性的方式嗎？還是會找一些傷害自己或容易上癮的方式調節？

壓力調適與問題解決能力有關，壓力情況下都會有情緒，可以採取冥思、轉念或是離開現場，讓自己有機會喘息一下，或是與他人商議、吐苦水等，都是可行的方式。

三、自我價值

我怎麼看自己？清楚自己的優勢與挑戰嗎？認為自己的信心指數落在哪裡？曾做過什麼改善之道？怎麼看他人對自己的批評或評估？自己的能力與興趣如何？有沒有持續繼續培力（培養能力）？

自我價值通常也會落在自己所在乎的事項上，像是外貌、能力、受歡迎程度等，有時候會因為太在乎而有病態的追求（如一定要第一）或表現（忍痛也要去整容），反而是有問題的，甚至會讓自我價值更低落。

四、實際信念

我對於現實生活的了解如何？切不切實際？還是打高空，遠不可及？要有檢視實際生活與條件的能力，並在實際執行行動之前，有較切實的規畫，通常較容易成功。

自己怎麼看待問題的？解決問題的能力如何？會不會就目前所擁有的資源做最好的計畫與執行？這都關乎自己的「現實感」與判斷力。

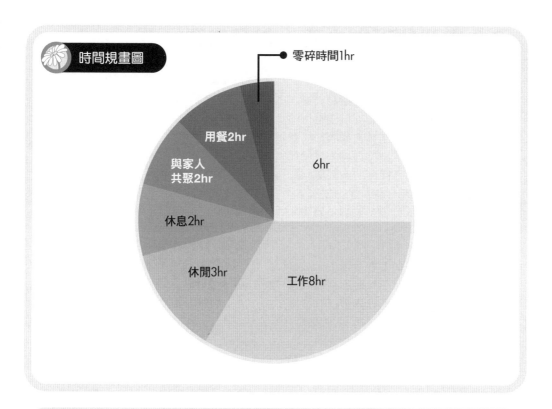

 時間規畫圖

零碎時間1hr

用餐2hr

6hr

與家人
共聚2hr

休息2hr

休閒3hr

工作8hr

 每日行事曆（舉例）

列出每日「應該做」與「喜歡做」的事項。以「喜歡做」的來調節壓力，做完則 劃掉。

喜歡做的事

1. 閱讀英文2頁
2. 玩手遊30分鐘

應該做的事

3. 戶政事務所領表
4. 洗衣服
5. 運動30分鐘
6. 買藥
7. 準備出差衣物
8. 準備明日簡報

2-8 自我的面向之四：創意自我

一、思考

我們有思考的能力，思考讓我們進一步去探索生活與意義，而不是沒有目的地像行屍走肉一般過生活。我們的思考能力隨著經驗值與訓練的增加，會增加其廣度與深度。思考能協助我們做判斷與決定，也找出可以行動與有效的方式。我們經常對自己說什麼？貶損、鼓勵，還是不在意？會不會一直受限於過往經驗，無法面對當下？

我們平日不常花時間在思考上，或是有思考也一閃而過，更遑論與生命或哲學有關的議題，覺察可以讓自己有機會去思索，也進一步探尋想要了解的事物，順手將其記錄下來。思考也需要與他人交會、互動，彼此刺激、激發新的觀點或思考方向，要不然很容易沉溺在空想或幻想中。

二、情緒

我伴隨著思考而來的情緒如何？常常處於什麼樣的情緒狀況下？知道自己的情緒由來嗎？容易被情緒淹沒或失控嗎？對於自己正向經驗與情緒的記憶有多少？如何接納自己的情緒？他人的支持又是如何？是否了解自己的情緒與其他生理的相對反應？懂得如何適當紓解與表達嗎？常常擔心自己的情緒表現會影響人際關係嗎？

三、控制能力

我的生活規律嗎？常常美食當前而破戒，讓自己吃太多嗎？運動習慣會因為天候或懶惰而有所怠惰？我會不會常給自己壓力，或是應允自己做不到的事？

一般人都希望可以掌控自己大部分的生活，但是因為有許多變項是自己不能掌控的，有些人就會產生極度焦慮。倘若認為生活多半是自我不能掌控的，就容易將自己視為受害者或無能力的人。只要可以掌控自己的大部分生活（或掌控可以掌控的），也有退讓與妥協的可能，該說「不」時就拒絕，該放手時就放手，就可以為自己爭取較多空間與時間。

四、工作

工作是個人對社會的貢獻，我們也從工作中衍生意義。工作給予我們的不是金錢的回饋而已，還有發揮才能、有成就感與自我價值，也和人互動，生活不無聊。除了工作之外，是不是也從事志工工作，讓自己可以有更多的貢獻機會？對於所做的工作滿意度如何？有無改善之可能？投入的熱誠能持續下去嗎？

五、樂觀與幽默

樂觀與幽默是面對人生的態度，有一些天生氣質的成分，但也可以是累積許多生命經驗之後的豁達。「樂觀」是對於人事物總是可以看見亮點或優勢，也在困境中看見希望；而「幽默」是「兩個巴掌」的事，只是一個人認為好玩或有趣不算（可能是逗弄或嘲諷），而是這個「哏」引起共鳴。生活中要有發自內心的喜悅（joy），而不是快樂（pleasure）、爽而已。

轉換思考的例子（胡展誥，2016, P.130）

從不同的角度看事情，可以見到優勢。

固執 → 轉換思考 → 能夠堅持自己的想法。

自私 → 轉換思考 → 懂得維護自己的權利。

衝動 → 轉換思考 → 不會壓抑自己的情緒。

愛湊熱鬧 → 轉換思考 → 對人事物保有高度的好奇心。

雞婆 → 轉換思考 → 喜歡幫助別人，參與他人的生活。

懶惰 → 轉換思考 → 懂得享受生活、善待自己。

缺乏主見 → 轉換思考 → 能夠開放自己，接受來自各方的聲音。

 情緒的功能

情緒的功能

- 警告與求生（或適應環境）
- 社會功能（了解他人情緒、與他人互動、同理心）
- 生命體驗之功能

紓解情緒的方式

情緒的功能五大方向：轉換心情、改變想法、發洩紓解、解決問題、轉換環境。

- **轉換心情**：「分心法」，找其他事情做，像是聽音樂、聊天、運動等。
- **改變想法**：思考事件的其他解釋，注意自己習慣的灰色思考與陷阱，改以另類的解讀（如重新架構、與自我理性對話）。
- **發洩紓解**：找個不會傷害自己或他人的發洩方式，像是大叫、捶打靠墊，將不滿寫出來再燒掉等。
- **解決問題**：專注在問題的解決上，不讓情緒阻擋自己的思路。
- **轉換環境**：可以將屋內擺設做新的安排，或是換個房間或地方，走出戶外等。

2-9 自我的面向之五：身體自我

一、身體意象

我們對自己最初的印象來自於長相、身材等外在的訊息，以及他人對我們這些外在的評價。喜不喜歡自己的外表與身體，有無不滿意之處，自然是自我覺察與探索的重點。

通常女性的生理與心理發展較男性早兩年，隨著時代的進步與科技發達，也讓人類的青春期更為提早；一般說來，男性進入青春期之後，其上半身的力氣已經是女性的三分之二，加上男性肌肉組織多，女性則是為了生育的準備而脂肪成分較多，因而通常是女性在減重。但是，現代的男性與女性一樣，也很重視自己的外貌與身材，因此以往是女性較容易罹患的飲食失調（如暴食與厭食），現在男性病患也有增加的趨勢，基本上都是身體意象已經扭曲的結果。

以往許多媒體都在倡導「紙片人」，或是在網路上教導一些讓自己瘦身的極致手段，使得有更多無知青少年提早罹患飲食疾病，因此歐洲一些國家如法國，已經將散布類似資訊或宣導列為犯罪。

男性與女性對於青春期的來臨有不同的感受，生理上早熟的男性較受到男性同儕的欣羨，然而生理早熟的女性，往往是同儕排擠的對象，卻是受到異性同儕的注目與喜愛（Sarafino, 2005），因此許多青春期的女性較不喜歡這段時間的自己，可能也與社會及同儕壓力有關。

身體意象也包含可以接受自己是性慾的動物嗎？對於他人身體的碰觸有何感受？對於自己的健康有盡到照顧之責嗎？像是平衡與健康飲食習慣、適當的活動與運動、固定做健康檢查等。

二、檢視自己的 非語言行為與姿勢

身體是我們呈現在外最具代表性的表徵，我們對於自己的肢體、表情、動作的表現，是不是足夠了解？在一般情況下，我們比較不容易注意到自己的身體動作或姿勢，帶給他人的印象或影響，因此常常需要從他人那裡獲得一些訊息。

非語言訊息會傳達給接收者不同的資訊，也會影響對方給我們的回應。諮商師希望傳達出去的訊息是熱情、友善、開放、自信、可接近，還是威權、冷淡、拒絕或封閉，當事人有時都可以從肢體訊息中做猜測。通常我們的言語與姿勢展現的就是自我當下的狀況，同時也是外顯的溝通線索，告訴他人：我們目前的精神與身體狀況如何，以及我們表達的內容與情緒如何。

小博士 解 說

根據統計，一般人在溝通過程中，語言的重要性只占三成不到，主要的六成與肢體等其他訊息有關，即便是牙牙學語的孩子，也會從他人表情與姿勢中去揣測對方的想法或感受。

檢視一些自己可能有的動作

撥弄頭髮

翹二郎腿

雙手緊握
放在腿上

玩弄筆
或手指

環抱雙臂

抖腳

咬嘴唇

不喜歡
與他人眼光
直接接觸

眨眼

Satir 的家庭雕塑

通常指的是我們溝通時的 **身體姿勢與角色。**

理性型

環抱雙臂，
直視前方。

討好型

半蹲，雙手往上
的乞求姿態。

指責型

單手指向他人，
表情忿怒。

討好型

在面對不同的人之中，一直面帶微笑，勸和。

2-10 **自我的面向之五：身體自我（續一）**

三、營養與運動

營養均衡、少食用精緻或加工食品，在現代生活似乎較難做到，加上外食族居多，食物的營養與成分似乎都是靠餐飲業者把關，並非明智之舉。除非自己很有健康意識，寧可多使用簡單、少人為加工的食品，要不然國人的脂肪肝與肝病，已經是公共衛生的一大警訊。

身體有七成是水，因此補充水分極為重要，然而，現代人喜歡喝有味道的水（包括茶、咖啡、含糖飲料），對於身體沒有太大幫助，加上國人喜歡吃補品，遑論中（藥草）西（維他命）處方，對腎臟與肝臟的負擔大，使得我國洗腎人口密度最高。

自己的健康需要靠自己來維護，許多人仗著年紀還輕，有時候會過度使用身體資本，像是熬夜、飲食習慣不良，或是使用酒精藥品、藥物，運動員則是使用類固醇。身體在初期也許仍有抗拒或保護的能力，然而若是長期及過度使用，其嚴重後果也是自己要承擔。

運動不同於活動，運動可以加強心肺功能、耐力與體力，可以舒緩或提升情緒，增加自信與挫折忍受度。但是，每個人對於運動的喜好不一，一般說來國內女性較不喜歡運動（尤其是青春期的孩子）。運動的益處不僅如上所述，還可以讓人養成興趣或嗜好、打發時間，若是與他人共同從事運動活動，可培養合作能力，更可以因為類似的興趣而增進人脈與心理健康。

若是因為許多因素不能常常運動，不妨做一些簡單的伸展操或動作，也可增進肌力與彈性。對於較少運動或不喜歡運動者，近年來也有人利用一些拍打或氣場的原理，研發一些可以達到養生功能的活動，也是不錯的選擇。

最簡單又重要的健康信念是：「有進有出」，現代人較常有便祕問題，是中醫所謂的「排毒」問題，多喝水、攝取富含纖維的食物與運動，就是防止便祕的不二法門，同時也是減重、維持健康的方式。

小博士 解說

一般所謂的「營養均衡」，是指醣類、蛋白質、維生素、礦物質、脂肪及膳食纖維等營養素的均衡攝取，由多至少的食物攝取次序為：五穀根莖類、蔬菜水果類、蛋魚肉奶豆類，與油脂鹽糖類。

不同運動形式與功效

重要提醒		運動方式應根據每個人的健康狀況、疾病限制及生活型態等做評估考量。
運動的型態		可依運動時肌肉的主要新陳代謝方式來分類。
	1. 有氧運動	以肌肉「等張性」收縮為主的運動方式，如走路、游泳、慢跑、韻律舞等，運動時肌肉一收一放有韻律性的活動，血管擴張而暢通，可不斷將氧氣、養分帶來，將代謝物帶走，所以乳酸堆積較少。
	2. 無氧運動	以肌肉「等長性」收縮為主的運動，如角力、舉重、相撲等，運動時由於肌肉持續性收縮，其血管處於受壓迫狀態，肌肉細胞的能量獲得來自無氧性代謝，所以較易有乳酸堆積。另外，還依照自己想要鍛鍊的身體不同部分與功能而有不同。
運動三階段	1. 起始階段	避免運動傷害或運動不適為其主要目標，以4~6週逐漸適應，其目的在於建立規律的運動習慣。
	2. 進展階段	每2~3週漸漸增加運動強度或時間，以4個月時間朝目標邁進。
	3. 維持階段	當體能狀況接近預期目標，接下來可變化運動型態，提高趣味性，更能持之以恆。
注意事項		1. 依美國運動醫學會的建議，一般建議每次運動持續時間最好介於20~60分鐘，最少要20~30分鐘，如此對心臟血管功能的促進效果較好。
		2. 每個運動時段，應該要包括主要運動前5~10分鐘的「熱身運動」，如動態體操、走路或輕微慢跑等，與之後5~10分鐘「緩和運動」，例如：慢跑、步行或伸展操等。熱身運動後，體溫會上升，心肺循環會稍微加速，如此可以提升主要運動的效果，並避免運動傷害。緩和運動可以使體內堆積的代謝廢物加速清除，並減少急性運動後的低血壓造成的不適與副作用，如有心臟血管疾病在服用藥物者，其運動前後的熱身及緩和運動期需要延長延至15~20分鐘。

★ 註：節錄自http://stud.adm.ncku.edu.tw/hea/4work/wedu/e2/e232/pah_G.htm

 檢視自己的飲食與如廁習慣

□我喜歡吃零食嗎？　□我會注意自己所攝取的營養嗎？　□我三餐定時嗎？

□我在用餐時專心嗎？　□我會慢慢咀嚼，享受食物的味道嗎？

□我喜歡與他人共進餐嗎？還是習慣獨自一人用餐？

□我每日攝取足夠的水分嗎？　□我喜歡喝有味道的水嗎？

□我上廁所規律嗎？　□我有無憋尿的習慣？

第 3 章
檢視與覺察和原生家庭的關係

學習目標：

　　了解原生家庭的重要影響與覺察項目。

3-1 自我和原生家庭的關係

諮商師接觸的是在日常生活中會碰觸到的當事人與議題，因為自己也是人類社會中的一員，過的是一般人的生活，因此很容易遭遇到自己本身也碰到的問題，倘若諮商師本身有未解決的議題（所謂的「未竟事務」），就很容易將過往的傷口掀起，產生反移情，甚至不小心傷害了當事人，尤其是有關原生家庭（original family or family of origin）的許多議題的「殘留」，所以在諮商師培訓過程中，我們會特別著重準諮商師與原生家庭間的關係與議題。

我們出生的家庭（原生家庭）是影響我們最深的，不管遺傳基因，或是在生存照護、與他人互動、生活習慣與價值觀養成等等面向，都是從原生家庭而來。然而，並不是每個家庭都是完美的，有些遺傳疾病（生理或心理上）、家庭組成與建構，或是價值觀等，也會傳承給下一代。身為助人專業，第一個檢視的是自己的原生家庭，因為自己是從那裡來，許多的學習與「配備」（如天資、才能）也都源自於家庭。

「原生家庭」是滋養與哺育我們的最重要場所，也是個體社會化最初與最重要的場域，父母或主要照顧人是我們最仰賴與信任的重要他人，儘管如此，原生家庭也可能帶給我們傷害，因此不少心理學派很重視「原生家庭」對於個體人格與自我的影響，如精神分析學派裡的戀父戀母情結與童年經驗，自我心理學派的早期記憶與家庭氣氛，溝通交流分析的互動模式與自我狀態，完形學派的內射，理情學派的信念形成（諸多來自於父母的影響），以及家庭系統論談家庭脈絡與其歷史影響等等，甚至是人格違常或犯罪行為，都不忘將我們自小生長的原生家庭（特別是父母）的重要性突顯出來。

然而，要談原生家庭豈是容易的事，許多學生或準諮商師都不太敢談家裡的事，深怕自己會崩潰，因為這樣反而更應該談，要不然不知道自己的傷口在哪裡，更甭說療傷了。

小博士解說

「系統觀」的主要貢獻，在於提供治療師思考當事人與其失能行為的原因，而不是只將問題歸咎為個人，忽略了其周遭環境脈絡及社會歷史的影響力。

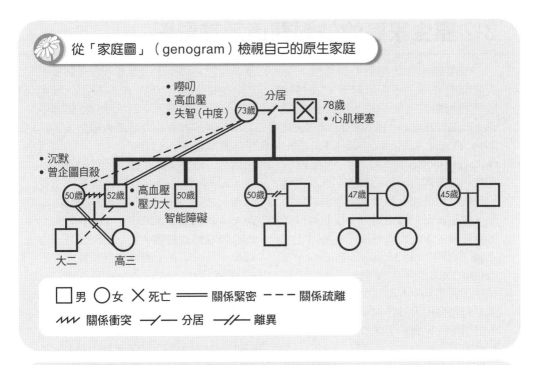

從「家庭圖」（genogram）檢視自己的原生家庭

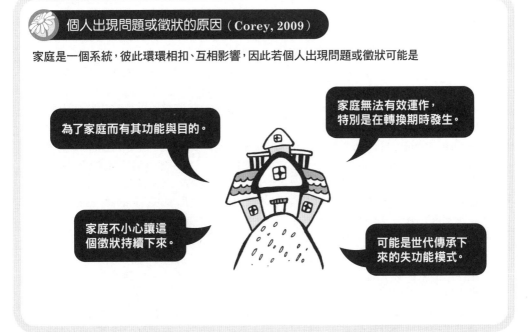

個人出現問題或徵狀的原因（Corey, 2009）

家庭是一個系統，彼此環環相扣、互相影響，因此若個人出現問題或徵狀可能是

3-2 原生家庭的依附關係及其影響

「依附關係」是指嬰兒與主要照顧人之間的連結，而依附關係也會持續影響到個體成人階段的人際與親密關係（Fraley, Hudson, Heffernan, & Segal, 2015; Fraley, Roisman, Booth-LaForce, Owen, & Holland, 2013），許多人在成長之後選擇親密伴侶時，通常會找那些相似於早期經驗中適合其防衛機轉的對象，像是試圖去觸怒對方、複製以前的童年經驗，都是因為將伴侶視為過往的某個重要他人（Firestone, Firestone, & Catlett, 2003, p.48）。我們常說男性是在找與母親相似的人為伴侶，女性則是找與父親相似的人為伴侶，也可能是受到依附關係的影響，又或者是比較熟悉與相似的人互動之故。

在親子與伴侶關係中，最重要的就是「可接近性」（accessibility）與「反應」（responsiveness），需要可靠近，也有反應，才可以滿足彼此的需求、感覺被愛，個體與主要照顧人的情緒關係連結，就發展為依附需求（如安全、信任、支持），而這些和個人的自我概念與自我形象有密切關聯，也會延續到後來的成年生活（Naaman, Pappas, Makinen, Zuccarini, & Johnson-Douglas, 2005, pp.56-57）。

在親密關係中，彼此都帶著期待進入，包括對對方的期待（像是希望對方會寵我、了解我的感受），倘若對方不如預期，就會有失望或憎恨，更加深了對關係或彼此的不滿，而這些期待也都是自原生家庭的依附關係而來。如果在親子互動過程中，主要照顧人讓嬰兒覺得疏離、不可預測，或是需求未獲得滿足，就會影響到嬰兒對自我的看法（覺得自己不被喜愛、不值得愛）。許多成年人也

提及自己在原生家庭中無法感受到愛，因此覺得自己「不好」或「不值」，其實研究指出只要孩子可以感受到雙親其中之一的愛，未來的發展不致於受太大影響，都可以健康成長。

此外，研究文獻也提到「依附傷害」（attachment injuries），主要是指與主要照顧人之間的關係連結有缺損（Makinen & Johnson, 2006, p.1055），而造成個人內心的缺憾或傷痛。伴侶之間，若一方違反了另一方在受挫或危急時需要安慰的期待，也可稱之（Johnson, Makinen, & Millkin, 2001），通常是某一件特殊事件所引發，卻未獲得適當處理，是屬於個人主觀的感受（Naaman et al., 2005, p.60）。許多當事人目前面臨的親密關係問題，都可溯自其在原生家庭的關係，諮商師當然也不例外。

中國人的家族社會與集體意識，常常注重的是家庭或家族整體的利益或觀感，因此忽略了個人的獨立與個體性，盡量維持人際間的「虛性和諧」，也就是顧面子、不撕破臉，但是也將個人的榮辱與家庭或家族連結在一起，因此常常有優秀子弟就是「光宗耀祖」、「光耀門楣」，一旦出了劣子弟或敗家子，全家或家族都蒙羞。即使如此，許多人即便有了自己的立即家庭（immediate family），若是有需要或緊急情況發生，還是會回頭找原生家庭的人求助或支援。如果個體與原生家庭關係甚差，後來甚至分道揚鑣，可能要臨時找到依靠或諮詢就較為困難，也會更讓人感受到失望與挫折。因此，從自己的根源（原生家庭）來看自己的成長，去面對與處理，也是準諮商人的重要功課。

不同依附關係與行為（Cole & Cole, 1993, pp.231-232）

依附行為		特色	影響
安全依附		即便主要照顧人離開片刻，不會擔心或焦慮，因為知道照顧人不會棄他／她不顧。	大部分人屬於此類，可以發展出健全的人際關係。
不安全依附	焦慮／逃避型	照顧人離開或回來，彷彿事不關己，沒有情緒反應。	有三成的人屬於此類，與他人在一起會有許多焦慮與擔心，渴望與他人接近，但在實際行為表現上，卻是排斥或抗拒他人，也沒有與他人營造關係的積極行動。
	焦慮抗拒型	只要照顧人一離開就會急著找尋、焦躁不已，當照顧人回來，卻會表現出抗拒、拒絕。	有一成的人屬於此類，很想靠近人，卻不太會掩飾自己的喜惡，常容易情緒失控，讓他人逃離。

依附系統（Homles, 1993, p.76）

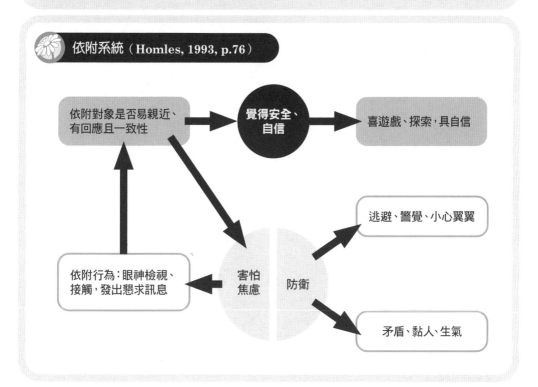

3-3 從原生家庭帶來的未竟事務

Bowen（1978）提到的「情緒掙扎」（emotional struggle）是指未解決的焦慮與痛苦，在家庭系統中有代間傳承的情況（cited in Mones & Schwartz, 2007, p.317），也就是會從上一代延續到下一代，如果治療可以將這些從過去傷痛帶來的「殘留」（residue）做適當處理，將會增加當事人的自我接納與自我效能感（Mones & Schwartz, 2007, p.326），而這所謂的「殘留」，也可稱之為「未竟事務」。

一般人與諮商師當然也不例外，從過去帶來的一些實際或心理上，未處理或未完成的事務，最好都做一些整理及結束動作，要不然可能會一直出現在日常或專業生活中，產生負面影響。

由於諮商師面對的是一般民眾，關切的是人類社會共有的議題或困境，因此倘若治療師本身的自我整理不足，在臨床現場上，常常會被當事人的議題引發的自我「未竟事務」而不自知，甚至進一步傷害了治療關係與當事人，因此許多學者提醒治療師需要先將自我議題做適當處理，才不容易帶入治療場域，影響其助人功能或當事人。

在大學階段，許多人體驗到第一次離家的經驗，身體上的離開會帶給心理上許多的衝擊與成長，是正式離開雙親身邊、獨立生活的開始，同時也會發現自己與父母的角色彷彿做了反轉，以往是父母噓寒問暖，現在是離家的孩子對父母的關切與提醒。此時，正是檢視自己與原生家庭的好時機，可以隔著一段距離看見家庭的影響，以及決定該如何形塑自己的人生。

檢視自己在原生家庭所留下的「殘留」影響，像是認為雙親對待不公、對自己有誤解，或是強逼自己選擇系所，或做一些不想做的決定等。將這些未竟事務做了完結動作之後，也需要重新思考自己願意受到原生家庭殘留的影響有多少、多久？這一句話明白說就是「我們可以**選擇**讓原生家庭影響我多少與多久」，因為我們都已經是成年人，該為自己的選擇負起責任，即便是年紀很小時所做的決定，還是有改變的可能，這就是溝通交流分析所說的「改寫生命腳本」。

小博士解說

健康的家庭除了家人之間坦誠無礙的溝通外，還有「個別的自我表達」。家庭是可以彼此分享經驗之所在，也容許其成員有「成為自己」的自由，而不是強迫個體犧牲自我、成就家庭目標而已。

檢視從原生家庭帶來的未竟事務

與雙親關係如何？
有沒有感受到被愛？

你在家庭中受過傷嗎？
是怎樣的情形？
可找諮商師談一下。

你感受到家庭中有什麼祕密嗎？
還是知道卻不能談論的，
你會去澄清嗎？

你認為自己在家庭中的
位置如何？重要性呢？

家裡的潛藏規則，
有哪些你不是很清楚？
認為需要改善嗎？

你看到雙親與家人互動的情況，
會希望做那些改變？
有無具體計畫或行動？

 原生家庭的影響面向
引自徐秀美，華人心理輔導中心（www.chinesecounseling.org）

再現（reenacting）	長大後所表現的行為，與家長對待我們的如出一轍。
重複（recapitulating）	允許別人對待自己的方式，就像過去在原生家庭中被對待的方式。
內化（introjecting）	由於小時候受虐所造成的低自尊，內化而形成日後的性格特質。

✚ 知識補充站

　　家庭治療師 Bowen 鼓勵個體與家庭做適度的區隔（所謂的「自我分化」〔 differentiation of the self 〕），而「自我分化」的程度與個體成熟有關，也與其因應壓力的功能有關，自我分化程度越高者，其功能較佳。

3-4 **原生家庭與自我的成形**

我們從原生家庭中開始長成「自我」。原生家庭讓我們知道自己姓什麼？父母是誰？家庭淵源（我們的根從哪裡來）為何？有哪些歷史造就了我們的原生家庭？父母與家族如何對待我們？覺得雙親給予的愛足不足夠？家人對於彼此的愛與歸屬感如何？家庭氛圍與互動如何？個人在家中的位置，受重視與喜愛程度如何？這些都是影響我們對自己觀感、自我價值的重要影響力，因此，每個人都是自己原生家庭的產物，當然還要包括個人的性格、想要的是什麼，以及如何解讀自身的經驗。

阿德勒與溝通交流分析學派(Transactional analysis, TA) 提到，個體會將父母的行為做解讀，甚至衍生為信念或價值觀。TA 的「生命腳本」（life script）是在童年早期就形成的潛意識生命計畫，為個人對外在影響與內在脆弱而做的反應，也會有代間傳承（Lister-Ford, 2002, p.3），「生命腳本」的決定主要是為了「解釋未獲滿足的需求與未竟的感受」（Erskine & Zalcman, 1979, cited in Stewart, 1989, p.23），也就是個人主觀的解讀，可能會影響其一生，也影響其自我的成形。這些生命腳本主要是從父母所傳達而來的，經過個人解讀而成形。

父母傳達的病態訊息有兩類：

一、禁止訊息（injunction）：包含不可告人或是痛苦挫折的需要，如「不要做」、「不要活」、「不要親近」或「不重要」等。

二、應該訊息（counterinjunction）：其功能為限制個人，也包含宗教、種族、性別刻板印象，如「要堅強」、「要努力」、「要完美」等）。

一般人容易遵守「禁止訊息」，但是同時內心未滿足需求的痛苦情緒卻依然存在（Goulding & Goulding, 1979/2008, pp.36-39）。

固然自我的成形是從原生家庭裡的重要他人對我們的態度開始，然而個人的性格及解讀方式也占了重要的關鍵。同樣是雙親要求遵守的規則，長子可能順從，次子卻不予理會，長子認為這是孝順的基本，但是次子認為有自己的想法是可以的，雙親若對待長子好，對次子較差（認為其忤逆），兩個人的自我感受就會有差異，然而這中間仍有一些變數，若父母疼惜次子的「不同」、不喜歡長子的「不知變通」，或是長子將雙親的注意視為重要、次子沒有看得這麼重，兩人對自己的感受與價值也會受到影響。有時候，父母或家人（愛人）會將他人對自己的感情做為「要脅」，這就是「情感綁架」，要求對方替自己做什麼事、給予金錢等，而「情感綁架」的對象通常是「較軟弱」或是「較在乎自己」的人。

生命位置（與生命腳本有關）有幾種（Gilliland & James, 1998, p.169）

（以下的「我」指兒童。）

我好－你好
(I'm OK — You're OK)

說明
兒童剛踏進這個世界的感受，這是「贏家」（winner's）的腳本。

我不好－你好
(I'm not OK — You're OK)

說明
兒童的需求沒有被滿足，這是「沮喪」（depressive）的腳本。

我好－你不好
(I'm OK — You're not OK)

說明
兒童不被善待，這是「偏執狂」（paranoid）的腳本。

我不好－你也不好
(I'm not OK — You're not OK)

說明
缺乏安撫或獲得極度負面的安撫，這是「無望」（hopeless）的腳本。

 阿德勒學派的早期經驗看人格

描述 1

請舉出八歲以前印象最深刻的記憶，越詳細越好。

描述 2

請詳細敘說這些記憶的發生經過與細節，包括誰參與其中？做了什麼事？結果如何？

描述 3

請詳細描述你個人對此事件的感受。

解析

1. 看主述人所提的幾個事件，愉快或難過的事件多或少？（可預測其人生態度）
2. 有沒有重複出現的人物？（重要他人，也可看其與此人之關係。）
3. 主述者在這些事件中是參與者或旁觀者？（可猜測其對生活的積極度）
4. 從主述人的感受來探看其生命或自我強度（樂觀或悲觀）

3-5 原生家庭是自我與他人互動的原型

家庭是個體最初的社會單位,也是個人社會化的最初與最重要的場所。我們與他人互動的方式,是承襲原生家庭父母與手足間的互動模式。

原生家庭的規則中,若不鼓勵自我表達或是不溝通,會影響到後來親密關係裡的感受接收與表現,而伴侶之間所知覺的情緒、性與智性上的親密,也受到各自原生家庭失功能規則的負面影響(Larson, Peterson, Heath, & Birch, 2000)。

遭受父母拒絕者,容易在成人階段遭受伴侶的心理或肢體虐待,若是目睹雙親間暴力者,在成人階段可能會對伴侶有心理虐待行為(Taft, Schumm, Marshall, Panuzio, & Holtzworth-Munroe, 2008);許多親密關係的受害者與其原生家庭的暴力有關(Kwong, Bartholomew, Henderson & Trinke, 2003),也影響其對自己的信心及成年期適應(Kamsner, 2000),尤其是兒童期受虐者在成人期更容易受親密伴侶間的暴力所害,主要原因可能是那種隨著創傷而來的羞愧感讓伴侶用來威脅其就範(Buchbinder & Eisikovits, 2003),或是親子角色倒轉而使個人界限被違反(Alexander & Warner, 2003);而許多的家庭問題都是出現在「權力」與「親密」議題上(Geldard & Geldard, 2009)。

因此,我們常說兩造的親密結合不是兩個個體的結合,而是兩個家族的結合,因此兩人帶入自己「立即家庭」中的原生家庭影響,比想像中還要多。

家庭原本應是讓人感受到「接受」與「愛」的地方,然而許多的家庭功能不良,不僅無法提供孩子生存的基本條件,甚至以暴力加諸孩子,讓孩子的生命與心靈都飽受威脅,人生因此變調。個人在家庭裡面學習到的有:他人對待自己的方式、一般人相處的原則,以及親密關係(包含異性相處、手足等),而雙親就是最重要的典範。

雙親若是和諧和樂,孩子對家的嚮往就較殷切,也願意成立自己的立即家庭;倘若雙親之間常常吵架不合、冷戰、不溝通,或是以子女為籌碼或戰場,孩子不僅身心受創,也對世界缺乏信任,更不用說對人的信賴,也有許多孩子因此決定孤單一生。

雙親彼此在子女面前的互動態度,也會影響子女對於親密關係的表現,因為孩子是最好的觀察家,若雙親願意在子女面前表現親暱,孩子也願意直接表達自己的感受,若雙親較為拘泥、保守,孩子接收到的訊息也可能是如此,不敢直接表現,因此有時候家長的說明是很重要的。

小博士解說

原生家庭(family of origin):是指自己所從出的家庭,也就是自己出生的家庭。

立即家庭(immediate family):是自己與伴侶所成立的家庭。

家庭次系統

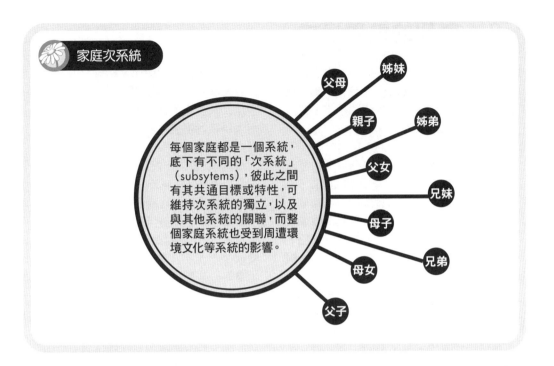

每個家庭都是一個系統，底下有不同的「次系統」（subsytems），彼此之間有其共通目標或特性，可維持次系統的獨立，以及與其他系統的關聯，而整個家庭系統也受到周遭環境文化等系統的影響。

父母
姊妹
親子
姊弟
父女
兄妹
母子
兄弟
母女
父子

 家庭自我調節功能

家庭不曾發生過的事件	維護原來的狀態

❶ 青少年放棄抗爭 ▶ 家庭恢復平靜

青少年吵著要跟朋友出去 ▶ 雙親極力阻止

❷ 青少年持續抗爭 ▶ 家庭陷入緊張

❶ 雙親決議順其意，但要在晚上八點之前回家。 ▶ 青少年同意 ▶ 家庭恢復平靜

❷ 雙親決定懲罰孩子，扣其零用金與手機。 ▶ 青少年離家出走 ▶ 雙親決議順其意 ▶ 家庭恢復平靜

❸ 雙親決定懲罰孩子，扣其零用金與手機。 ▶ 青少年離家出走 ▶ 家庭陷入慌亂 ▶ 家庭恢復平靜

少了青少年的生活

3-6 雙親的教養模式

家長們在照顧子女的同時，也需要注意「公平性」，讓孩子們都覺得受到一樣的寵愛，彼此之間才會和睦相處，當然父母的示範最重要。然而，「公平性」是很主觀的感受，要做到「絕對公平」不容易，因此家長們若注意到孩子的需求時，做適時的反應與理解是很關鍵的，因為這會影響到孩子們彼此的關係與情感。

家長也是人，當然會偏愛某一個或某幾個孩子，也許是因為他們順服乖巧，或是成就傲人，但許多時候只是個人的偏愛。孩子對於不公平的對待很敏感，若是父母沒有意識到，甚至知道了也執意行之，就會影響到手足間的關係，一旦父母不在了，那位最受寵的孩子就會變成大家避之唯恐不及的一員，成為孤單的一人，即便在需要求助時，可能也沒有任何手足願意伸出援手。

雙親的教養模式也會經由下一代傳承下去。許多為人父母者常常是以自己所接受的家庭教育，來教養自己的孩子，倘若父母有覺察與反省，想要採取與上一代不同的作法，這樣的代間傳承可能就會有所不同，但是在沒有經驗的前提下，沿用上一代的教養方式，往往是最便捷的。

父母的教養態度是不是讓子女願意信任，凡事坦誠以告？或是雙親威嚴、控制慾強，孩子可能學會文過或說謊？雙親的教養模式在孩子身上很容易就看出來，若是父母重視自律的養成，孩子在與他人互動時也會有所約束，不會違犯他人的權益，自然受人喜愛與信任，反之，若父母太寵溺孩子，孩子一向自行

其事，一到群體中與他人相處，馬上就會惹人厭。現在許多孩子都是獨生子女，若是又較少與同儕相處的合作經驗，一進入學校就很容易霸凌他人或受到他人孤立，若是教師與家長沒有警覺到問題的嚴重性，及早改善，孩子可能就孤獨一生，過得非常痛苦。

在價值觀或是社會規約上，家庭是第一個傳承單位，許多的價值觀或信念，若家長沒有多做說明或提醒，常常都變成是孩子自己的詮釋（合理化），不免會有一些偏差或錯誤。雙親對於人與人間的對待應該如何，通常都是自日常生活中開始，像是有客人或親友來訪，會教孩子如何稱呼、應對，或是在路上彼此遇見該怎麼處理？到學校要如何與他人相處？對同儕該如何，對師長又該如何？若家長對於這些小細節都可以注意，本身也按照這樣的方式做，孩子自然會學習到這些知識與能力。

個人在家中的地位與認同，會影響其對自己的看法與自信。雙親所營造的家庭氛圍、彼此對待及對待子女的方式，對孩子的自我看法有重要的影響。受到父母喜愛的孩子，也會喜愛自己；若是雙親討厭或忽略的孩子，孩子也會覺得自己不值、無權被喜愛。父母願意給孩子相對的成功與失敗經驗，在孩子成功時一起歡欣或慶祝，孩子失敗時給予鼓勵，並檢視做得不錯之處，然後再檢討可以做得更好的方式，而不是錦上添花或落井下石，孩子自然會長出自信，也比較不怕挫敗。

親職教養模式

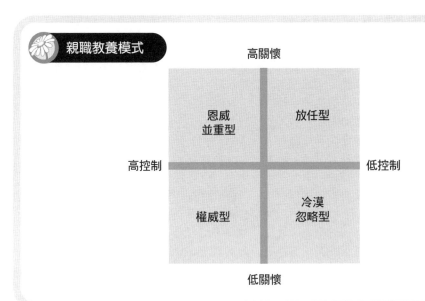

 不同教養方式與其影響

教養方式	影響
恩威並重型	孩子遇到挫折時，父母會關心孩子的感受，也提供陪伴。在此類家庭中成長的孩子，擁有良好的社交關係，重視自己與他人的感受，在面對困境時，會調節自己的負面情緒，以樂觀的態度面對不同挑戰。
權威型	在此類家庭中成長的孩子，往往容易有行為的極端表現，在家時顯得拘謹、出外時則很放任。多半時候會有焦慮、退縮、不滿，對人缺乏信任，也缺乏自信，鬱鬱寡歡，容易對他人有攻擊行為。
放任型	父母給予孩子很多的愛，卻缺乏規範。在此類家庭中成長的孩子，往往太自我中心、喜愛掌控或支配他人，與他人之間常有意見不合而覺得挫敗，容易有負面情緒表現。
冷漠忽視型	在此類家庭中成長的孩子較缺乏安全感，不懂得什麼是愛，也不知如何表達，在他人眼中是屬於較冷漠、不容易接近的人。

+ 知識補充站

一個健康的家庭必須對改變的可能性（家庭外環境的壓力，或是家庭成員成長發展的自然過程）做適度的開放，才可以維持其長期的穩定性，拒絕改變則會造成停滯與衰退。

3-7 **雙親相處的方式**

孩子是最好的觀察家,從雙親互動過程中會去觀看、模仿與解讀,因此倘若雙親的身教與言教不一,孩子比較會相信身教部分,當然也看到雙親的不一致。孩子害怕失去雙親,或是懾於其威嚴,因此若雙親不睦,孩子會察言觀色,以不同方式與雙親互動,在同時也承受許多的情緒壓力,而影響其對親密關係與人際的看法。

雙親的相處是孩子觀察到的第一手異性相處方式,當然有見識到雙親在遭遇問題時的解決方式或智慧,許多的家長彼此關係就喬不好,卻要求孩子與人為善,孩子也很難相信。此外,雙親處理孩子之間的紛爭,也是孩子學習內容的一種,是不是公平、體諒到爭執雙方的感受,在在影響著孩子未來與他人互動的能力。

雙親只要有一方讓孩子感受到足夠的愛,孩子的成長就較為順遂、健康,但是許多時候成人們太自私,只顧及彼此爭鬥,忘記自己身為父母的職責,當然也忘了給予孩子適當的注意與關愛,孩子就會缺愛,可能終其一生都在追求或需索愛,造成偏差行為或犯罪。

家庭內若發生性暴力,更讓子女困惑於「愛」與「性」是不相容的,若受害者為子女,對其以後的人際與親密關係負面影響更大。倘若家長有一方施暴,而孩子就是暴力的目睹者,這也是另外一種嚴重的家庭傷害,研究(Kernsmith, 2006)發現,絕大部分的暴力加害者都曾遭受或目睹家暴,而先前的暴力經驗會展現在成人階段時的害怕與過度警覺,進而威脅到親密關係,也就是過去的目睹或受害經驗,會讓個人對於親密關係有高度警戒,甚至害怕失去,所以就採取了激烈暴力行為來防止或對抗,解釋了所謂的「社會化」學習過程;成年男性容易成為未來暴力加害者,而女性則是受害者。另外,有些研究指出受家暴婦女因為擔心自身安危而疏忽了親職,有的甚至會過度保護子女(Hendry, 1998; McKay, 1994; Rosenbaum & Leisring, 2003),反而對孩子形成另一種壓力。

小博士解說

東方父母(如中、韓),常常在孩子出生後,生活就以孩子為中心,往往忘記了經營彼此的關係,以孩子來維繫婚姻關係是很不穩妥的,因此有人將最後仳離的主要原因歸納為:孩子、性與金錢三項。

家暴的產生主要是因為「權力」與「控制」,通常是男性想要維護或彰顯自己的尊嚴與權力,主要是以肢體暴力方式想讓對方(女性)屈從。往往施行肢體暴力的同時,也連帶有語言與精神暴力。

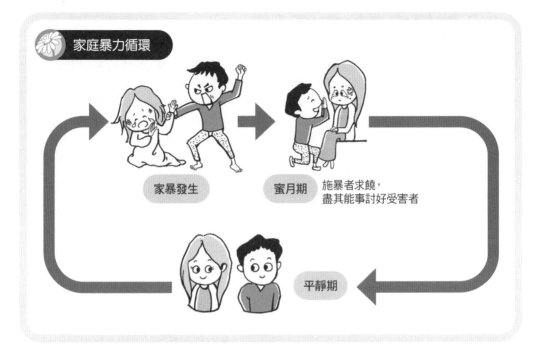

家庭暴力循環

家暴發生 → 蜜月期　施暴者求饒，盡其能事討好受害者 → 平靜期

家庭暴力產生的危險因子（Kaplan, 2000, p.50）

受害者與加害者間的權力不均

家中孩子多於四位，且彼此年齡極為相近。

女性成為出氣筒

家庭暴力產生的危險因子

年輕或是單親家長

家庭中有壓力事件發生

社會孤立

加害者本身有酒精或藥物濫用行為

童年曾暴露於家暴的經驗

✚ 知識補充站

　　家暴的加害者有時候會認為自己是無辜的，是對方挑起戰事。受害者通常是女性，在身體力量上不及男性，卻會用語言與態度來挑釁或貶低加害者，家暴於焉發生。往往家庭暴力有了第一次，就有極大可能會有下一次。家暴受害者不只是直接承受暴力的受害者而已，還有目睹或聽聞的受害者（如孩子）之身心也會受到巨大創痛，加害者本身也因此受到懲罰，賠進去的是整個家庭。

3-8 **雙親相處的方式（續一）**

倘若家庭無法讓孩子感受到安全，對其身心也會有許多的負面影響，最直接的可能是對周遭世界覺得不安全，也更加深其無力、無助感，出現「內化」（internalized，如害怕或壓抑、憂鬱或自傷）與「外化」（externalized，如攻擊、反社會、打架、說謊）行為表現（Coyne, Barrett, & Duffy, 2000; Edleson, 2004; Stiles, 2002; Morrel, Dubowitz, Kerr, & Black, 2003），男性似乎較多外化（或「宣洩」acting-out）行為，女性則是內化行為較多（Jaffe, Poisson, & Cunningham, 2001, Steiger & Matthews, 1996, cited in Martin, 2002），包括與他人互動不良（Edleson, 2004, p.10）。也就是遭受或目睹家暴者，最先受到影響的是對於人際的信任，包含對親密關係的信任。

以家庭肢體暴力為例，配偶間的暴力是預測兒童受虐的一個指標（McKay, 1994），在暴力家庭中成長的孩子有極高可能性也遭受虐待（Saunders, 1994; Stacey & Shupe, 1983, cited in McKay, 1994）或忽略，當夫妻間因為自己的關係而無法適任親職，會進而影響到下一代對自我、人際與親密關係的看法。

任何形式的家暴（肢體或性虐待），其主要的原因是權力、控制或威權（Martin, 2002），籠罩在家暴氛圍中的孩子就是「看不見的受害者」（invisible victims，Osofsky, 2003，p. 162），其受創程度與影響可能不亞於遭受直接暴力的受害者，當然也要將目睹者的個性或自我強度（韌性或挫折忍受度）做考量。

不少人都會在家裡目睹雙親爭執或意見不合的情況，孩子也會將雙親面對衝突或不同意見時所使用的方式記下來，運用在與他人的互動中，因為這是他們所知道的方式。倘若家長們可以使用多種建設性的方式來解決或化解衝突，孩子自然也學會這樣的互動方式，其人際智商就更佳。當然，等到孩子與外面世界接觸後，就有更多的機會學習處理衝突的不同方式。

父母對於孩子彼此之間的相處是不是有所規範？像是長幼有序、大讓小，或是讓每一個人都有申訴機會等。當孩子之間有所爭執時，家長的態度如何也很關鍵，許多孩子就是從這些事件中知道自己在父母心中的位置、學習如何處理紛爭、維繫手足關係與否，甚至是建立未來自己立即家庭規範的雛形。

小博士解說

家庭與一般團體不同，因為有血緣與情感因素，在處理家庭問題時往往會遭遇許多困難，加上一般人不希望家醜外揚，更遑論向外求助，因此若是家庭需要找到治療師求援時，通常是已經到不可收拾的局面，所需要的治療時間與力道更多。中國人的家族觀念很重，而家族治療也剛在起步，若是國人認可助人專業的效能，相信許多的家庭悲劇都可以避免。

親職生涯發展（Galinsky, 1987）

想像期	孩子出生前、準備當父母的階段	對自我看法與伴侶關係的改變，也牽連著自我與原生家庭父母關係的改變。
照顧期	出生至三歲	孩子成長最快速的時期，親職重點在於與孩子建立健康的依附關係、注意伴侶之間的關係維持，以及對孩子的了解。
威權期	二到五歲之間	孩子活動力與探索最旺盛的時期，父母開始有規範與掌控的行動，可能會有孩子與親權的拔河。
解釋期	從學前到青春期	家長要提供孩子有關生存世界的訊息、看法與解析，協助孩子發展自我認同與價值觀，與孩子的關係漸趨平權，父母也開始思索涉入孩子生活的程度。
互賴期	青春期至第一個孩子離家	家長需要以新的溝通方式與孩子互動，也需要檢視自己對孩子的期待是否合理。當家長的現實主義遇到孩子的理想主義，或有一些衝突，需做適當調整。
分離期	孩子開始離家、父母進入老年	雙親要重新面對兩人生活，回顧自己的親職生涯且重新評估，並維持與成年孩子的關係。

3-9 **手足間的相處**

手足關係是我們一生中最長久的人際關係，也是很重要的支持力量，手足間的相處與父母的對待有緊密關聯。雙親對待每個孩子是不是「夠公平」？或是讓孩子感受到被呵護與關愛？在手足有紛爭時如何妥善處理？甚至示範給孩子看如何處理衝突與紛爭，都會影響孩子彼此的相處與未來的關係。

手足幾乎都可以清楚說出誰最受父親或母親的寵愛，誰被寄望最深，或是誰最不受重視。最受寵愛者通常就是其他手足之敵，而最被寄望者的壓力也最大、容易有情緒困擾，最不受重視的通常會成為一個「游離電子」，很早就離開家，甚至一直都有「流離失所」、無根的感受。

若是子女中有人有身心障礙或罹患慢性疾病，家長在照顧病兒之餘已經分身乏術，也容易忽略正常的子女，甚且讓正常子女承擔過多親職責任（所謂的「親職化」），失去正常生活或成長機會。有些家長會為孩子置產，讓孩子以為自己以後不需要努力打拚、學習養活自己的能力，或對孩子有偏愛、不公的對待，孩子彼此之間有嫌隙，甚至手足鬩牆，等於是為孩子樹立「最親密的敵人」，讓他們往後都沒有依靠或支持系統，有的甚至是老死不相往來。家長留給孩子最大的資產就是教育與能力，而不是用來爭奪的產業。

目前因為少子化的緣故，許多家庭都只有獨生子女，倘若孩子又未上幼兒園或安親班，沒有機會與其他孩子相處，在學齡期進入正規學校受教育時，常常就會出現許多人際與情緒障礙，較自我中心，不懂得同理他人、與他人合作，對孩子的身心發展會有負面影響，因為人是社會的動物，除了獨立自主的能力之外，還是生活在人群中，需要與他人相處。

心理家阿德勒曾經分析家庭中不同排行的子女性格，但其依據是個體對自己在家中位置，與被對待態度及感受（「社會心理地位」）來做評估，而不是實際的排行。像是老大較為保守傳統，也威權、可靠、過度負責、內化雙親的價值觀與期待、完美主義者、成就傑出、勤奮努力、行為良好，也較符合社會期待，與長輩的關係較佳。老二出生之後，老大會感受到失寵，喪失原有地位與重要性。兩位手足中的老二，若與老大差距三歲以內，可能就會將老大當作假想敵、競爭的對手，他（她）會先從老大擅長的地方下手，若是發現無法超越，就會朝不同的方向發展，老二較會照顧人、表達能力亦佳，也常感受到競爭的壓力。家中的么子有類似老大與獨子的特性，基本上是被寵愛的，也予取予求、我行我素，喜冒險、自由自在、具同理、社交能力強，也有創意。中間的小孩通常是「被忽視」的孩子，覺得家中沒有他（她）的擅揚之處，所以會朝家庭外發展，也因為較少被注意到，所以擁有較多的自由與創意，在外的人際關係較佳，認為自己要認真努力才可能獲得認可，會懷疑自己能力、反抗性強、有同理心（Corey, 2009;Seligman, 2006; Sweeney, 1989）。

手足關係檢視

- 我與手足中誰最親?誰最遠?理由為何?
- 我與手足中誰最像?哪方面像?跟誰最不像?是哪些方面?
- 誰是父母的寵兒?你對此人的觀點如何?
- 誰是父母最不喜歡的?你對此人的觀點如何?
- 哪位手足與你的關係從過去到目前都很親近?你認為是什麼原因造成?
- 哪位手足與你的關係從過去到目前漸行漸遠?你認為是什麼原因造成?
- 有哪位手足向你求援,你會願意伸手相助?有哪位向你求助,你較不願意協助?理由為何?
- 你會希望改善與家中哪位手足的關係?為什麼?會如何進行?

 家庭傷痛的類型（邱珍琬,2014）

不適任親職	母親情緒的代罪羔羊	專制掌控的母親
雙親不睦	**家庭傷痛的類型**	父親耽溺於自己的嗜好而不養家
暴力家人或家族涉入過深	暴力父親　　父親的差別待遇	專制威權、不明理的父親

+ 知識補充站

　　手足關係是人一輩子最長久的人際關係,小時候或許不喜歡資源被切割,但是成人之後,會開始慶幸有人可以分攤責任與分享。

3-10 **失功能的原生家庭**

家庭是一個系統，牽一髮就可以動全身，因此只要其中一位家人有困擾或出現問題，其他家人與家庭氛圍都會受到影響，沒有人可以置身其外，倘若家庭有問題，卻沒有用建設性的方式去解決，甚至是不解決，這些問題就會像滾雪球一樣，最後造成家庭分崩離析或是失功能等局面。

絕大多數的家庭一旦發現問題，都會積極尋求解決方式，然而有時候解決問題的方式有問題，甚至無效還持續使用，就會造成更多問題，甚至讓問題更根深蒂固、更難解決。

像是家中有失業的孩子，家長每天見到他／她就會提找工作的議題，孩子迴避問題，家長卻更緊追不捨，後來孩子就乾脆不理不睬，甚至躲到電腦遊戲中。又或者，父母疼愛某一子女，不理會其他手足的抱怨，後來手足們紛紛撤離，不願意涉足父母與該手足之間，結果該受寵者更是利用父母的愛，成為堅定的「啃老族」，更造成其他手足的絕望，最後連父母要求助都沒有搭理。

家長是傳承社會價值與文化的重要推手，也擔任個體社會化的重要角色，因此家庭是社會的縮影。文化與家庭價值觀、性別角色期待與家人關係，都影響孩子觀察家庭互動的模式（Corey, 2009），孩子即便語言能力尚未發展完全，也可以從家人的行為中觀察、仿效，若是未能得到解釋或說明，孩子也會形成自己的解釋（即是阿德勒學派所稱的「私人邏輯」），最後演變成一種堅定的信念（即便是錯誤的），其人生走向就大大不同。

像是孩子目睹父母爭吵，孩子認為自己被忽略，有一回在無法承受之下，在學校打了同學，於是雙親都跑來學校關注，自此該名學童就認為「只有自己出問題，父母才會關注」（私人邏輯），於是偏差行為不斷，除非在其成長過程中有貴人相助，或有機會扭轉其偏差信念，其私人邏輯才有修正之可能。

有些家庭的父母不睦，卻也不願意做有建設性的解決或離異，卻以孩子為戰場或爭執的籌碼，讓孩子長期生活在憂懼焦慮之中，擔心失去父母的任何一方，心也沒有安頓處。大多數的孩子即便成長在失功能家庭，也都有機會翻轉自己的命運，因為大部分的人都有機會去接觸其他不同的家庭，會將自己家庭做比較，這樣個體就有機會重新做選擇或改變。

小博士解說

「失功能家庭」（dysfunctional family）是指家庭本身無法發揮其功能，如保護子女、提供安全穩定環境、維持生計、因應危機與變化等，甚至造成家人身心創傷及生命危險。

家庭功能

提供基本生存以上
的經濟支持

說明

家庭提供個人生存所需之經濟與消費功能,目前
家庭已經從早期自給自足的生產單位,到目前的
消費單位。

提供保護與安全、
穩定的環境

說明

家庭提供成員一個可以保暖、庇護之所在,讓
家中成員不受外人或外力侵害。此外,在成員生
病、受傷、失業或老邁時,家庭是養護與避難的
堡壘。

教育的功能

說明

家庭從過去到現在都是教育子女、讓子女社會化
的主要場所。儘管現代家庭將以往許多家庭教
育功能外放出去(如學校、補習班、教會等),然
而子女的價值觀、信仰及處事態度等的教導與傳
承,還是以家庭為中心,也影響最深遠。

提供休閒及娛樂

生育與延續後代的功能

說明

家庭是生兒育女、延續生命與民族及人類命脈的
地方。

提供愛與隸屬

說明

家庭是滿足每個成員愛與隸屬需求的最基本單
位,父母關係更是家庭生活的基石,也是孩子安
全感的最主要來源。

道德與宗教的功能

說明

中國家庭慎終追遠,還有家族價值觀的傳承,都
仰賴家庭。西方國家的家庭與教會有較密切的
關聯,而宗教信仰也是道德教育的根據。

說明

以往的農業社會裡,勞動與休閒皆以家庭為中心,現
代家庭雖然娛樂型態改變,但提供與培養下一代之
休閒娛樂活動、時間管理的能力,也可促進家人關
係、豐富家庭生活。

 高功能家庭

家庭氣氛和諧、歡
樂,溫暖且幽默。

家人間關係界限
清楚且有彈性。

家人之間的溝通
坦承而直接。

家庭規則有彈性、
可商議或妥協。

家中人較願意去接近不同的
人,也接受家庭外面環境的
新訊息或事物,對嶄新或不
同的意見較容易接納。

家中每個人對自己的看法較
正向,自我價值感較高。

3-11 失功能的原生家庭（續一）

　　家人代代相傳的互動，是傳承與遷移文化實踐與價值觀的重要力量（Morgan, 1999, Brannen, 2006, cited in Lewis & Simpson, 2007, p.146），然而許多家庭的良與不良互動，也可能會延續到下個世代，倘若對於不良互動沒有覺察與改變的積極作為，這些「失功能」的模式就會繼續其負面影響，造成許多對個人或社會的傷害。有些家庭甚至會將一些仇恨或是錯誤的價值觀刻意傳承下去（尤其是中國人因為宗族關係，常常會因為彼此交惡或是家產分配不公，從此結下樑子，好幾個世代都躲不過），受苦的又豈止是一個世代而已。

　　家庭失功能主要是親職不適任、缺席或傷害。父母失功能，不僅讓下一代遭受身體與心靈上的戕害，也可能有犯罪行為，讓整個社會與民眾身心健康都蒙受偌大損失。許多研究以母親為對象，因為基本上不管哪一個社會，母親都是孩子的主要照顧者；母親若不在其位（包括生病、忙碌、不盡親職），對於女兒的影響較大，尤其是女兒在與他人關係中如何看待自己，母親在孩子生命早期離開或不能盡責的影響，又甚於青春期後（Tolman, Diekmann, & McCartney, 1989），可見母親的功能在於滋養與保護。倘若父親不在其位，研究顯示其子女在青春期發育較同儕為早（Bogaert, 2005），其女兒會較早開始性行為或性行為較活躍，也易淪為被性侵對象（Ballard, 2001），兒子則是有偏差行為（Perkins, 2001），可見父親在子女行為約束與控制的重要性。

　　家庭失功能往往是先在家裡較為年幼或弱勢（如生病、障礙者）的人身上呈現徵狀，一般人也會從個人行為表現去推測家庭的功能狀況。像是學童翹家逃學或是行為失當，就會推估其家庭出了狀況，可能是隔代教養、單親或是家暴，這樣的推測有時候會汙名化家庭（如單親、繼親、新移民或祖孫家庭），而忽略那些不受影響、且有堅韌自我強度的大多數，因此並不公平。

　　為什麼較年幼或弱勢的人會出現徵狀？主要是因為年幼的孩童沒有解決問題的能力，對世界認知有限，然而又身為家庭的一分子，想要為家庭盡力，因此就嘗試不同的方式（如逃學或流連網咖）企圖緩和情況或問題，無意中讓家人轉移了注意力及問題（如父母失和），而孩子卻以為自己達成目標了（得到雙親的注意，父母也不爭吵了），所以為了家庭整體的和諧，寧可犧牲自己，這就是心理學上所稱的「被認定病人」（identified patient）或「代罪羔羊」（scapegoat）（因為真正問題不在他身上）。

　　以「系統觀」的觀點來看家庭，即便家中少了一個人或角色，其他人會協助將其功能補足，並不因此而有缺憾或不足，雖然吃力一些，但還是維持良好的家庭運作。反而是一些執意要維持「完整」或「正常」家庭者，往往使用壓迫力量讓家人緊緊靠在一起，卻無能將問題做建設性解決與處理，而是將全家人都拖下去，陷溺在痛苦深淵中，其傷害性更大。

檢視自己的家庭功能

- 你認為父母應該做些什麼才是「好父母」？
- 你認為子女應該如何表現，才不愧父母的教養？
- 父母相處的情況如何？影響你與他人互動哪方面？
- 家中曾經有過危機時刻嗎？如何度過或解決？
- 家中有誰與父母直接衝突過？爭議點為何？最後是怎麼結束或持續的？
- 有誰是家中的黑羊（敗家子）？雙親對其態度如何？哪個部分是你最不苟同的？
- 與他人相處時，若碰到讓你頭痛的人物，你是如何應對的？這個經驗讓你聯想到與哪位家人的互動？
- 有沒有所謂的「家庭祕密」？為的是保護誰？你的看法如何？
- 若你成立自己的家庭，會希望保留及改善什麼？

 高風險家庭　以孩童的福利為評估基點。

家中成員關係紊亂或有家庭衝突。

家中成人有同居人，常換同居人。

家長或同居人從事特種行業，有藥酒癮、精神疾病及犯罪前科。

兒童、少年的父母或主要照顧人從事特種行業，有藥酒癮、精神疾病而未就醫或持續就醫者。

因貧困、單親、隔代教養或其他不利因素，使兒童及少年未獲妥善照顧。

負擔家計者失業或重複失業（包括裁員、資遣），強迫退休，使兒童及少年未獲妥善照顧。

負擔家計者死亡、出走、重病、入獄服刑等，使兒童及少年未獲妥善照顧。

其他

3-12 原生家庭對專業助人者的影響

不少助人專業者是因為自身問題而選擇此生涯。有研究者（Russel, Gill, Coyne, & Woody, 1993）發現主修輔導與諮商的學生，有四成三左右是成長在酗酒家庭；Sellers 與 Hunter（2005）檢視主修社會工作者與原生家庭之間的關係，也發現許多研究生若是認為自己原生家庭有病態或暴力歷史者，對於自己主修社工是具有顯著影響力的，而這些學生也較願意選擇心理衛生／健康為自己的工作領域；這些助人專業者可能也是藉由自身的學習與經驗，來做自我療癒的功課。Coombes 與 Anderson（2000）也發現：出生在酗酒家庭的社工人員，在實際工作上展現了早年習得的負責與依附能力，卻鮮少有人知道為何他們能夠將負面經驗轉變為正向力量。

許多專業助人者是為了要為自己的問題找答案，或是做自我了解與療癒，於是投身專業助人的行列，其優勢是對於類似經驗者較能同理，可以提供其成功經驗與典範，但是也容易陷入反移情或是過度同理的陷阱，對當事人不一定有助益。

一般民眾若沒有這樣的覺察，容易陷入重複的模式或重蹈覆轍，影響其人際或生活，造成情緒上的壓力與困惑。在大學階段，許多個人問題都可以溯回其原生家庭，然而很多人不願意在團體中就家庭議題來討論，也較少有這樣的諮商團體出現，這可能是因為家庭議題影響個人的許多層面，很複雜、也較容易觸動到傷痛點。

每個人或多或少都自原生家庭帶來傷害或未解決的議題（未竟事務），特別是與家人之間的關係，因此不妨就在目前設計一個「親密關係大作戰」計畫，也開始執行，讓自己有機會與任何一位家人做關係修補、增進或維繫。諮商師要讓當事人在進行改變時有效果或信心，自己也得要事先做過實驗與嘗試，才會了解箇中的甘苦，或是可能遭遇的困境為何，這樣就更能夠貼近當事人，也可以過來人身分給予有效建議。

檢視與原生家庭的關係

檢視原生家庭時可用「家庭圖」來看三代的關係（請見右圖），因為中國是父權至上的傳統，所以以父親那一方的祖父母開始，若是情況特殊（如雙親離異，或是與母系的關係較緊密），則可繪外祖父母方的家庭圖。家庭圖可以讓我們看見彼此之間的關係、個性特色、遺傳的生理疾病或心理疾病，有些可能有複製的情況發生（如上一代離異，下一代亦有多起）。自我覺察與原生家庭的關係至少有以下幾項：

一、我的雙親關係如何？如何影響我看待親密關係？

二、我的家人彼此間的關係如何？有沒有同盟、敵對或競爭關係？

三、我家人間分工情況如何？合作情況如何？有沒有人常常是規避責任，享受權利？有沒有人一肩承擔，無怨無悔？

四、父母公正嗎？有沒有家規？給孩子明顯或潛隱的價值觀為何？

五、你的手足關係如何？誰與誰最近？誰又與誰最遠？父母鍾愛的是誰？

六、倘若你／妳有自己的立即家庭，會希望保留原生家庭的那些規則或價值觀？

原生家庭檢視表（不限於此）

檢視項目	舉例
雙親彼此的關係	恩愛、普通、常手吵或矛盾。
跟父母的關係	跟誰較親？像／不像誰？像／不像的部分為何？
與手足的關係	誰最（不）得父親或母親寵愛？理由為何？ 你／妳與手足關係的誰較親近／疏遠？
對手足的觀察	誰與誰最相像／不像？從哪裡可看出？請用一句形容詞描述其他手足。
家人彼此之間互相關愛的模式或行為為何	以吃東西或提供食物、問候一些日常生活與作息、會在特定日子刻意慶祝，或是不善於語言表達等。
在家中的感受	用一幅象徵圖來描述你／妳在家中的感受。
對家的感受	以一個形容詞來描述你／妳家。

 從家庭圖（genogram）**看三代關係**

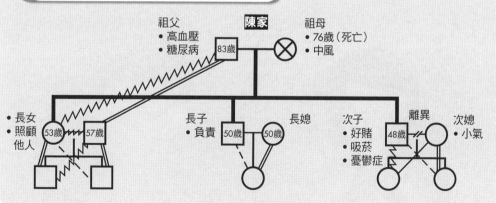

+ 知識補充站

　　心理學家阿德勒認為「家庭星座」是一個人最主要的社會環境，每個孩子都企圖在家庭裡展現傑出、爭取自己的位置；家庭星座也包含了家庭組成與大小、排行及互動關係。

第 4 章
檢視與覺察人際關係

學習目標：

　　了解人際界限，如何維繫健康的人際界限及人際互動。

4-1 人際關係是心理健康的最重要指標

不同的心理學派都認定一個事實，那就是「人際關係是最重要的心理健康指標」，如「客體關係」理論認為人會努力與他人保持聯繫，人有與他人互動的需求，也在與他人互動中形塑自己，因此強調人際關係與自我概念；客體關係指的是親密關係中的一套認知與情感歷程（Westen, 1991a, p.211, cited in Libert & Libert, 張鳳燕譯，1998/2002, p.89）。

自體心理學探索早期關係是如何形塑自我與自我架構（St. Clair, 1996），Kohut 認為人是出生在社會環境裡，與他人的關係就是心理生存最根本的要件（Cashdan, 1988）。阿德勒心理學派提出的「社會興趣」（social interest），是指個體對他人的正向態度，與自我認同、同理他人有關（Corey, 2001）。「社會興趣」讓我們想要有所歸屬，成為人類社會的一員（而且是有貢獻的一員），讓我們所處的社會更好（Corey & Corey, 2011），只有將人置於社會脈絡中，才能夠了解此人（Corey, 2009）。

存在主義學者提到，人都是孤單存活在這個世上，因此藉由與他人的互動來取暖、排解孤單，而在人際互動中，我們還可以學習了解自己、世界與他人。溝通交流分析學派看見人際互動時的兩個層面，指的是「社會層面」（一般社會可以接受的部分）與「心理層面」（真正溝通所要表達的），但是我們往往不能與自己真正在乎的人做真誠溝通，反而聚焦在人際遊戲上，而這些遊戲目的就是逃避與他人互動時的親密（George & Christiani, 1995）。

人基本上有幾項生命任務（life tasks），包括工作（對社會的貢獻）、友誼與愛（與他人的聯繫）、與自我的關係，以及與宇宙的關係。這些都與「社會」或周遭人有關聯，若是發現自己未能實現其中的一項生命任務，就會有精神官能症的產生（Warner & Baumer, 2007）。

我們生活在人群或社群之中，自然會有與其他人接觸或互動的機會，有時候即便只是路過的人，也可能對我們的生命產生影響，像是路人的開朗笑容，也許會讓愁苦的自己受到鼓勵或有不同的思考，認為自己不必自困愁城，應該還有解決的方法；或許只是目睹一起路人協助老人或年幼孩童過街的事件，就讓人油然升起感動與悲憫之情，覺得世界美好。人與人之間的互動，是生命與生命的交會，彼此都受到影響，他人會是我們生命中的重要貴人，相對地，我們也可能是他人生命中重要的貴人，這就是人際交會與互動之美。

許多罹患心理疾病者，第一個受損的就是人際關係，不管是拒絕他人的親近、主動孤立自己，或是讓他人不敢親近、不想與自己有所接觸皆是。因此，心理學界也會運用及製造許多與他人互動的學習或場域，讓心理疾患者有機會重新學習與他人做友善、正向及有意義的接觸，也提升其活力與生命質感。

小博士解說

阿德勒心理學派提出的「社會興趣」，是指個體對他人的正向態度，讓我們想要有所歸屬，成為人類社會的一員，讓我們所處的社會更好。「社會興趣」與自我認同、同理他人有關，若無正向的社會興趣，其行為就可能往對社會無益的方向（如孤單、犯罪）前進，讓大家付出極大的社會成本。

不同理論取向對於人際關係的觀點

精神分析	依附關係，戀父戀母情結。
人本中心	人有被認可、接納與歸屬的需求。真誠、無條件積極關注與一致性，是治療及人際關係的最重要元素。
存在主義	人是孤單到此世界中，人際關係可減少人的孤單或存在虛空。
阿德勒的個體心理學派	人有被認可的需求。一個人的心理健康可以「社會興趣」來評估，社會興趣低者，會朝向孤獨、犯罪或心理疾病的方向發展。
現實治療	人有歸屬、與他人建立關係的需求。
行為主義	人際互動是經由學習而來。
認知行為學派	人的情緒與行動受到信念影響甚鉅，自然也影響其與他人互動及溝通。
完形學派	「我─你」（I-Thou）關係的影響。在諮商過程中，治療師與當事人彼此是在真誠的交會中互相影響的，人與人的關係也是彼此互為影響。
家庭系統	家人關係包含了「血緣」這一層，讓彼此關係更形複雜，且家人關係常常是牽一髮而動全身，彼此影響。

 建立與維繫關係的重要元素

- 不要想太多，先有行動。
- 關係需要經營。
- 真誠是建立關係最重要的元素。
- 不必討好所有人。
- 建立與維繫關係的重要元素
- 關係會讓彼此成長。
- 關係中不應該有委屈。
- 同理與為對方設想。

4-2 人際界限與自我性格

不管是何種關係,都有個「界限」（boundary）存在。「界限」是看不見、摸不著的,除了定義個人與「次系統」（如夫妻、母子、子女等）,也決定了家人彼此之間的接觸範圍（Becvar & Becvar, 2009）。次系統間是由「半穿透的界限」（semipermeable boundaries）所區隔,目的在於區分彼此的功能（Nichols, 1992）,除了維持各次系統的獨立之外,也可以彼此互相支持,像是每個人都可以有獨立自主的能力,也需要與他人互相合作與依賴,在家庭中也是如此。

若是界限僵固、彼此壁壘分明,雖然維持了個人的獨立性,卻也犧牲了親密感,反之若是界限糾結或模糊,雖保有親密,卻犧牲了自我的獨立自主性,因此最好的界限是有彈性的,可以由自己主觀決定與某人的親密度。

舉例來說,在中國傳統家庭裡,父親與子女通常界限較僵固,親子關係較不緊密,雖然父親藉此維持其尊嚴與獨立性,卻犧牲了親子之間的親密關係;同一家庭裡,母親與子女關係較佳,彼此間的「界限」較不明顯,但是若子女要獨立,可能會受到阻撓或干預,或是子女無法離開母親,「媽寶」就是一例。

最好的界限是有彈性的,可以隨著彼此認為的親疏遠近做調整,像是父親要管教孩子時,可以保持較明確的界限,但是親子互動時,界限可以鬆軟一些,這樣就可以同時維持「獨立」與「親密」之間的平衡,這當然是理論上的理想,實際執行起來並不容易。幸好一般大眾都是維持著健康的彈性界限,落在「疏離」與「糾結」兩個極端中間。

人際關係反映出自我性格

人類社會是互助互動、彼此依賴的,同時也容許個人的獨立性。由於人際關係是心理健康最重要的指標,因此退縮、孤立或是被人拒絕、排斥者,不僅容易有情緒上的問題,也可能是犯罪行為的當然候選人。

我們在與他人互動交流中,學習更了解自己,也在與他人互動時展現自己的個性,許多參與團體諮商的人都發現這兩點。通常願意主動與他人互動者,性格較外放、開朗、大膽（外向）,而較為木訥、內斂、害羞者（內向）,常常是人際關係裡的觀察或被動者,而絕大多數的一般人是處於兩個極端之間。

許多人的人際互動模式受到過去與他人接觸的影響,因此在與陌生人接觸的最初,通常會有一些保留,讓自己花一點時間去了解情況,才會決定要與此人發展出怎樣的關係。當然也有一些極端的,像是有些人是人來瘋,可以很快地融入陌生人之中,有些人則是因為個性或經驗使然,認為與他人接觸會受傷或受害,所以戰戰兢兢、如履薄冰。

我們在與他人相處的過程中,不僅更認識自己,同時也清楚自己喜歡或不喜歡什麼樣的人,當然就知道哪些是自己願意投資心力去努力經營的關係,哪些關係則不需要。人際關係有時候並不是如此單純,因為會牽扯到利益或權力,像是在工作中與同儕及上司的關係維持,就不及在學校與同窗好友之間的真誠單純。

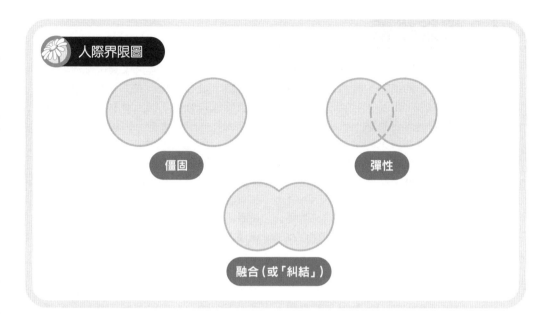

 家庭中不同次系統的功能

「夫妻」次系統	主要是彼此互補的功能，因此需要妥協、調適與彼此支持。
「親子」次系統	主要是「執行」教養的單位。
「手足」次系統	可以讓孩童實驗及練習與同儕的相處。

＋ 知識補充站

　　家庭治療師Minuchin（1974）認為，家庭成員的界限必須要清楚界定，這樣不僅可以容許次系統的成員執行自我的功能，不受到過多的干擾，同時也可以讓個別成員與次系統間有適當連結。當然，每位成員間的界限彈性與開放程度不一，主要是依彼此關係親疏程度來決定，應用到一般人際關係也是如此。

4-3 情誼維繫

同類的人會相聚在一起,就是一般友誼「同類相聚」的道理,當然也有極不相同的人可以成為知己,有不同的學習。許多人都想要追求有意義、較為公平,或是可以讓彼此都成長的情誼。但彼此對於情誼的認同有時候很不一致,因為參雜了主觀的因素;當甲認定乙為好友時,乙可能認為甲只是「普通朋友」,倘若兩人都有同樣的認定自然好辦,然而有時卻不如己願,這也是我們在與他人維繫關係的難處。

不同交情的人可以分享的事物就有很大的差異。知心好友幾乎任何事都可以分享,也可以同甘苦、共患難。不同類型的好朋友可以分享的事物有所不同,有些可以共患難,但不一定可同享樂,有些可以聊八卦,卻不能一起合作。因此,在人生不同階段會遭遇到不同的人,也發展不同層次的情誼,是可以接受的通則。

友誼需要經營與維繫,才可以長久。許多人在國小階段延續下來的情誼,會隨著時間與發展階段而漸漸減少,但還是有少數持續下來。大學之前的情誼,因為少了利益與權利的因素,比較單純,也較容易維持,況且大家幾乎都有共同的目標(如考學校)。進入大學之後,因為彼此成長背景不同、觀點互異,雖然可以因此而學習更多,但也容易有衝突或爭論,加上價值觀與生活習慣的差異,又有利益或權利的因素在裡面,許多人都發現要交到真心的朋友並不容易。現在有許多三C產品與群組,固然增加與拓展了互動及交流的機會,然而真正有意義的關係還是需要實體上的接觸,不是靠手機或群組聯繫就可以。

男性與女性情誼不同,而我們都需要異性朋友,提供我們不同的觀點與參照。男性之間較少有親密互動,除非是在運動場上,女性之間的關係較緊密,社會也較容許女性間的身體觸碰,然而也因此讓女性之間的情誼很複雜,常常要考慮許多面向。像是女性好友間若加入另一位,常常就會有嚴重的「排他性」(如小玉與桃子是好友,另一位英子要加入,桃子可能就會認為自己的好友地位不保,而極力捍衛),因此從國小開始的「關係霸凌」也是以女性居多。關係霸凌不會因為學習階段結束就停止,而是還會延續到職場、妯娌之間,真是可怕。

小博士 解說

在人生不同階段會遭遇不同的人,也會有需要經營的情誼。雖然隨著年齡的增長,結交的朋友性質會有不同,但是真正持久的友誼還是需要努力經營,即便後來大家的生活環境或內涵有極大差異,但原本的初衷依然存在。

友誼的重要元素或功能（同質性高低不同）

給予彼此情緒支持

陪伴

良性競爭

可信賴

保守祕密

協助自我反省與成長

交換或刺激想法和觀點

在危機時可以求助或得到支持

彼此站在平等的立場互動

自我價值感

有親密感

受到喜愛與尊重

感覺被接受與了解

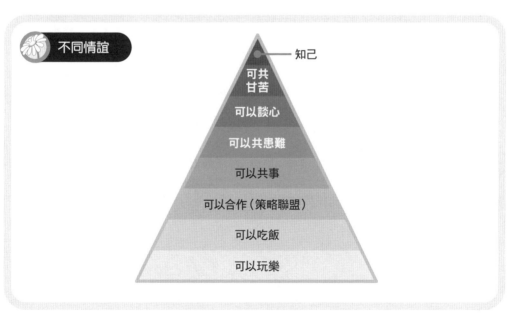

不同情誼

知己

可共甘苦

可以談心

可以共患難

可以共事

可以合作（策略聯盟）

可以吃飯

可以玩樂

4-4 情誼維繫（續一）

男性之間有「同性親密」的禁忌，從父子關係就開始，因此一般家庭中的父親與兒子的關係總是疏離、嚴峻者多，主要是因為社會文化（維繫「男性氣概」）之故；加上我國的傳統認為男性是養家者、被依靠者，因此需要更嚴格的期待與訓練，而父親就肩負了這樣的責任。男性之間若能夠有深厚的情誼，就如同女性之間的情誼一樣，可以有支持、歸屬，人生較不孤單。

男性需要有女性的紅粉知己，可以提供其不同性別的看法，尤其是在親密關係議題上，男性若找同性友人商議，一來損及其男性形象，二來話題不好談，也較無法深入，而通常男性友人對於親密關係的見解常常無法解決問題，像是碰到分手議題，男性友人的建議可能是：「天下何處無芳草，何必苦苦班上找？」或是：「去喝一杯就忘了！下一段關係會更好！」女性友人可以提供不同性別的感受與看法做為參考，至少女性較有能力傾聽，雖然不一定提供有效解決途徑，但至少可以被聽見，情緒上輕鬆許多。

女性之間的情誼是較被贊成與認可的，甚至是女同志之間的關係也較不容易受到歧視或批判，但是女性之間的情誼可以極親密，也可能難維持，因為較為複雜。女性之間若有任何心事，彼此可以促膝長談，女性也可以發洩情緒，一起數落第三者，不會刻意找解決之道。

男性在聽女性訴苦時，會急著思考解決的方法，反而就忘記聆聽，這與男性被期待的「工具性」角色有關。有坊間書籍提到男性與女性溝通模式不同，男性遭遇到問題時會躲入自己的「洞穴」中去做思考，不喜歡被打擾，女性則是喜歡找人說出來，發洩情緒，這樣的看法其實有嚴重的性別刻板印象。

同性別之間的情誼，因為經驗相似，有許多可以分享、交換，不同性別的觀點可以讓彼此有更深的了解與學習，因此每個人都需要有相同與不同性別的情誼，可以彼此支持不孤單，也提供不同觀點，讓不同性別間的溝通更有效。當不同性別者可以有效傾聽與溝通，相信會減少許多誤解與紛爭。每個人都需要家人及朋友，友誼讓我們不孤單，有支持與歸屬，甚至可以學習與成長，因此都要經營幾個有意義的人際關係。

小博士解說

人與人間的互動最常見的是「趨近」動作，然而也有人因為性格或經驗使然，會想要攻擊或逃避與他人相處，這在成長階段都可以做一些修復動作，但是人際互動有其複雜的面向（如權力位階、控制、利益、自尊等），是每個人不可逃避的生命課題之一。

同／異性情誼的一些事實

男性之間

- 男性之間的情誼較像「夥伴」與「兄弟」，可以一起分享活動，較少談心事。
- 社會對於男性之間有較多的規範與約束，包含「同性親密」的禁忌，父子之間加上倫理的關係，彼此的界限也比較僵固。
- 男性之間肢體上的碰觸通常不被允許，只有在運動或競技場上才容易被看見。
- 男性的表達較直接、不修飾，因此容易被誤會為缺乏體貼，而男性之間的情誼也較為單純。

女性之間

- 女性之間的情誼較為緊密，幾乎無話不談，分享較深，也被容許有身體上的碰觸。因為如此，女性好友間較有「排他性」，也就是說限於「小圈子」內的情誼，較難往外拓展。
- 女性重視關係，也願意表達，然而其情誼維繫也較為複雜、困難。女性較會用間接方式來欺凌他人（所謂的「關係霸凌」），或取得權位與利益。

異性之間

- 男同志或是個性較陰柔的男性，其女性情誼較多且親近（所謂的「姊妹淘」），或許是因為較多體貼行為的展現，容易受到女性歡迎。
- 不管是什麼性別，都需要有不同性別的情誼，只是女性之間的情誼較不受批判；而在異性戀主導的社會，男性與女性的情誼也容易被汙名或妖魔化。

女追男隔層紗，男追女隔座山，其實就是父權社會的寫實，女性成為男性展現「成就」的標竿之一——女性是用來征服的。

4-5 **家人關係**

其實最難維持的關係是家人或親密關係，因為有血緣或情感因素，要顧慮的就更多，反而不容易。況且家人是一體的，因此在關係的處理上，常常掣手掣腳，不像其他人際關係一般單純，而家人或親密伴侶也較可能因為情感的連結，讓彼此深陷泥淖，動彈不得。

家族治療師為了兼顧家人溝通及自我成長而研發的治療模式，主要是因為家人常常因為彼此的關係緊密而犧牲了個人的成長，導致自我分化不成，無法自主獨立。家人互動的模式也常常僵固、不願變通，因此犧牲了彼此的親密感，這是結構治療大師 Minuchin 所著眼的關鍵。

中國人的家庭關係，常常是母親與孩子之間過於糾結，有時母親會與孩子分享夫妻的事，或是孩子涉入雙親的事務（如之前所提的「情感綁架」，某個家人以彼此的關係企圖獲利或要脅家人），或者是父母與孩子之間界限較僵固、不親密，這都不是理想的情況。

家人關係中，還會因為權力不對等而有「結盟」的「三角關係」（像是自認為較弱勢的一方，如母親結合兒子，共同對付父親），這樣的結盟若只是偶一為之，做一些權力的平衡，不至於有太大問題，萬一結盟成為固定型態，不僅破壞了原有的位階架構（如家長與子女是不同權力位階），也會斷喪家人關係。配偶或伴侶的親密關係中，若是加入另一人（如公婆），來維持權力平衡，最先破壞的就是彼此的親密，接下來賠上的就是家人關係或整個家庭。

華人家庭除了兩人結婚後常以子女為關切重心，較少經營伴侶關係的特色外，還加上傳統倫理與孝道的觀念，以及在三代同堂家庭中的婆媳與妯娌關係，使得彼此之間常常為了要維持所謂的「虛性和諧」（即「表面上的和諧」），犧牲掉許多真誠互動、正向共存的契機，而家族內許多溝通不良或不溝通、明爭暗鬥的糾結，即便不是生活在同一個屋簷下，彼此之間在心理上常常有陰霾，甚至代代相傳下去，不僅是老死不相往來，還讓以下的世代都無法好好相處，卻一起受困在「家族」的網路裡。

家族原本是華人集結社區力量，一起抵禦外來壓迫，共創美好未來的支持網絡，卻也要維繫龐大一群人的和諧共處。以前是以「大家長制」來勉力維繫，然而隨著時代更迭與價值觀變動，威權體制解體與平權倡議的影響，所謂的大家族許多都變成只有掃墓時才會聚在一起，下一代的橫向聯繫也逐漸崩解，彼此走在路上也互不相識。

許多家族的連結其實都仰賴著上一代的女性，倘若沒有人承接其工作，在其凋零之後，家族的聯繫網絡可能就此瓦解。

小博士解說

家庭治療師 Bateson 發現，所有的溝通都有兩種功能或層次，其一是「報告」（report，是指訊息所傳達的「內容」），另一種是「命令」（demand，指報告是如何被接收解讀的，對話者的彼此關係是如何）。

家庭中的關係

同盟（alignment）

家庭成員在從事家庭活動時，共同或彼此反對的方式，比較是成員彼此之間的情緒或心結，是暫時性的，屬於功能性或目的性的暫時合作。像是子女要吃外食，父親不願意，於是就拉攏母親為「同盟」，去說服父親。

聯盟（coalition）

特定家庭成員對抗第三人的合作關係，是固定性的，因此會妨礙家人之間的關係或情感。像是子女與母親連線，抗議父親長年不關心家人。

三角關係（triangulation）

是「聯盟」的一種形式。像是母親覺得自己是弱勢，常常說不過父親，於是聯合兒子一起來對抗父親。「三角關係」的另一種解釋是：用來做「權力平衡」。

✚ 知識補充站

Bowen 認為人類關係受兩種驅力──「個別化」（individuality）與「共聚性」（togetherness）的平衡所影響，也就是人需要獨立，也需要與人有聯繫，因此需要學習在情感上處理這兩種驅力。

4-6 **親密關係的覺察**

親密關係是以愛為基礎，本是相愛的人為什麼有些就不能繼續相處下去？不只口出惡言或出手傷害，甚至殺害？在男權至上的社會，許多男性將親密愛人與子女視為自己的「所有物」，不容他人覬覦、侵犯，認為自己是唯一「擁有者」與「處置者」，因此才有以前女性「在家從父，出嫁從夫，夫死從子」的規範。儘管現在時代不同了，女權提升與人權倡導甚囂塵上，然而許多人（包括男女）的觀念裡，還是有根深蒂固的「父權」思想。

以東南亞的新住民為例，絕大部分是以買賣方式進行婚姻，男性通常是國內的弱勢族群（像是經濟較差、身體障礙、能力不佳），因此嫁過來的新住民常常需要負擔生育及教養子女、照顧年邁長輩，還要外出掙錢，「履行」夫妻義務，沒有感情基礎的婚姻要如何持續？加上政治上又需要新住民結婚幾年之後，才可以歸化為本國國民並擁有工作權，要不然就被遣送回國，不能在子女身邊，等於是被「期約綁架」。

在親密互動關係中，最能夠看見自己、檢視自己，我們常常因為彼此關係而忽略了應有的禮貌與尊重，甚至將對方的關心與愛視為理所當然，但即使關係再親密，還是需要維護適當的界限，因此珍惜、感謝與禮貌也不可或缺。親密關係經過時間的淬鍊，或許浪漫不再，然

而只要有心，還是可以營造一些驚喜與浪漫，讓對方知道我們在乎。我們對於親密關係的期待與內涵為何？找「條件」還是找愛？找終生伴侶還是飯票？許多的肥皂劇與電影，都在宣導與灌輸浪漫愛情，韓劇風行全球，主要都是在「銷售」飛上枝頭做鳳凰的理念，幾乎全世界都買單。

兩人親密互動，通常會引發許多「利他」行為，也是人性的美麗發揚，彼此願意為對方付出，然而，給予與接受的比率也要相當，要不然一方一直給，也會覺得不公平或耗竭。即使是分手，也要做得較無遺憾，年輕一代成長在網路科技時代裡，分手常常是很突然而主觀，像是突然不連絡、換手機，或是一封簡訊交代，這些也會留下許多的「未竟事務」，影響往後的親密關係與生活。

家庭治療學者 Bateson 發現，家庭角色間的功能可以是互補（complementray）或對等的（symmetrical），也就是彼此的關係是互動的、不固定的，親密伴侶間亦同（Nichols, 2010），儘管有學者 Sternberg（1999）將親密伴侶之間的愛情，以親密（intimacy，彼此喜愛的情感）、熱情（passion，想與對方結合的意願），及承諾（commitment，願意與對方一起生活及廝守的決定）三個重要因素來做描述，也依據此歸納出不同的愛情關係。

小博士解說

分手三 T：

1.Tear（眼淚）：好好大哭一場，把情緒發洩掉。

2.Talk（說出來）：找知己或是諮商師，將自己所受的委屈與難受都說出來。

3.Time（時間）：讓時間慢慢療癒傷口。

（引自李光輝醫師）

Sternberg（1999）的愛情關係

喜歡 （liking）：只有親密。

友誼之愛 （companionate love）：由親密與承諾組成。

迷戀 （infatuation）：只有熱情。

昏庸之愛 （fatuous love）：由熱情與承諾組成。

空愛 （empty love）：只有承諾。

無愛 （non-love）：三個成分都沒有。

浪漫之愛 （romantic love）：由親密與熱情組成。

完整的愛 （consummate love）：親密、熱情與承諾交互作用，為真愛本質。

 探索你／妳的愛情觀（以異性戀為例）

請以圖畫方式來表達你／妳所希望的愛情，並加上你／妳的詮釋：

「電腦螢幕」與「主機」

將愛情視為「電腦螢幕」與「主機」，「電腦螢幕」是男性，「主機」是女性。這是較為傳統的觀念，認為男性背後的重要推手是女性，需要維持男性的顏面。

一雙筷子

將愛情視為「一雙筷子」，沒有性別之分，彼此要合作才可以吃東西，偶而彼此會有意見不合而需要妥協，是較為現代平權的觀念，也顧慮到婚姻生活中的現實面。

4-7 從人際學習

因為每個生命都是孤單存在、獨自面對死亡，因此與他人互動交會就是很重要的功課。我們通常最容易在與他人互動中，認識與了解自己，當然也可以進一步學習不同的因應方式及成長。從他人眼中，我們可以更清楚自己，從觀察、閱讀、聆聽不同的他人生命故事，我們不必經歷許多試煉與痛苦，也可以學習到寶貴功課，這就是作家吳淡如所說的：「人生不是賺到，就是學到。」因為人與人都會互相影響，因此即便是路過的陌生人，也可能是我們生命學習的貴人；生命的貴人至少有兩種，一種是給予鼓勵與援助者，另一種是給予磨練與警告者。

從人際中的學習包括：透過與不同的人互動，學會與不同的人相處，也學習到不同的生活經驗與智慧；可以從與他人的交流中，了解不同的觀點與想法，拓寬自己的視野與心胸，對人性有更多的理解與接納；可以學習到不同的失敗或成功經驗，增加自己問題解決能力與策略；與他人不同的生命故事交流，可以更珍惜自己目前所有，也懂得感謝等等。

儘管與他人關係親疏遠近不同，有些關係是與生俱來的（像是有血緣的親戚），而絕大多數的關係是經營而來的，自然就有主觀的選擇與決定在裡面。華人是集體社會，重在維繫人際和諧與面子，因此儘管不喜歡彼此，還是會維持適度的禮貌。

Carl Rogers 所說的「同理心」（empathy）與「真誠一致」（genuineness or congruence），是人際關係最重要的關鍵，特別是指深度契合、有意義的關係。「同理心」是指可以站在對方的立場，感受其感受、思考其思考，而「真誠一致」也可以說是「透明度」，表現出來的是不隱瞞、不虛偽，前後與表裡一致。

心理學家楊格提到「面具」的概念，他原本指的是個人允許他人可以看見的部分（所謂的「公開我」），然而，人有許多「面具」，會隨著場所、與對方的關係而展現不同面貌，像是在與伴侶約會時呈現的是一種面貌，與家人相處時則是另一種面貌。呈現適度的「面具」是健康的，因為要吻合社會的期待或要求，或是擔心自己在他人眼中的印象。但是若過度重視，會因為不能表現真實的自我，而疏離真正的自己。

與他人互動中，自然也要維持基本的禮貌，然而最親密的關係通常是能夠表現真我的，如果我們在面對重要他人時，還得要掩飾自己真實的情緒與情感，常常會讓關係不能親近。

小博士解說

人際學習是持續不斷的過程，與他人互動，不僅可以讓自己更了解自己，還可以從不同背景與性格的人身上，了解不同的成長故事與智慧，懂得與不同的人做有效互動，也在與他人互動交流的過程中覺得愉快、有酬賞，像是交到好友、學習到知識或智慧。

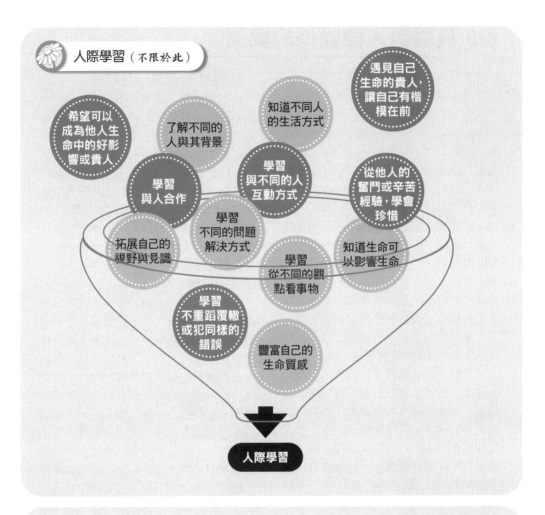

 檢視與人的互動

- 我今天在與他人互動經驗中，成長了什麼？學到了什麼？
- 我與家人或親密關係人的互動如何？有沒有將所學應用到與他們的關係中？
- 我在與他人互動中，有不愉快的經驗嗎？我的想法與作法是？
- 我在人際關係中受到傷害嗎？或是無意中傷害了我在乎的人？我該怎麼做？
- 對於他人對我的不友善，我是如何解釋的？有沒有為自己說話或發聲？
- 與他人互動時，我在維護彼此利益與保護自我上，做得如何？

4-8 真誠是人際關係的要素

「真誠」是建立關係最重要的元素，即便有人認為人際關係裡也有「利益」的成分，然而要建立長久、互信的關係，「真誠」必不可免。「真誠」是讓人感受到對方是「前後一致」與「裡外一致」，而且是將心比心，以最真切的心來對待。「真誠」也是不虛假、不矯揉造作，願意以「希望對方待我之心」來對待彼此。但在實際的人際關係中，我們有時候難以保持「真誠」，一來是以真心相待時，對方不一定也是如此，因此容易受傷，而失去對人的信任；二來是人與人之間的關係不是那麼純粹，還有其他因素（如權位、利益、自我認同或被接納等）夾雜在其中，擔心自己的掏心剖肚反而換來他日的背叛或傷害。

「真誠」包含對當事人開放、不隱瞞的態度，然而也要有行動表現出來。內心不真誠的人很容易被識破，就無法贏得他人的信賴。我以前與國、高中生的接觸較多，也發現他們對於虛偽的憎惡，曾經有一位學生找我談，我說他的負責老師是另一位，他卻告訴我：「我不想找她，跟她說話覺得『毛毛的』。」「毛毛的？」我不解地問。學生說：「就是很不舒服，覺得她說的話不是真的。」我這才了解：原來真不真誠是可以判讀的。

我們與其他人的關係，若都能真誠以待，不僅省去了許多不必要的猜忌，也可以讓彼此的交誼更有深度與質感。真誠對待，少了偽裝，總會交到知心朋友，也不需要以謊言來圓謊，生活過得踏實，不也是一種最有意義的人生嗎？

諮商師的真誠一致態度

治療關係是人際關係的一種，也是決定治療效果最重要的因素。心理治療或諮商領域，會特別注重「治療關係」，而最重要的還是治療師本身，要讓當事人可以信靠、有所仰賴，接著才可能進行建議或介入處置，當事人的配合度才會高。Carl Rogers 認為，諮商師以自己為治療工具，就是以「真誠無偽」且一致的態度，與當事人做「真摯的交會」（authentic encounter），與當事人有「心理上的接觸」（psychological contact），才是有效諮商的關鍵。這樣的人際關係是現實生活中少有的，卻是每人企求的信賴關係，而當諮商師在當事人面前呈現這樣的自己，當事人發現自己被如實接納與尊重，自然願意掏心掏肺、說出自己的困擾，同時也在悅納自己時產生力量。治療師本身的「真誠一致」，是指治療師必須了解自己，而自我覺察是治療關係的一部分，因此「真誠」就是建立治療關係很重要的一環，此外還需要治療師積極傾聽，進入也了解當事人的世界（正確同理），以及正確反應當事人的感受（Kahn, 1997; Kensit, 2000）。

新手諮商師因為焦慮與擔心，常常與當事人晤談時無法表現出真誠的態度，這其實也是一個訓練的過程。只要聚焦在當事人身上，其實就會減少焦慮。治療師的真誠必須要能夠接受與整合對諮商及自己的信念（Blanco, et al., 2014）。

Landreth（2002, cited in Blanco, et al., 2014, p.52）提到所謂的真實（realness），就是覺察與接受自己的感受與反應，以及伴隨而來的頓悟，願意做自己，也適度表達自己的感受。

真誠呈現自我的要素（Blanco et al.,2014, p.53）

在呈現真誠、可接近與關愛的
教育者或督導底下學習。

運用自我反思與
覺察訓練。 → 真誠呈現自
我的要素 ← 培養雙向與體
驗式的學習。

「同理心」是人際關係的重要元素，練習步驟如下：

Step 1　開放姿勢
坐姿要讓對方覺得沒有防衛、不緊張，也專注，要與當事人有眼神接觸。

Step 2　簡述語意
把剛剛所聽到的「大意」說給對方聽，不只是讓當事人知道治療師「聽到」了，也讓他／她有機會去釐清。

Step 3　情感反映
將對方所說或表現出來的明顯情緒或感受說出來，讓對方知道。

ex. 你剛才說到自己前一陣子跟媽媽吵架的情況，你覺得被誤解，但是你在解釋時，媽媽卻拒絕聽，感覺很難受。

Step 4　同理心
將前二者（簡述語意、情感反映）融合在一起，同時站在對方的立場去感受他／她可能隱藏未說的情緒，並且替他／她說出來。

ex.「母親的誤解讓你難過，而當你企圖說明、她又不聽時，你覺得更受傷，不知如何是好。」

4-9 霸凌是人際關係中的問題

近年來，各級校園從國小到大學出現許多的霸凌現象，使得教育當局不得不正視其存在，並思考防堵與改善之方，所以才有一系列「生命教育」、「性別教育」與「友善校園」的倡議行動，許多相關的霸凌研究也如雨後春筍般出現。

霸凌是指人際間的問題涉及權力不對等、刻意傷害與重複性，許多國中小學生將其與「嬉鬧」視為同意詞，事實上，「嬉鬧」只有玩弄成分，應不涉及傷害，但是要看被嬉鬧的對象主觀感受為何。當然，職場的霸凌也時有所聞，尤其是高階主管對下屬，或是男性職員對女性同僚。

沒有人應當受到任何形式的霸凌，然而不管是男性或女性，都可能是霸凌受害者或加害者，霸凌不僅出現在校園，也在職場及一般人際中出現。男性較常以肢體或言語暴力，甚至性暴力來對待受害者，而女性最常使用語言或間接暴力（如關係霸凌）來對待同為女性的同儕或同僚。

不管是何種形式的霸凌，都讓其負面影響持續甚久，甚或終生，讓受害者對他人失去信賴，認為世界不安全，且心理與精神上承受恐懼與焦慮。人類社會的弱肉強食，應該隨著時代與文明的進步有所改進，然而世界各處都還上演著這些可怕的戲碼，讓人徒呼負負。

許多學童的玩笑或嘲弄行為被認為無害，成人甚至也採取不干涉的態度，殊不知被嘲弄者若是長期處於被欺負、弱勢、無力反抗的立場，早期出現的可能是情緒障礙（如緊張、焦慮）或行為偏差（如懼學／拒學或逃學），長期下來就會出現更多的情緒與心理問題（如憂鬱、身心症），甚至自傷或自殺。網路的發達讓霸凌形態更多元，更無遠弗屆，也拓展了霸凌者的領域，增加更無以計數的可能加害與受害者。

霸凌者可能是未來的罪犯或是人際不良者，其人生因此有極大變數，而受害者在身心受創之外，也可能成為「反擊型霸凌者」，將加害者殺害以為懲處，如美國倫拜高中的兩名槍擊者即是。旁觀者的「不作為」其實是讓霸凌行為持續的主因，基於道德與社會秩序的維護，人人都該挺身而出，才可能遏止霸凌的猖獗。

小博士解說

各種場域都有霸凌行為，像是職場、軍中、監獄等，不限於學校。目前因為教育部重視學校裡的欺凌行為，因此校園霸凌才較為凸顯，但是我們不能忽略其他場所發生的霸凌行為，這些都會帶給許多人身心傷害，也降低了國家生產力。

霸凌種類

肢體霸凌	直接以身體動作來欺負他人或讓別人受傷，像是打人、故意推擠、捏、刺、踢、害人跌倒或受傷、破壞或搶奪財物等都是。
語言霸凌	說人壞話、取難聽的綽號、傳不實的謠言，或者是刻意讓他人與某人疏離的惡毒或威脅語言。
關係霸凌	故意說壞話或不實的話、破壞某人形象，傳布謠言讓某人沒有朋友，甚至故意拒絕對方。
性霸凌	因為某人的性特徵（如女性的胸部或男性的陽具），或是行為表現不符合該性別的刻板印象（如男生「很娘」或女生「粗魯、霸氣」），或是性傾向（同性或雙性戀者）少數，就會受到侵犯身體、嘲弄、開玩笑、散布謠言、勒索或破壞財物等。
網路霸凌	藉由電腦（上社交網站、臉書）或科技（如手機）等媒介，而散布私密、謠言或不雅照片，目的是破壞某人的形象或名譽，甚至讓某人孤立、沒有朋友。
反擊型霸凌	某人本來是霸凌受害者，後來因為受不了被欺負，反過來去欺負霸凌他／她的人或其他人，就是屬於這一種，所謂的「狗急跳牆」型。

 霸凌現象最關鍵的是「旁觀者」的態度，旁觀者又分為以下幾類：
（引自蔡明昌、張啟泰，2014）

 **協助者** 霸凌者的助手，主動參與霸凌行為。

 **增強者** 呼朋引伴、鼓舞煽動，激勵霸凌行為。

 **局外人** 馬上遠離、冷眼旁觀、袖手旁觀。

 **保護者** 支持安慰受害者，甚至出面制止或緊急通報。

（人數占五成以上）

4-10 人際關係與溝通

一般的人際關係主要還是使用語言或文字來溝通，目前人手一機，隨時隨地都可以與人通話，也顯示了與他人溝通互動的需求及重要性。現代電腦科技的進步，讓人可以不需要面對面做溝通，增加了更多互動、聯繫的可能或機會，然而只是文字或電話的互動，忽略了許多有用的溝通線索（如表情、肢體動作），誤解還是存在。

諮商關係也是一種重要關係，通常需要建立治療關係後，才會有介入動作，因為在尚未建立正向、可信賴的關係前，當事人不會相信治療師，對治療師所建議或做的處理，也不會接受或遵循，自然就無助於療效。雖然現在有網路或視訊諮商，然而面對面的直接晤談可以展現的療效還是最佳。

心理學的溝通交流分析派學者認為：我們的溝通「交流」（transactions）有兩個層次，外面進行的是「社會」層次，也就是符合社會期待或文化的方式，實際要溝通的卻在「心理層面」（Stewart, 1989），溝通正是內心世界的直接反映，而每個人最先展現的「交流」，通常就是最能單純表達目前自我的一種情況（Lister-Ford, 2002），溝通交流也是

「共同創造」的關係（Tudor & Hobbes, 2007）。也就是說，溝通絕對不會是單方面的事，而是參與的兩造一起的活動。倘若語言或表情等肢體訊息是傳達了「社會層面」的禮貌或規範，要了解「心理層面」的意涵與進行有意義的互動，的確是很重大且複雜的工程。

我們在日常生活中的溝通行為，經常是在玩遊戲，像是一般的聊天、哈啦、打鬧，其目的是增進親密感，企圖讓無聊的生活有趣一些，卻也犧牲掉了真正想要的親密；雖然我們也做有目的（如工作或職務上）或有意義的（探討重要議題或生命目的）溝通，然而只是在增進工作或做事效率，與進一步的人際關係仍有一段距離。

儘管語言是我們最常使用的溝通方式，但不要忘記我們所展現的一切（包括身體、表情、姿勢、距離、前語言、語調、使用的語言等）也都是溝通線索，同時要注意其他的溝通管道，如文字、繪畫、舞蹈或肢體動作、顏色、藝術創作、音樂、貼圖等等，可以補一般語言溝通的不足，另外還得加上環境和文化的因素。

小博士解說

東、西方人士的溝通方式不一樣，東方人較保守，溝通較為間接，主要是不想破壞關係，但是也因此讓溝通較複雜；歐美人的溝通較直接，像是契約上的白紙黑字一樣，所說的就是想要表達的。

有關溝通的線索

方式	直接、間接。
習慣使用的管道	表情、說話、文字、貼圖、圖畫、肢體、動作、音樂等。
口語訊息	所說的內容。
肢體動作	身體所呈現出來的訊息是拒絕、開放,還是無奈等。
表情	臉部表情是否與所說的一致。
解碼	訊息傳達出去,接收對方的解讀如何。
過去經驗	過去與此人溝通的經驗或是類似經驗。
當下環境或氛圍	適不適合做溝通。
語氣及態度	表現出來有無誠意。
情緒	是否在情緒平穩時做溝通,要不然傳達出來的只是情緒而已,沒有達到溝通效果。
身心狀態	在身心舒適或不舒服時做溝通,效果會有差異。
表達方式	是否合理或合邏輯,有沒有預先準備要做好溝通。

+ 知識補充站

溝通不是只有口語的表達而已,還涉及許多因素,而每個人喜歡或善於溝通的方式不同,溝通方式可以多一些(如遊戲、音樂、文字⋯⋯),以補不足。

4-11 **檢視自我的語言及模式**

語言的使用可以影響情緒與行為，許多精神領袖本身練就一套好口條，不僅可以說服他人相信自己的理念，也影響其支持行為。有人的一句話可以振奮人心、重燃希望，也有人用語言來挑撥離間或戲弄、污辱他人，這是所謂的「語言霸凌」，其影響可以讓人自信低落、憂鬱，甚至想不開，可見語言的影響力道。

語言的表達是目前許多人溝通的主要管道，每個人說話都有其特殊的用語或習慣，只是自己不一定會覺察到，通常是熟悉的人會注意，但也不一定會提醒。有些人說話時常帶一些「語助詞」（或「前語言」，如「啊」、「嗯」）或是「慣用語」（如「你知道」、「對」或髒話），給人的觀感自然不同。

自己慣用的語言有沒有「以偏概全」的用法？像是使用「總是」、「一直」、「一點點都不」等，容易讓他人覺得「絕對」與不公正。例如，對孩子說：「你每次都這樣！」讓對方覺得沒有修正的可能，再則只要有一次「例外」，這個陳述就破功了。此外，有些人習慣做負面的陳述，像是：「你不應該這樣！」「你就不能正經一點嗎？」多一些正面的陳述，會讓人感受不同，也較願意繼續聽下去，像

是：「你這樣的表現很活潑。」

轉換說話的方式或用詞，很多時候都可以傳達出善意，而不是攻擊。像是之前我在一家超商購物，店員給我一張刮刮卡，我問：「現在刮嗎？」她頭也不抬就回答：「隨便！」我當時聽了覺得很不舒服，如果店員可以換句話說：「都可以。」給人的感受就大大不同。

還有一種說話方式會讓人沮喪，就是：「是啊…可是…」會讓聽者覺得自己的好意都被打槍，像是：「是啊，也許我該以這樣的方式思考，但是我不敢。」在諮商場域的當事人若有這樣的表達方式，通常表示當事人還沒有準備好，以及他對於改變的焦慮，因此有時候協助當事人改變說話的方式與用詞，可能也有療效，因為改變語言（「行為」的一種），也可能連帶改變了感受或想法。

諮商師主要是以語言為治療管道，因此有人戲稱諮商是「說話治療」（talk therapy），因此諮商師用詞遣字的精準度對自己是有加分的，若能夠用精確的方式描述情緒、同理當事人，以正向的語調及用詞來與當事人對話，就是專業能力的最好展現。

不同溝通 溝通也涉及權力、位階與控制。

兩個人
在爭執，
表情猙獰。

一位成人
在指責
一位孩子。

兩個人
和平對話，
面露微笑。

一位成人
很有耐心地
與一位孩子
在對話。

兩人背對背，
雙臂環抱，
互不理睬。

+ 知識補充站

副語言（paralanguage）是指我們說話的方式（How we say it），包括說話的頻率（快慢）、音調（高低）、音量（大小）等等，都有不同的意涵。

4-12 **檢視自我的姿勢、動作及需求**

檢視自我的姿勢與動作

身體會展示出個人的心理狀態，除非個體掩飾得夠好。像是當我們焦慮緊張時，身體動作通常較為僵硬、緊縮，表情也較木訥無變化，當我們快樂時，身體自然放鬆、恢復彈性。我們習慣的姿勢也透露出自我性格的線索，像是內向害羞者，其身體姿態較不自然或彎曲，呈現保護型態，外放衝動者其姿勢會較伸展、無拘束，呈現準備要做動作的姿態。

因此，在與他人互動的同時，這些身體姿態的訊息也提供了對方一些溝通線索或猜測。倘若對方覺察到你／妳的擔心與退縮，可能就會以氣勢壓迫你／妳就範，或是看見你／妳的低自信而出現憐憫或貶低的態度；反之，若對方覺察到你／妳的大膽與衝動，或許會擔心被占便宜，或無法達成協議，而對於溝通結果抱持負面想法。

有些人會有習慣性或是反射的動作，如眨眼睛、手的特殊動作、抖腳、碰觸他人或其他等，這些也透露了說話者的自我或情緒狀態。

檢視自我的需求

溝通主要是有其欲達成的結果或期待，希望被了解、認可或接納，希望可以更親近、坦承或有合作機會，希望去說服、贊成或承認等等，目的的達成程度也會反過來影響個體對自己、他人或能力及關係的看法。

與人溝通有不同目的，有的是好玩、聊聊八卦，有的是要說明與解釋重要事務，有的是想讓彼此更親近，有的是想要他人更了解或認可自己等，自己要清楚這些不同的需求，因為達到目的的溝通才會讓個人滿意，若無法達成，就會覺得挫敗或不滿意。

溝通交流分析學派提到，每個人在溝通時有「社會」（社會所認可）與「心理」（真正的需求）兩個層次的溝通，也呈現三種不同的自我狀態（父母、成人與兒童），加上溝通模式還會出現平行（兩方自我狀態互補或平行，可溝通無礙）、暧昧（社會、心理不同層面的溝通）與交錯（彼此心裡期待不同）三種，只有第一種可達到真正溝通（詳見右圖）。

小博士解說

「自我狀態」主要是描述人格在內在（intrapsychic）、人際關係中的過程。溝通交流分析派學者 Berne 認為，每個人在與他人互動時，內在都有三種自我狀態（兒童、成人與父母），而這三種狀態會影響彼此間的互動情況與效果，也是建構一個人人格裡的思考、感受與行為的一致系統。「兒童自我」是重現當事人小時候的經驗，「父母自我」則是童年時自父母身上所模仿學習或是借來的，「成人自我」則是對於當下情況的直接反應，然後將這些整合到個人人格之中。

TA的溝通模式

溝通模式	說明	舉例
平行或 互補溝通	在溝通過程中，我們常常會先入為主帶有一些「期待」出現，如果對方的反應是自己所期待的，就是「平行溝通」（parallel transactions，對話雙方有同樣的自我狀態）或是「互補溝通」（complementary transactions，對話雙方是互補的自我狀態），而其反應是適當的、可以預期的，這樣的溝通可以一直持續下去。	**平行溝通** 【案例一】 「哇！好好玩！」（兒童狀態） 「哇！真的！酷斃了！」（兒童狀態） 【案例二】 「人家不想吃嘛！」（兒童狀態） 「你幫我吃嘛！」（兒童狀態） 【案例三】 「這個新聞令人毛骨悚然。」（成人狀態） 「我同意！」（成人狀態）
		互補溝通 【案例一】 「哇！真是漂亮！」（兒童狀態） 「我說嘛，妳會喜歡！」（慈愛父母狀態） 【案例二】 「我沒說的不算！」（兒童狀態） 「可是做人要講信用。」（批判父母狀態）
交錯或 交叉溝通	如果所期待的反應沒有出現，就可能會有問題，且溝通不能持續，這是「交錯（又）溝通」（crossed transactions，非平行溝通，接收訊息者以不同於發送者所針對的自我狀態來應對），溝通很容易陷入瓶頸或斷裂，除非其中反應者願意做適當改變，要不然溝通裡其中一方或兩者會覺得受傷、生氣或被誤解。	【案例一】 妻子說：「我今天不想煮了，好累！」（成人狀態，期待對方也可以做成人的反應，如「累了就不要煮，我們出去吃。」） 丈夫卻說：「妳不煮我們要吃什麼？」（批判父母狀態） 【案例二】 妻子說：「我今天不想煮了，好累！」（兒童狀態，有撒嬌的味道，期待對方也可以做孩童的回應，如「好啊！好久沒出去吃了，我們出去吃飯！」） 丈夫說：「妳知道這個月的預算都超支了嗎？還是隨便吃吃就好。」（成人狀態，做合理邏輯的「問題解決」。）
曖昧或 隱藏溝通	曖昧溝通（ulterior transactions）含有兩個層面（社會層面與心理層面）的溝通，而且常涉及兩個以上的自我狀態。溝通時，一個訊息是在社會層面發出（通常是「成人－成人」），而另一個隱藏的訊息卻是在心理層面發出（像是「兒童－父母」，心理層面的訊息是曖昧的，也就是它所設定的自我狀態不同於社會層面鎖定的。	【案例一】 店員（心理是針對顧客的「兒童狀態」，但表面上仍維持社交禮儀的「成人狀態」）：「這件衣服是名牌，一件至少五千起跳，我們賣得很好。」 顧客（心理上是對店員的「兒童狀態」，但表面上也維持「成人狀態」）：「沒關係，我能看上眼的都是一萬元起跳。」 【案例二】 女友（心理是「兒童狀態」，但表現出「成人狀態」。）：「我們的未來到哪裡？我的青春不等人的！」 男友（心理上是「成人狀態」，卻以「父母狀態」表現。）：「結婚也不是說結就結，還要看雙方的契合度。」

4-13 **檢視自我習慣使用的溝通模式與態度**

溝通有許多管道或路徑（口語、文字、動作、繪畫、顏色、樂器或音樂等），而溝通通常會將許多線索包含在內（如身體姿勢、語氣態度、使用語言、過去經驗等），每個人習慣使用的溝通管道不一，若是堅持只用口語方式，可能會忽略其他的有效管道（如書寫），因此最好有多重方式協助自己做更清楚有效的溝通。

就像是每個人習慣的學習模式不同，有人以聽、看、感受或做的不同方式學習效果較佳，就會習慣以該種方式學習，或偏重這方面的學習，溝通方式亦同，許多人習慣了某種溝通或說話方式，周遭人也都慢慢習慣，甚至容易猜測出其想要表達的，但是若碰到新聽眾或說話對象，可能就會碰到阻撓而不自知。

像是之前有學生寫論文，是以個人習慣的跳脫敘述進行，在一個句子裡涵蓋了太多的東西要表達，我因為與他相處多年而可以理解，但論文要上傳國家圖書館供一般民眾覽閱，他必須設想自己的讀者是沒有專業訓練，不熟悉他的說話或表達模式的人。我要他請不熟悉的人閱讀，他才發現自己的表達並不是人人都懂，將論文大大修改後，可讀性極高。

此外，我們所說的與寫出來的可能是兩回事，有人會說不會寫，然而會寫的不一定會說，這也是需要注意的。

在與人溝通之前，先與自己溝通

我們身邊熟悉的人，因為相處久了，可以了解我們的溝通模式或說話涵義，然而當我們面對不熟悉的人或族群時，想當然爾還是會以自己習慣的特殊方式與他人互動，但有時候並不一定可以表達出自己所欲表達的。因此，在與人溝通之前（遑論熟悉與否），先跟自己溝通一下，看看這樣的方式能不能恰當表達出想要表達的，也可以預想一下可能的結果為何，如何做補充或改進，至少先把自己份內的做好，在面對對方時較有準備。

態度決定一切

有效溝通不是言語上的溝通能力而已，最重要的是態度問題。倘若真的想要溝通，所呈現出來的態度就是真誠、願意拿出誠意獲得雙贏的結果。然而，若是態度不佳或是假惺惺，很容易就被看穿，無法達成預期效果。即使是口才不便給的人，只要態度夠誠懇，對方也會願意傾聽，給予完整表達的機會。口才便給不一定是好的溝通人選，有時天花亂墜，效果反而適得其反。

小博士解說

人際關係與溝通是一體之兩面，溝通可以促進人際互動，讓彼此更了解，真誠的溝通是人際關係良好之關鍵。

檢視自己使用的語言

- 常常使用語助詞嗎?哪些語助詞?
- 會擔心自己表達不清楚而重複嗎?
- 看見對方的表情就會語無倫次嗎?
- 面對不同的人會刻意使用較艱深的語彙嗎?
- 會在語言中夾雜髒話而不自覺嗎?
- 會有一些慣用的語言嗎?(如「對對」、「是嗎」、「但是」、「我覺得」等。)
- 會常常用比較的說法嗎?
- 時常語帶諷刺嗎?或是自己說的笑話,別人不認為好笑?

 語言與文化

| 高脈絡文化 | 東方社會,如日本、臺灣。 | 顧慮面子或關係,表面意義之下有其他意義,間接表達。 |
| 低脈絡文化 | 西方社會,如北美。 | 口說我心,白紙黑字,直接表達。 |

4-14 與自己溝通，獨處的智慧

人雖是孤單來到這個世上，也必須要面對獨自死亡的存在議題，卻會害怕孤單或獨自一人，因此，與自己相處是很重要的功課。我們最了解自己，卻不一定願意與自己相處，獨處會讓有些人覺得恐懼與焦慮，也許是因為擔心被拋棄，或是勾起以往的創傷經驗，但也可以與人需要有所「歸屬」來思考。「歸屬」與「獨處」看似兩回事，但彼此並不扞格，因為人生活在社會中，也要有獨立自主的能力，因此同時需要「彼此依賴」與「自我仰賴」。

與自己相處或獨處，是我們需要的智慧之一。平常在生活中，我們與他人或事物的互動較多，或是自己獨力做事，比較少有機會真正與自己相處。與自己相處時，可以不做什麼或不想什麼，讓自己在思考和感受上都有機會沉澱下來，也許觀察自己的外在與內在，或許做一些靜思或冥思。

曾經有位朋友分享，她有一回在刷浴室馬桶時，突然「發現」自己的手竟然跟她幾十年，都無怨無悔地工作，一時之間非常感謝自己的雙手。

許多人很怕跟自己獨處，或是自己一人時，若手邊不進行一些事情，就會非常不自在。但「靜默」可以讓自己的思慮沉澱下來、自我觀想更清澈，也會讓獨處多了許多領悟與洞見，自然就不會持續焦慮了。

我們忙著「做事情」，並不表示我們的存在樣態，很多時候反而展現了自己的焦慮。有些人喜歡去參與類似「閉關」的活動，就會提到在僻靜的環境中被要求不說話幾日，這樣就可以專注在自己內心的觀想，有更多空間可以探索自己的內在，也發現不說話的靜默力量。

獨處可以讓我們靜下心來，往內探索自己的感受與需求，甚至只是靜靜地冥想，感覺到自己呼吸、身體各部分的存在與動力，都是很新鮮的經驗。通常女性較喜歡與同伴一起去做事，男性則是獨立行動也無妨，但是獨處還包括自在的心情，而不是焦慮或是忙著做事。

檢視自己有無獨處能力：敢不敢一個人去餐廳吃飯，而且覺得自在？敢不敢一人去做小小的冒險，也許是走不熟悉的路？敢不敢一個人搭車，恣意欣賞窗外風景？敢不敢一個人在家，好好打發時間？敢不敢一個人去參觀畫廊或看電影？每天花五分鐘時間與自己相處，把自己的真實感受記錄下來。

小博士解說

存在主義學者提到，人都是孤單來到這個世界，也將獨自離去，因此與自己最親密的人就是自己。學會與自己相處相當重要，不僅可以暫時遠離人群的紛擾，做一些根本深刻的思考，也可以讓自己平靜下來，好好認識自己。

從孤單到獨處的智慧
引自家族治療師Dr. Payam Ghassemlou
（http://ahha.org/selfhelp-articles/from-loneliness-to-solitude/）

★ 寂寞與獨處不同，前者會為自己感到可憐。

★ 孤單可以是深層獨處的入口。

★ 以熱情及同理來面對生活挑戰，
可以將負面的孤單轉化為正面的獨處。

★ 試問自己：孤單對我而言是何意義？

★ 擁抱並接受孤單是人生中的一部分，將孤
單的感受寫下來，意識到孤單的經驗，
有意識地面對與承受孤單之苦。

★ 你需要有耐心，也需要友人的支持，可以進一步探索獨處的真義。

★ 夢的工作可以引導你與自己有進一步的深層關係，同時開啟潛意識之門。

★ 在探索自己的內在世界時，以積極想像來轉化經驗。

★ 在積極想像時，採用與自我對話方式，懷抱著好奇心去探索孤單的感受。

★ 與你的「內在小孩」（inner child）接觸，連結童年時期的孤單與被拋棄經驗，
覺察那些感受，這是自我療癒的一部分。

★ 加上靈性的觀點，可以更理解獨處的真義。

★ 運用呼吸與冥想技巧，讓自己與更高層的自我接近。

第5章
檢視與覺察自己的價值觀

學習目標：

　　覺察自己的價值觀從何而來？有哪些面向？如何持續？有無修正之可能？

5-1 **價值觀常存而不論，卻影響深遠**

我們在日常生活中極少與人討論價值觀，但是價值觀並沒有因為不常討論而不存在，一旦遭遇到實際情況就會顯現，最簡單的方式就是舉行辯論，像是「是否贊成墮胎」，可能較容易發現自己對於墮胎是站在母親的「選擇權」或孩子的「生命權」上。

價值觀也是自己的一套信念系統，可以左右我們對一件事情的看法與判斷，影響我們的感受與行為。我們身上背負著許多價值觀，平常卻不一定會顯現出來，然而只要碰上較不一樣的情境，很可能就會出現，只是自己不一定會覺察到。

有一位我認識了二十多年的朋友，有一天突然發現我不是「原住民」，因為自大學時代開始，她就將我從「花蓮」來，以及「會唱歌」兩個條件，歸納為「我是原住民」，後來甚至告訴我當時服務學校的輔導主任，而主任就以這樣的「框架」來看我所有的行為，像是我做事情較急，常常願意發表自己不同於他人的意見，這些都成為「負面證據」，一直到我離開那所學校，主任才向我道歉。

價值觀或信念有時是個人安身立命的準則，也有人因此為其捨命，像是以往的年代的人不願意在不同統治者下存活，或者是為了「恥」字（不受辱）而犧牲性命的事例比比皆是。

父母或師長是傳遞或修正價值觀的重要推手，但若其本身對於一些事物的看法有偏誤，也很容易傳授給下一代。就如同少子化的影響，許多學校併校或是教師縮編，加上政府財政困難或政策變化，導致許多想退休的教師無法如願退休，也因此師資培育機構釋出更多的流浪教師。然而，許多家長不明白現況，認為既然工作難找，就鼓勵或逼迫孩子去讀師資課程或從事公職，當孩子在學校接收到更多正確的訊息，了解粥少僧多的現實狀況時，就容易怪罪父母，除了抱怨父母的跟不上時代之外，也責怪其逼迫自己選擇不喜歡的科系或課程。

我們一般不太會與人談論到自己的偏見與價值觀，但是這些都可能隨著行為或言語而出現，若沒有敏銳的覺察，可能就沒有注意，當然也不會有改變。在臺灣，許多人有不同的政治傾向，不一定會表明，但還是有一些線索可以了解。2016 年大選後，有一次在老同學女兒的婚宴上，大家有個小小的同學會，其中一位大學同學就提到選舉當天，她的兒子竟然連身分證都忘了帶回家來，於是她就罵兒子：「萬一〇〇〇沒選上就是你的錯！」反映了她支持的政黨或候選人。

日常生活中會出現的偏見

偏見	背後可能的信念或價值觀	偏見歸類
他長得很邪惡，絕非善類。	長相不好就是心地不好。	外觀
你不信耶穌就會下地獄。	信仰者才有好處。	宗教
你是慈濟人耶，怎麼這麼自私？	某些團體的人都是好人。	宗教
媽媽怎麼可以只顧自己？	媽媽應該無私、為他人著想。	性別
一家之主怎麼可以下廚房？	男人應該遠庖廚。	性別
連這個都搬不動，你是不是男人？	男性應該身強力壯。	性別
女人哪有像妳這樣粗魯的？	女人應該要溫柔婉約。	性別

 常見心理疾病的「認知側面圖」（cognitive profile）
（Beck & Weishaar, 1995, p.240）

疾病名稱	資訊處理的系統性偏誤
憂鬱症（depression）	對自我、經驗與未來持負面看法。
輕躁症（hypomania）	對自我與未來的誇大想法。
焦慮症（anxiety disorder）	對生理與心理危險的感受。
恐慌症（panic disorder）	對身體與心理經驗的災難式解讀。
恐懼症（phobia）	在特定、不可避免的情境感到危險。
偏執狀態（paranoid state）	歸因於他人的偏見。
歇斯底里症（hysteria）	對動作或感受的不正常觀念。
強迫思考症（obsession）	對安全的重複警告或懷疑。
強迫症（compulsion）	運用特殊儀式來抵擋覺察到的威脅。
自殺行為（suicidal behavior）	對解決問題的無望感與無能。
厭食症（anorexia nervosa）	害怕變胖。
慮病症（hypochondriasis）	歸因於嚴重的醫療疾病。

5-2 **價值觀與偏見的由來**

價值觀是自我認同的一部分（Leach, Aten, Boyer, Strain, & Bradshaw, 2010, p. 21），甚至是個人安身立命之圭臬，許多人會為了自己的原則而視死如歸（如 ISIS 就是一例）。

許多價值觀的偏見都在日常生活中出現，通常是以自己的信念或認為的價值，強加在他人身上而不自知，像是有人會鼓吹他人吃素或是某種補品，若他人不從還會惡眼相向。民主社會的多元文化與觀點，就是希望每個人都可以尊重他人與自己的不同思考與想法，共同維護彼此的福祉與幸福。

通常我們對於與自己不同的人，較容易有價值觀或信念的差異，這些多來自對於此族群的刻板印象。像是一般人容易有「種族偏見」，也就是沒有足夠資訊所做出的負面判斷或意見，主要是態度、想法與信念，而與「行為」無關，但是「種族歧視」卻是反映在行為上（Ridley, 2005），也就是做出貶抑、歧視、傷害或殺害的動作。這說明了「種族偏見」可以在提供足夠正確的資訊之後獲得解決，但「種族歧視」卻比較難消除，美國法律甚至有依循尊重人權而來的「仇恨犯罪」（hate crime），就是實證。

偏見通常與資訊不足有關，也可能左右自己的價值觀或喜惡。像是以往科學研究未證實之前，性別少數族群被視為「不正常」，是「自我選擇」的結果，後來有證據證實性傾向是天生的，而且不限於人類族群，其他物種也相同，只有極少數是因為創傷（如被性虐待或目睹暴力）所導致。

隨著民眾教育水準的提升及知識的開放，人權運動的倡議與立法，大家對於性傾向的許多迷思（錯誤的想法）與偏見，才漸漸釐清與接受。當然，即便證據確鑿，還是有人不願意接受，那也是個人的選擇，只要其不妨礙他人權利與福祉，也要予以尊重。

價值觀或偏見，可能出現在對於不同文化（包括種族、語言、習俗、時間觀念等）、性別（對不同性別的期待或性傾向）、社經地位（富有或貧窮、社會聲望、職業或成就高低）、身材外貌、能力或智商高低、肢體健全或有障礙、心理疾病之有無等種種事項的看法，不一而足。隨時覺察與檢視自己的價值觀與信念，可以更了解自己、寬容他人，對於人性有更多的體悟。

小博士解說

種族或性別歧視可分兩種，一種是「具敵意的」，也就是貶抑的信念與態度，同時伴隨著敵意的情緒；另一種是「親善型的」，以刻板印象或固定角色來看待，對其抱持著正面情感，願意去幫助或親近。

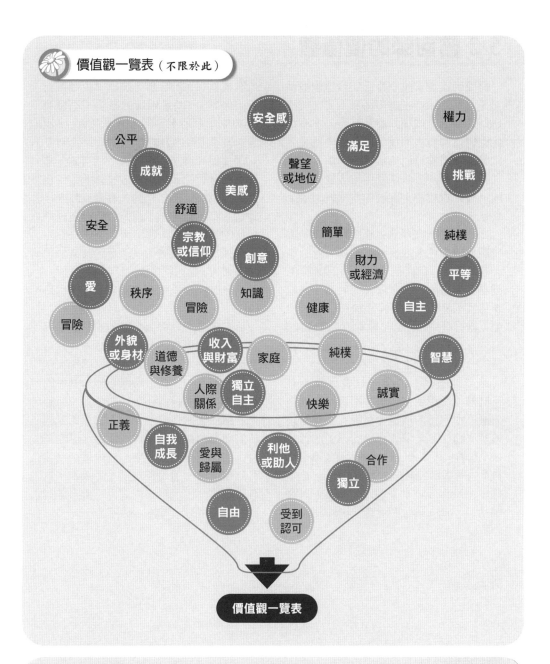

價值觀一覽表（不限於此）

安全感　滿足　權力
公平　聲望或地位　挑戰
成就　美感
舒適　簡單　純樸
安全　宗教或信仰　創意　財力或經濟　平等
愛　秩序　知識　健康　自主
冒險　冒險
外貌或身材　道德與修養　收入與財富　家庭　純樸　智慧
人際關係　獨立自主　快樂　誠實
正義
自我成長　愛與歸屬　利他或助人　合作
獨立
自由　受到認可

價值觀一覽表

＋ 知識補充站

　　若以紙筆方式做價值觀的測驗，其實並不準確，因為測試的是我們「認知」的層面，不一定在態度或作法上是一致的，因此最好的測試方式就是以實地情況或是案例說明。

5-3 諮商師的價值觀

　　諮商師本身當然有自己的價值觀與偏見，但不能強加在當事人身上。唯有透過時時檢視、增廣知識及經驗，才有可能改變這些有害治療的價值觀與偏見。我們很少談論自己的價值觀，然而可以從對於事務的看法或感受中去覺察，如同一般人對於特定族群的「刻板印象」就是其一。

　　像是南美洲來臺學生感受到臺灣人對於膚色較白皙人的喜愛；美國人認為黑人容易犯罪、華人很「狡猾」，或是罹患愛滋者都是同志。而國人對於原住民或新移民的看法，是不是也說明許多人的偏見盡管是錯的，卻不願意去「證實」？只要反過來思考，自己如果是被錯誤看待的一方，就可以了解那種情緒。

　　諮商師服務的對象是社會大眾，有不同的年齡與族群，隨時都可能碰到諮商師不太熟悉的族群，那麼，諮商師該婉拒服務？還是帶著有色的眼光進行治療？倘若接下案子，對當事人有益還是有害？倘若當事人屬於 YAVIS（Young〔年輕〕、Attractive〔美麗〕、Verbal〔會說話〕、Interesting〔有趣〕、Successful〔有成就〕）的族群，諮商師可能就有所「偏好」，或是相反的特質（不符合 YAVIS），就容易產生「月暈效應」，反而妨礙了自己的判斷力。

　　選擇諮商就是選擇一種生活方式，諮商師的言行應該要前後、裡外一致，也就是因為諮商師相信助人專業，願意以此做為一生的志業，因此會奉行自己所相信的諮商專業，在臨床專業與一般生活中都是很一致的。不僅是忠於某個理論學派的，生活就得像是那個學派的人，而諮商師願意以諮商為職志，同樣也是如此。

　　日常生活中，與他人互動或是觀察與體驗時，如果諮商師願意去思考，其實會有許多的收穫，尤其是與自己有親密關係的家人，我們常常忽略經營關係的重要性，甚至給自己很好的理由（如家人就應該讓我做自己）而不去經營。倘若諮商師相信某些理論的觀點，最好在自己生活周遭去做實驗，自己做得到、有效果之後，運用到當事人身上，才具有說服力，自己也不會覺得心虛，這其實也是所謂的「真誠一致」。

小博士解說

　　「月暈效應」（halo effect）是心理學名詞，指的是光憑某人的一個特徵為依據，就將其以偏概全或類化到其他特徵或面向上，像是成績好的人，就推論說他／她受人歡迎、道德也高尚等等，而若某人家境不佳，就推論其課業不好、品行也不好。

諮商師的價值觀覺察（Corey, Corey, & Callanan, 2007）

價值觀	進一步思考
我對於性別的看法	1. 是否很堅持不同性別的刻板印象或偏見？ 2. 是否認為男人應該像什麼模樣？女人應該如何？ 3. 對於不同生理性別所表現出不符合該性別典型行為（如男生很娘或比蘭花指）會覺得不舒服或噁心？
我對於性傾向少數族群的看法	對於性傾向少數族群是否有足夠的認識？
家庭價值觀	1. 對於不同性別在家庭中的角色如何？ 2. 對於「完整家庭」有無迷思？
宗教或靈性信仰	1. 對於諮商師自己與當事人的宗教信仰有無迷思？ 2. 是否因為宗教關係，有些價值觀不能改變（如不贊成同性婚姻或墮胎）？
我對不同種族人的看法如何	1. 國內不同的種族（如閩南、客家、外省、原住民、新移民）有其特殊的文化背景或宗教信仰，諮商師本身有無意願去了解？與這些族群有無第一類接觸經驗？有無刻板印象？ 2. 對國外的白種人與其他不同種族或膚色者，看法與對待方式是否不同？
生命權	對於墮胎（維護生命權或選擇權）或安樂死的觀點如何？
性慾與性行為	1. 諮商師本身對於人類性慾的看法如何？ 2. 對於自己的性慾與親密關係有何想法？ 3. 對於當事人提出有關親密關係或性行為的態度如何？ 4. 對於結婚與單身、婚外情或劈腿的觀點又如何？

★ 註：還有許多檢視項目沒有列出，像是對於不同年齡的人、不同社會階層、不同障礙層度、不同裝扮等等，是不是會有既定的印象或評估？這些可能會在治療場域中出現，並影響治療過程與效果。

 發現與他人不同後所採用的防衛機制
（Harrell, 1995, cited in Roysircar et al., 2010, p.18）

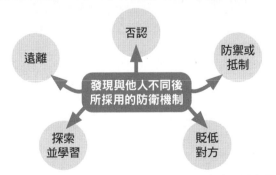

5-4 **諮商師的價值觀對專業的影響**

諮商師的價值觀也影響其對於助人專業所要成就的為何（Corey & Corey, 2011, p.26）？畢竟，專業助人者也是一種行業，而每個人想要從工作中創造與衍生的意義不同，因此也需要檢視自己為何想要從事這一行。你是希望賺錢、有權力、成就感或聲望地位？還是因為工作的穩定性、變化與創意、責任的承擔、展現獨立或與他人合作？你希望可以與家人相聚時間多少、有機會服務他人，還是希望可以促進生活品質、有繼續學習的機會？還是因為自己的興趣、冒險性、喜歡智性的挑戰與競爭，或是追求內在的和諧？你對於價值觀不同的人有何看法？你可以忍受他人與你不同的價值觀或堅持，仍保持開放的心態嗎？

此外，每一個諮商理論與運作都有其價值觀涵蘊在裡面（Corey & Corey, 2011, p. 41），因此所有的諮商理論都不是「價值中立」（value-neutral）的，而且每一個理論都只解釋了「部分」的事實，或只適用於某些當事人，因此在學習諮商理論的同時，要帶著批判的眼光來理解。

在諮商過程中，也不能免於價值觀的影響，但是有效能的諮商師會注意到當事人的價值觀，也不強加自己的價值觀在當事人身上，只是或多或少、有意無意之間，都不免會將自己的價值觀傳達給當事人知道。諮商師的工作不是去批判當事人的價值觀，而是協助當事人探索與釐清信念，運用在問題解決上（Corey & Corey, 2011, p. 43）。因此，Corey 與 Corey（2011）協助助人專業者檢視了幾個面向的價值觀：不同性取向、性別角色、家庭、宗教與靈性、生命相

關議題（如墮胎、性行為、終結生命的決定）等，當然諮商師所面對的價值觀不僅這些，都需要治療師敏銳的自我覺察與可能的警覺。

諮商師對於性傾向少數群族的看法如何？有沒有刻板印象或恐同症？是否以異性戀為主的觀點來看待每一位當事人？對不同性別角色的期待為何？家庭中的性別分工與權責分攤又如何？是否認為完整家庭才是功能健全的家庭？對於結構不同的家庭又有何看法？對於宗教與靈性的看法如何？對不同宗教或信仰者的觀感如何？諮商師本身的信仰是否影響諮商過程？對於墮胎與生命權看法如何？對急救與自我決定終結生命的看法為何？這些都與治療師個人的價值觀息息相關。

要使諮商效果更好，諮商技巧與過程就必須要適合當事人個別的價值觀、生命經驗與文化背景（Corey, 2001, p.92）。偏見與成見可能是因為資訊不足，或是原先未驗證的刻板印象，導致諮商師在面對部分當事人或議題時，已經有先入為主的想法，而帶著這些有色眼鏡做治療工作，可能就會妨礙或危及當事人福祉。有些偏見或是迷信，可能潛隱在諮商師的認知中，倘若沒有第一類接觸，或是拓展視野的積極性，也許錯誤就一直存在，很難發覺。像是國人不喜歡黑貓，或是腳掌有白毛的狗，認為這些不吉利，甚至會帶來厄運，但這些都非動物所能選擇。此外，也可檢視我們一般人對待膚色、種族、語言、不同文化，或是生活習慣的人的態度或想法，是不是有失公平？

種族歧視案例

勞斯萊斯耶！

啊，黑人！

有一回在美國某停車場，我們一群臺灣同學看見一輛少見的勞斯萊斯，於是有人驚呼：「勞斯萊斯耶！」後來從駕駛座走出一位非裔美國人，我背後一位女同學就叫：「啊，黑人！」這句話的口氣好像是說：「怎麼是黑人開車啊？」言下之意彷彿是指「黑人不配開勞斯萊斯」。

你們這些「有色人種」（colored people）……

白色不也是一種顏色嗎？（Isn't white a color？）

有位美國女同學與我一起走出教室，她說：「你們這些『有色人種』（colored people）……」我一聽就很火，還按捺住情緒道：「白色不也是一種顏色嗎？」（Isn't white a color？）

「種族歧視」的事實（Ridley, 2005, pp.17-27）

種族歧視反映在行為上。

種族歧視有別於種族偏見（racial prejudice），後者只是無足夠資訊所做出的負面判斷或意見，主要是態度、想法與信念，而無關乎「行為」。

雖然種族偏見涉及不喜歡的態度或意圖，但不一定會演變成種族歧視的行為。

每個人都可能是種族歧視者，包括少數族群裡面的成員。

決定種族歧視是否發生，是在「行為」結果，而不在「原因」。

要表現出是一個種族歧視者，需要有「權力」。

不去對抗種族歧視，也是一種種族歧視的表現。

雖然種族歧視可以觀察得到的，但是種族歧視的行為卻隱而不顯，不一定看得見。

種族歧視像其他行為一樣，是透過學習而來。

因為種族歧視是學習而來，因此也可以做改變。

提升覺察團體（consciousness-raising），不是對抗種族歧視的適當方式，因為重點不在「原因」，而是在「行為」上。

消弭種族歧視首先要從「辨識」特別的種族歧視行為開始。

種族歧視很難改變，需要持續的努力。

為了預防種族歧視復發或再現（relapse），個體必須獲得、增強與小心監控非種族歧視及正確的行為。

在諮商現場對抗種族歧視，是每一位心理專業人員的責任。

5-5 對家庭、父母與婚姻的態度

對家庭的態度

與家庭有關的價值觀當然有許多，像是一般人會認為「正常」家庭應該有父母雙親，也因此對於有些家庭組成不是一男一女，或是單親及隔代教養家庭，都存有偏見，甚至視其為「偏差」、「不正常」，或有進一步歧視與欺凌的行為發生。也因為「完整家庭」的觀念，許多人為了維持此形象，不惜卯盡全力去維護，即便爭吵或不合，也不願意離婚或找出建設性的解決之道，讓裡面的成員都成為輸家。

我們對於「家庭」的定義為何？有沒有「完整家庭」的迷思？家庭類型有哪些？隔代教養或是同性家庭算不算？家長角色與職責為何？其組成分子該如何？對於分居或離異，或是再婚的繼親家庭或其子女有何看法？

家庭內成員的分工，會不會因為性別或是其他因素而有不同？像是女性即便出外工作，其薪資也只是「貼補」性質，重要性不高，若其收入較男主人高，可能就會影響長輩或鄰里親友的看法。家事的分攤是不是公平？還是堅持認為「男主外、女主內」？對於子女教養責任與工作有沒有商議好？對彼此的原生家庭的協助或是關係，該如何進行或維持？還是堅持女性一旦嫁入夫家，就是屬於夫家的？

對父母角色與功能的看法

父母的角色與功能應如何？父母的身教如何？是否言行如一？還是會表裡不一，甚至要孩子敬畏父母？父母對孩子是否要求尊敬他人或長輩（如家中有客人來訪，如何應對）？認為人際關係的立基點為何（為利益、與人為善還是其他）？生活習慣（包含飲食）的養成如何？對於子女的要求如何因應，有無堅守的原則？是否盡量公平對待每一位子女？教給子女最重要的價值觀為何？父母該不該為子女的行為或成就負責？何時該放手或收手？對於子女的教育應該如何？

對婚姻的態度

父母的不和，會影響下一代是否步入婚姻。大多數子女不會選擇結婚，極少部分會希望打破雙親婚姻的魔咒，建立較好的婚姻，然而卻要付出極的大代價。諮商師自我覺察的項目有：彼此結婚是以何為前提？對於婚姻的想望為何？認為一個家庭的組成應該有哪些成員？對同性或配偶或多元家庭的看法如何？我對一個家庭裡配偶的角色與功能有何看法？認為彼此應該互補或是平權？婚前與婚後的關係經營是否不同？經濟權要如何協調分配？有收入與無收入者的家事分攤與地位如何？對於子女教養的理念與分工為何？對於彼此原生家庭的投注該有多少？彼此之間會不會因為子女的誕生，忘了持續維繫與經營彼此的親密關係？子女的出生是有計畫的嗎？對婚外情的看法如何？

小博士 解說

家庭有生命週期，如家庭成形、小孩幼年時、學齡孩子、青少年孩子、成年孩子、家人生病或是失業等生命事件發生時，所以要發展不同的新功能，來因應不同發展階段的變化。

不同的家庭形式

一夫多妻

通勤家庭
（夫妻在不同縣市工作，週末才聚會。）

隔代教養
（由祖輩擔任主要教養責任）

一夫一妻無子女

小家庭
（父母與子女）

同性家庭

單親

一妻多夫

大家庭
（三代或以上同堂，且至少兩代已婚。）

繼親

折衷家庭
（祖父母、父母和未婚子女之三代家庭。）

同居家庭
（無婚姻約束）

單身戶
（成人個人）

單身家庭
（成員為同性單身，不涉及性傾向。）

✚ 知識補充站

　頂客族（DINK——Double Income with No Kids）指的是夫妻雙方都有收入，但是無子女。這也是高齡化與少子化的主要危機。

5-6 為人處世的標準，
對人性、生活與成就的看法

為人處世的標準

諮商師有專業的倫理守則需要遵守與提升，「不傷害」當事人是最低限度的倫理，進一步才是增進當事人福祉，除了專業上的要求，諮商師對於自己的道德標準更需要求，因為諮商師所接觸的當事人，通常是社會中的弱勢族群，可能資源不足或是遭受不公平對待，因此諮商師有社會責任，是改善不公不義的重要倡議者或推手，所以要檢視自己的為人處世準則。你／妳認為道德的標準如何？一般人要遵守到哪個程度？哪些是你／妳重視的道德或價值？自己遵循的程度如何？對自己與他人有雙重標準的要求嗎？遭遇過道德兩難的困境嗎？如何做決定？

對人性或問題（與心理疾病）的看法

這與諮商師所信仰的理論有關，基本上，諮商師相信人有向上、向善、可以改變的潛能，但也有不一樣的，像是篤信行為學派者，可能認為人性非善非惡，環境主導的力量大。每一個諮商理論所揭櫫的人性觀與世界觀不同，因而也影響到其對問題、心理疾病與處置的看法。像是人本取向認為「現實我」與「理想我」之間差距過大，就會有心理疾病；認知學派相信人的錯誤想法會造成情緒障礙與病態行為等。一般說來，諮商師相信絕大多數的心理疾病患者有不錯的生活功能，也可適應社會生活，因此認為自己的工作是有價值的。

對生活方式的看法

每個人都有權選擇自己的生活方式，不可因為他人的生活方式不是我們喜歡，就不贊同或批判。諮商師也許面對的是不願意改變、損人不利己，或是藉用藥物麻醉自己的當事人，這些都是當事人當時的選擇，因此諮商師的立場不是去批判他／她或說教，因為已於事無補。倒不如讓當事人看到更多更好的選項，協助其做更有利於自己的決定與行動。

對自己專業的成就

諮商師對成功的定義為何？將自己工作的酬賞放在哪裡？是希望幫助更多人？成就自己良好的助人形象？贏得社會聲望？或只是將工作當成賺錢餬口的工具？還是其他？這也可以回歸到諮商師的初衷，也就是自己當初為何選擇此行業？有諮商師希望當事人崇拜他／她，視他／她為救贖，或是擁有許多財富，有些則是希望可以讓別人擺脫困境，讓生活更好，也對社會有貢獻。不管諮商師的想法如何，其成就都應以不犧牲當事人的福祉為最重要且優先之考量。諮商師本身也要持續進修，讓自己能力更佳，這樣對社會大眾才有交代。

小博士解說

諮商師的道德標準或價值觀必須要考量文化的因素，不能以自己的文化觀點或主流文化的角度來看當事人。

專業倫理五面向（Welfel, 2010, p.5）

尊重當事人的
尊嚴與自由。

有足夠的
知識、技巧與
判斷力,運用
有效的處置。

專業倫理五面向

負責地使用
專業角色所賦
予的權力。

將當事人福祉
列為專業人員最
優先的考量。

行為表現可以
提升公眾對
專業的信心。

 諮商師檢視自己的價值觀之途徑（不限於此）

與當事人晤談後的檢視與覺察。

固定與督導討論。

日常生活的覺察。

與同儕(團體)定時做
督導或個案討論。

撰寫日誌做反思。

找治療師做自我整理。

就晤談過程錄音或錄影(先取得當
事人書面同意)後,做檢視或檢討。

與不同族群或文化背景者接觸。

＋ 知識補充站

　　一般的助人專業倫理蘊含幾個道德原則,它們是:尊重自主、對當事人有益、不傷害、公平正
義與誠信。通常這些原則在某些特殊情況下會彼此較勁,而產生所謂的「倫理兩難」,需要諮商
師的智慧與經驗來做決定。

第6章
檢視與覺察身體和情緒

學習目標：

　了解身體與情緒對身心健康的重要性與影響，學習關注自己的身體動作與功能，以及情緒的變化。

6-1 身體與感官的覺察

　　身體是我們這一輩子最久的依賴，因為身體的實體存在，才讓我們有存活的依據，去執行與完成自己想要做的事與夢想，我們與它共依存。身體的構造與功能，真是美妙精緻得不可思議，在大腦主導下，靠身體去執行所有與我們有關的一切事務。最近幾十年，中醫醫療更受到重視，幾千年歷史的經脈學已經得到證實，倘若有推拿經驗者，也會發現身體的建構很奇妙，像是足底與外耳的穴道正好是身體臟器的微縮，互相映照。

　　我們對於自己身體的能力了解如何？像是肌肉力、張力、彈性與持久性如何，有沒有概念？會不會在沒有預估或準備的情況下，過度使用，反而受傷？知不知道自己擅長的運動項目（如跑步或球類）為何？平日有無固定運動的習慣？我們在一般生活中，很快就會完成某個動作或行為，不妨小試一下慢動作（或放慢動作），或是做一些自己不擅長的活動（如伸展或舞蹈），比較有能力去覺察自己與身體的關係。偶而，也停下來好好觀賞自己的四肢或手腳，像是洗澡時，我們還不一定會仔細看看自己的身體部位呢！

　　對於這共存的身體，有沒有好好維護與保護？平常操練身體，一直到疲憊、困乏時，才會想到身體被過度使用，應該休息了？或是沒有注意到身體已經不堪負荷，直到出現功能失常或生病了，才會感謝身體平日任勞任怨地工作？平日是如何愛護與維護我們的身體與四肢？它們都不會言語，卻為我們做了這麼多事，也服務了這麼長久的時間。

　　我們是不是餓了或高興時才吃飯？還是三餐準時吃飯？有沒有因為手邊有工作或事務要忙，餓到沒有飢餓感？平日怎樣對待我們的五官與感官？有沒有善待及善用它們？現在是三 C 時代，我們是不是花了許多時間在電腦、手機上？或是在黑暗中使用這些產品？我們是不是常常在車上或吵雜的環境中，用耳機聽音樂？我們是不是用極端的味道來挑戰自己的味覺與嗅覺？甚至從事危險行為，只是為了挑戰「不可能」？

　　對於自己的身體及身材是否滿意？有沒有企圖使其更令自己健康滿意？會不會採用極端的手段來減重或增胖？對於不同身體形象（如美醜、胖瘦、障礙與否）的人，個人的觀感如何？會不會影響你／妳對他的評價、看法與對待方式？

　　身體與感官的感受是以存活為目的，因此許多都是「直覺」反應（所謂的「第六感」），然而隨著現代生活的便利與感官的刺激，我們已經慢慢開始以「認知」替代直覺，甚至不相信自己的直覺。讓生活簡單化，少給感官太多不能負荷的刺激，也讓自己每天有機會冷靜下來、沉澱自己的思緒，去覺察身體與感官給我們的訊息為何。一般說來，我們對於自己身體動作、知覺與表情的覺察是較少的，然而在與他人互動或溝通時，卻又顯得非常重要。

如何覺察自己的感受與知覺

- 不要被習慣綁住，偶而試著以非慣用的手洗澡、刷牙或工作。
- 從事不同種類的運動或活動，體驗一下箇中滋味。
- 若是身體有痠痛、發癢或是疼痛，停留在那個感覺上，體驗一下那些徵狀給自己的訊息為何？
- 多聽、多看、多想、多去碰觸，可以打開感官、拓展經驗與視野。
- 偶而去沒去過的地方，看看不同街景、人文與風俗。

貝克憂鬱量表檢視的項目

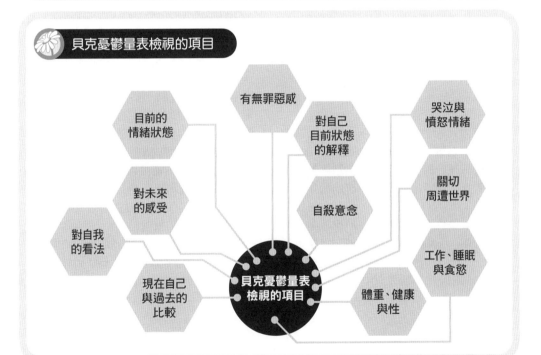

＋ 知識補充站

我們身體的許多病痛，大多是自己造成的，像是不良姿勢與習慣、作息與飲食等等，這些後果最後都是由自己承擔，也是必須要「負責」的部分。儘管身邊許多重要他人常常因為關心而耳提面命，然而個人的確有選擇聽與不聽的權利，也因此要為自己的選擇負責。這也是存在主義學者所說的「選擇」與「責任」之間的關係。

6-2 身體與感官的覺察（續一）

平常我們很少注意自己的五官知覺，直到受傷或是功能不良（如視線變得模糊了，或是感受不一樣）時，才會引起我們的注意。有些人因為工作或習慣的緣故，必須承受或忽略知覺感受，像是工人搬重物、主婦端熱湯，身體感官也會因為這些訓練或忽略，而提高了忍受度或變得麻木。

知覺最重要目的是為了維護我們的生存，長期的訓練或忽略，可能削減了其警覺性與應變功能。有些人可能因為受傷或感染，而失去了敏銳知覺，像是感冒引發的嗅覺或味覺失靈，或因腦傷而造成沒有熱痛覺，前者可能是在品嚐食物時索然無味（也會影響生命樂趣），後者可能會有性命危險。

我們在肚子飢餓（需求）時，通常味覺會較靈敏，若是聞到食物的香味，感受更清楚，接著會想做找食物填飽肚子的動作，倘若這個滿足需求的動作受到阻礙，就可能一直存在，甚至會干擾我們的其他事務。這就是完形學派所謂的「接觸」（contact）未能完成，於是就留下了「未竟事務」。當下渴望滿足的「需求」（如飢餓）通常就是凸顯的「形」（figure），一旦需求被滿足之後就會退而為「背景」（ground），也就是從「形」到退為「背景」的整個循環是「接觸」的完成，而「接觸」也是一直循環不斷地進行著。

完形學派提醒我們，要充分而真實地活在當下（或是「臨在」，presence），因為未來是每一個「當下」所累積，只有打開感官、真真實實地過每一個當下，才可能不批判地接納所有的「如是」（人事物的原來樣貌），包含接納「夠好的自己」。

近年來學界提倡的「正念」（mindfulness）或「靜觀」療法，目的就是要個體注意當下，同時也提倡「慢活」的生活哲學，像是將一顆葡萄放入口中，細細慢嚼、體會，感受到自己味覺、嗅覺等的真實滋味。吃飯速度放慢，不僅可以好好品嚐食物的滋味，還可以讓大腦確實接收到飽足感的訊號，不會因為快食而吃過多，對胃腸與身心都有益處。

若能將心身都放在「當下」，不只提升了專注程度，也有緩和情緒的積極結果，因此目前教育與心理專業人員正將其運用在情緒困擾或過動的個體上，成效卓著。

小博士解說

最簡單的冥思或靜觀，就是找一個安靜不受打擾的地方，閉起眼睛、靜下來，注意自己呼吸的狀態，然後全神貫注在自己的吐納上，儘管會有思緒不經意地進來，就讓它自來自去、不必強留，慢慢地就可以感受到身體的放鬆、腦子的沉澱，是一個接近自己內心的入門方法。

完形的接觸循環圖

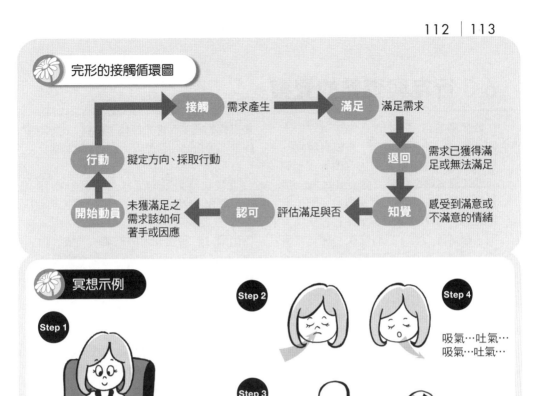

接觸　需求產生　滿足　滿足需求

行動　擬定方向、採取行動　退回　需求已獲得滿足或無法滿足

開始動員　未獲滿足之需求該如何著手或因應　認可　評估滿足與否　知覺　感受到滿意或不滿意的情緒

冥想示例

Step 1
找一個讓自己感覺舒服的位置坐下，雙手自然下垂，將注意力放在自己的呼吸上。

Step 2

Step 3

Step 4
吸氣…吐氣…
吸氣…吐氣…

如果這期間有任何的想法干擾你的注意力，不要理會它、讓它離開，回到自己的呼吸上。

深度呼吸法

Step 1
找一個讓自己感覺舒服的位置坐下，雙手自然下垂，將注意力放在自己的呼吸上。

Step 2
1、2、3、4、5
深吸一口氣，慢慢從一數到五，感覺到冷冷的空氣進入鼻腔，慢慢往上爬升，你也可以感受到自己腹部脹起來。

Step 3
1、2、3、4、5
深吐一口氣，也是從一數到五，感覺到一股暖暖的氣流從鼻腔出來，腹部緊脹感漸漸消失。

Step 4
再深吸一口氣，專注在自己的吸氣上，然後慢慢吐氣。

Step 5
做十次之後停止。

★註：深部呼吸可以減緩焦慮，也可以讓內臟徹底感受到新鮮空氣的進入與不新鮮空氣的吐出，對身體健康也有幫助。

6-3 行為與姿勢的覺察

我們對於自己平日坐、臥、站立、奔跑、彎腰、伸展的姿勢，有沒有特別注意與覺察？而這些姿勢也意謂著我們的心態或思考嗎？專精家族治療的 Satir 提及，一般人在家中習慣的溝通姿勢（家庭雕塑），有超理智、討好、打岔、指責型、適當等五種，只有最後一種是健康的，這也說明我們的姿勢呈現了自我的狀態，也反映出健康狀態與自信程度，並呈現自我個性的一面。像是不敢正眼看人、彎腰駝背者，其自信要比抬頭挺胸者要低；個性較開放者，肢體動作亦較不拘小節，個性拘謹者表現出來的姿勢也會較畏縮、內斂。

我們面對他人說話時，呈現的肢體動作如何？有沒有一些慣常的手勢與動作（如眨眼睛、手部動作，或是碰觸他人身體）？這些肢體動作予人的解讀與印象又如何？我們走路的步伐如何？雙臂如何擺動？或是習慣插在褲袋裡？我們站立時對自己身體的姿勢覺得舒服嗎？還是彆扭？有沒有哪些行為或姿勢，與自己的生理性別不符？或容易引起異樣的眼光？有哪些動作自己做起來自在舒適？那些動作卻難受或不安？自在舒適是怎樣的感受（像是輕快、輕鬆）？又如何去形容自己的難受或不安（像是緊繃、不自然）？

儘管我們早期的訓練是將許多動作「自動化」（像是刷牙、洗臉、騎車等能力），主要是可以節省時間與精力，但我們也因此容易變成因襲不變的「慣性動物」，少了變化與彈性，有時候在需要時轉換不過來。我們慣用哪一隻手？有沒有試過用不習慣的手（如左手）寫字或洗澡？感覺如何？我們許多的生活習慣與動作都已經自動化了，彷彿已經是身體的一部分，也許可以試著放慢動作，或是仔細去觀察自己的這些動作，體驗新的感受或做一些改變。

慣用就是行為自動化的表現，雖然方便，但是也會養成惰性，不願意改變，若是以大腦「用進廢退」的觀點出發，我們的許多慣性動作會讓大腦功能定型，少了挑戰，也未能充分發揮或開發大腦之功能。目前許多的腦神經學已經朝向「大腦可塑」的方向大步前進（Doidge, 2015/2016），我們的覺察也應該亦步亦趨才是。

小博士解說

我們的身體不舒服時，表現出來的姿態也會與平日不同，像是胃痛時會自然彎腰或撫住腹部，頭痛會皺眉。身體常發出一些警訊提醒我們，卻被所忽略，像是翹二郎腿久了，背部會痠麻，就是提醒我們該換個姿勢了。

身體語言

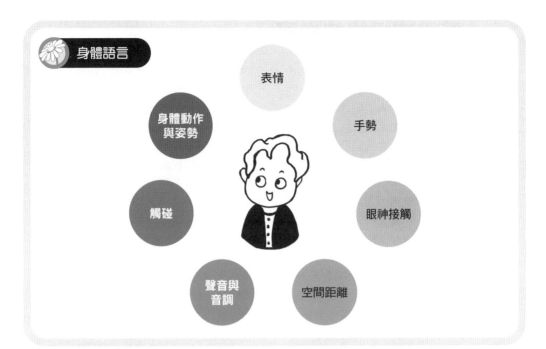

表情

手勢

身體動作
與姿勢

眼神接觸

觸碰

聲音與
音調

空間距離

 實作作業

洗澡時,感受水衝擊皮膚的感覺,也注意自己洗澡的動作,留意一下洗澡的先後次序,好好感受在清潔身體時的每一個動作與細節。

坐在街頭咖啡廳或是公園座椅上,仔細觀察周遭人的表情與動作,猜猜看他們在想什麼。記錄一些特殊的事件與你的想法。

6-4 **感受或情緒的覺察**

人有七情六欲，是我們與生俱來的生存本能，也同時考驗著我們的自我控制能力。我們是否能夠了解自己的情緒感受狀態？因何而起？該如何拿捏與運用？這些都是自我覺察的範疇。除了認出、感知自己的情緒狀態之外，也需要以己推之，認出與明瞭他人的感受。

能夠覺察他人情緒，進而同理他人感受者，通常是人際關係較佳者，然而目前的網路新世代族群，卻常常無法對他人感同身受，但又同時期待他人能夠理解他／她的感受，的確是兩套標準，也讓人摸不著頭緒。

倘若是對於他人感受無感者，可能成為罪犯的最佳候選人，也就是偏離常軌者。諮商師需要了解情緒的光譜、不同的感受，才有可能對當事人做出正確合宜的同理動作。如果諮商師本身過於理性，或刻意阻擋自己情緒上的感受或表現，甚至會忽略本身的情緒反應，那麼又如何能站在當事人立場感同身受？有些諮商師不太願意碰觸感受的部分，自然也會忽略當事人的感受或情緒，是不是因為自己有未竟事務需要處理？

Corl Rogers 提出「功能完全的人」（the full functioning person）的理念，也就是理想的情緒健康的人，不僅對經驗開放，活得有意義與目的，也相信自己與他人（Seligman, 2006）。情緒（或感受）是自我的一部分，不能否認；否認情緒就是否認部分的自我。

然而，情緒教育在我國是不及格的，在學校的師長也常常對於孩子自發性的情緒做限制，這些「不准說、不准表現」的潛規則，讓孩子認為有些情緒是不被容許或認同，孩子也會自己歸納哪些是好情緒、壞情緒，卻無法接納所有的情緒都是自己的一部分，當然相對地也會以此來評斷他人。

情緒沒有好或壞，情緒就是情緒，是自己主觀的感受，也因此會影響或決定自己的下一步動作。孩子從家長身上學習到情緒的表達與意義，通常是以「模仿」的方式傳承下來，孩子基本上沒有區辨的能力，就不問青紅皂白、一律接收，除非往後遭遇到困難，才有機會去仔細思考。就如同一位小二的男生，常常被師長視為「情緒缺乏管控」的對象，連來晤談的母親也認為如此，進一步詢問母親的情緒控管，結果母親不好意思地回應：「我自己的情緒管理也有問題。」因此意識到孩子是觀察的專家，為人父母者可不慎歟？

小博士解說

「同理心」就是能夠站在他人立場去體會其經驗、感受與思考，甚至是為何有此行為的可能因素，進一步表達出來讓對方知道。「同理心」是一種需要練習的能力，因此需要精確地說出對方的感受或可能情緒。

同理心訓練步驟

心態上要
放空一切 ▶ 將舞臺
讓給對方 ▶ 積極、主動傾聽
（勿插嘴或問問題）

將所聽到的（簡單內容大意，加上對方
可能有的感受），以自己的話說出來 ▶ 對方可以檢視內容
與情緒之正確與否

 「同理心」是：

完全進入他人的
私人知覺世界。

以平等方
式來對待。

對當事人的感
受深入了解。

讓當事人感受到
治療師對其感受
的體驗。

6-5 **情緒的文化制約與意涵**

不同的文化與民情也影響著其族群對於情緒之感受與表達，雖然許多文化心理學研究是針對不同文化間對於基本情緒的表達做比較，但從中可以一窺不同文化背景的可能差異。像是華人文化對於關愛與愛惜，較不會以肢體接觸（如擁抱）方式，但拍肩或是輕拍背部是常見的。華人或許不會在人前表達自己的不同意或不滿意，而是私底下飆罵或詛咒，這些都有文化的意涵。當然情緒或感受的意義，還是需要將其環境或發生事件脈絡一起考量，而不是只以當事人表情或肢體動作來評估。

若是情緒覺察較遲鈍或較差，自然也會影響其管理與抒發。許多人在人前為了面子或維持關係，不太展露自己真實的情緒，或是只在私底下（或找「安全的對象」）發洩，然而這樣隱忍持續下去，會在某一刻自己也沒有準備好的情況下就爆發，其後座力更強。

情緒的管理也有文化的意涵或制約，相對於西方社會，我們是集體主義的國家，個人不重要，集體或是家庭宗族才重要，個人常常隱身於團體中，不受到重視，因而個人的成敗也關乎家庭或社會的成敗。換句話說，我們傳統文化不鼓勵個人或其獨特性的彰顯，若有人強出頭，就會被打下去或受到指責，因此也犧牲了個人的獨立自主性。對於情緒

的處置亦同，東方人認為情緒是私我的事，不應該隨意展現在他人面前，同時為了維持表面的和諧，常常真話不敢說，而與他人形成「曖昧溝通」，或讓對方猜測得很辛苦。國人普遍在他人面前壓抑情緒，但是卻將無辜的家人當成出氣筒，這種「雙輸」局面幾乎天天上演。

有些人不敢觸碰自己的情緒狀態，或許是深怕自己失控，影響更大，但是有極少數的人則是以極端方式來控制自己情緒，像是「自傷」。依據學者 Michael Hollander（2010）的研究，習慣自傷者，基本上是以自傷的動作來控制情緒，其一是擔心自己「無感」，因此用自傷的「痛」來證明自己還「有感（覺）」；另一則是擔心自己情緒崩潰、無法收拾，所以用自傷來「管理」即將失控的情緒。自傷若不小心會演變成意外「自殺」的後果，然而，自傷與自殺的基本動機不同，前者不是以「死」為目的，且一般自傷者不喜歡讓人看到其自傷或自傷後的傷痕，若是主動出示或故意讓人看見自己自傷的動作或痕跡，其目的可能不同，就如同幾年前許多國中生集體自傷，可能是同儕互相模仿或同儕壓力使然。當然也有些人讓他人覺得「是不是太敏感了？怎麼爆點這麼低？」好像隨時都會引發其情緒，讓人不敢親近。

小博士解說

有學者將情緒的過程細分為：前置事件→事件解碼（或解釋）→評估→生理反應→行動準備→情緒行為→調節。

情緒的定義（Turner, 2007, p.2）

生物 情緒涉及身體系統（包括自律神經系統、肌肉骨骼系統、內分泌系統與神經傳導與接收系統），用來促使或停止個體以特殊方式行動。

認知 情緒是對自我與周遭環境有意識的感受。

文化 情緒是人類引發賦予特殊生理狀態的文字或標籤。

 文化與情緒覺察

- 觀察一般人在社會中會公開表現的情緒為何？與之前的世代有無差異？
- 觀察不同文化或族群對於喜怒哀樂的表現是否有差異？
- 檢視自己在不同場合或面對不同對象時，自我的情緒展現有哪些顧慮或不同？
- 檢視自己的文化對於情緒的表達有何潛藏規範？

 情緒編碼過程（Forgas & Vargas, 2000, p.372）

引起事件 ▷ 對事件要素的覺察 ▷ 先前事件的評估（表現情緒、情緒表現原則、獲益與損失）

對資訊發出者的了解、對行為與情緒線索的覺察 ▷ 對資訊發出者的情緒做歸因

6-6 **性別與情緒**

　　不同的社會文化對不同性別的個體也有情緒規範與約束，像是容許女性表現出脆弱、害怕或悲傷，而男性表現憤怒或果決，就是社會文化對性別的不同期待。因此，許多人就會表現出社會可接受的情緒，卻沒有進一步探索或了解真正的情緒與感受；像是生氣的背後，可能要表現的是羞愧、失敗、難堪或悲傷，這些真實而複雜的情緒，若能夠被覺察到、了解且說出來（被認可），就是「同理心」的表現，而「同理心」就是人際關係最重要的能力之一。

　　情緒也是我們與他人互動時的重要線索與反應，倘若不能有真正的情緒表現，當然也會妨礙溝通與對彼此的了解。此外，不同性別會因為所受訓練或社會約束不同，而讓溝通與互動產生變數。

　　美國的男性研究提到：男孩子被迫提早與母親分開而產生的情緒問題（包括疏離、情緒障礙等），尤其是在憂鬱症的表現上有極大不同。女性雖然沒有這層約束，但是女性與母親之間的關係也有糾結的問題，像是少了自我空間、未能獨立做決定。目前，有許多的師長也面臨所謂的「媽寶」（脫離不了媽媽的男性）問題，讓人意識到社會是以怎樣的標準來評估一個人的「男性化」與「能力」。

　　我們的情緒是否與性別社會化有關？性別是否約束了我們表達情緒的範圍與方式？一般生活中，我們會說「我覺得……」然而不一定是表達我們的感受，許多時候出現的是「我覺得你是對的。」「我覺得我不應該這樣說。」前兩句的「我覺得」其實是「我認為」，表達的是想法或觀感，而不是感受或情緒。當諮商師面對不同性別的當事人，也需要考量其個性、性別與情緒的社會化過程及表達方式，這樣更能夠同理當事人的情況，做進一步的協助。

　　不管是東西方社會，女性求助的頻率都遠遠高過男性，在諮商場合上亦同。日常生活中，在沒有導航系統（GPS）的情況下，男性即便不熟路況，也寧可翻地圖或是憑藉方向感去找路，女性通常是想要下車去問路的人。進入諮商室求助的，也以女性居大多數，除非是有關生涯或是職業的問題，男性才會被轉介或向諮商師求助。因此，諮商師對於不同性別可以容許表達的情緒，需要有文化的覺察，而在使用同理心時也要慎用語言，另外還要加上世代不同，個體表達情緒的方式可能有差異。

小博士解說

　　情緒智商（emotional intelligence, or EQ）指的是：個體的個人、情緒與社會的知能，影響其是否可以成功因應環境的要求與壓力（Bar-On, 1997, cited in Reissland, 2012, p.3）。

檢視自己的性別相關情緒

男性

你會不會因為自己是男性，就強壓住激動難受的情緒，不敢表達？

你會不會認為自己的發言被女性反駁，而惱羞成怒？

你會不會害怕萬一流露出感性的一面，而受到同儕撻伐？

你會不會常常用生氣掩飾自己可能的羞愧或難受？

女性

妳會不會因為自己是女性，就刻意使用脆弱、哭泣以博同情？

妳會不會擔心自己在眾人面前說的話不被尊重或重視？

妳會不會擔心被說是「婦人之仁」，而不敢挺身支持正義的一方？

妳會不會擔心女性溫柔形象受損而不敢發聲？

✚ 知識補充站

「情緒智商」通常與「挫折容忍度」及「復原力」有關，也就是能否容忍失敗或不滿意的程度，同時可以在極短時間內，自沮喪或挫折中恢復，重新振作。

6-7 **情緒教育與管理**

　　情緒是自我的一部分，我們不能否認它。否認了情緒，就是否認了自己的一部分。但是我們的教養與受教育過程中，卻嚴重忽視這一塊，這當然與我們的集體文化有關，也就是為了維持人際和諧，必須要犧牲個人一些真實情緒的展現。

　　然而，在目前的教育體系中，許多情緒障礙學童被診斷出來，教育現場卻無法有效搭配或協助。家長不願意讓孩子去做診斷，自然也不願意接受幫助。班上只要有一名情障學生，教師與同學都深受其擾，也未能好好上課學習，加上人格教育幾乎闕如，而家長對於這一塊也似乎無法確實掌控，導致後來許多因為情緒控管失當，甚至造成傷人傷己的行為，像臺大畢業的張彥文受不了女友要求分手，而手刃女友二十多刀致死。臺北捷運鄭捷隨機殺人案，造成四死二十三傷也是近年來的恐怖案例，鄭嫌在犯案當時幾乎沒有情緒，後來甚至揚言若父母在捷運上「照砍不誤」。這一連串意外，讓國人不得不仔細去思索：我們的教育到底出了什麼問題？情緒教育該如何進行？

　　情緒除了是自我的一部分之外，還有警告與求生、社會功能與生命體驗之功能，因此也是心理學界研究的主題。情緒也會影響健康的諸多面向，包括身心症（耳朵發癢、胃痛、心悸等）與生理問題、生活作息與功能（失眠或睡太多、老感覺睡眠不足、無法有效完成工作）、人際關係（家人與親密關係），與工作效率等。

　　情緒教育的內涵包括：認識情緒、為情緒命名、了解情緒功能，進而可以適當紓解與管理情緒。這些不能只靠學校教育，家長與家庭教育首當其衝，接著是學校教育與社會教育（包含媒體、環境與一般民眾），家長本身的示範、以身作則最重要，在隨機教育與提醒外，也要配合學校教師做適當的教導與訓練，媒體社會少暴戾暴力，這些系統的充分合作才是成功情緒教育的要件。

　　諮商師面對的當事人，通常是生活中遭遇困境的人，也就是在情緒上有許多負面經驗者，倘若諮商師本身對於情緒不自在，可能就會故意忽略當事人的情緒，或是故意疏離或表現得「超理性」，當然就不可能會適當處理當事人的情緒。因此，諮商師的情緒教育第一步是「覺察」與了解情緒是自我的一部分，不能閃躲，接下來才是了解自己與他人的情緒，以及如何管理情緒。

　　此外，諮商師在當事人面前也是一位典範或示範者，其本身的情緒處理也是當事人可以觀察、效仿或是諮詢的對象。在若干情況下，諮商師還肩負著教育當事人情緒的任務，特別是受到性別刻板化較為嚴重的當事人，或是因為情緒而有暴力展現的當事人。

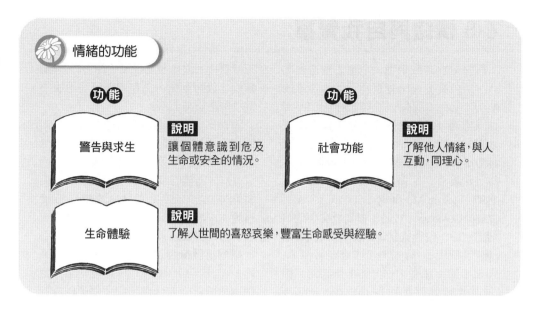

情緒的功能

功能

警告與求生

說明 讓個體意識到危及生命或安全的情況。

功能

社會功能

說明 了解他人情緒，與人互動，同理心。

生命體驗

說明 了解人世間的喜怒哀樂，豐富生命感受與經驗。

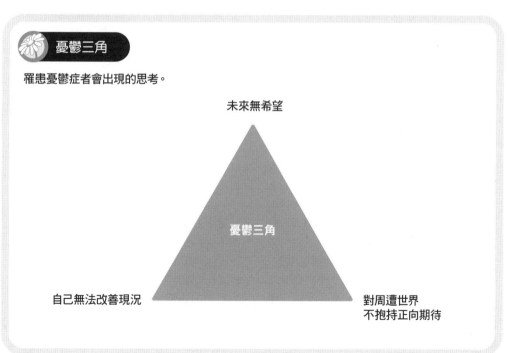

憂鬱三角

罹患憂鬱症者會出現的思考。

未來無希望

憂鬱三角

自己無法改善現況

對周遭世界不抱持正向期待

6-8 情緒與自我覺察

情緒覺察越敏銳者，是更了解自己的人，若能夠發展出覺察同理他人情緒的能力，必然在日常人際與工作上順暢無比。然而，光是覺察還不足，需要培養所謂的「情緒智商」。情緒智商，是指有能力了解自己的情緒、傾聽與同理他人，以及建設性地表達情緒（Steiner & Perry, 1997, cited in Mortiboys, 2005,p.8）。Daniel Goleman（1998）提到社會與情緒能力包括：自我覺察（感受）、自我調節（管理感受）、有動力（去達成目標）、同理（他人感受），以及社交能力（與他人做有效互動）（cited in Mortiboys, 2005,p.7）。

要做到自我覺察是情緒智商的核心條件，也是自我調節與同理心等能力的基礎。Daniel Goleman（1998）定義自我覺察為：我們當下的感受，且利用這些感受來引導我們做決定，對自我能力有務實的評估，且有堅定的自信（cited in Mortiboys, 2005, p.99）。

要做到自我覺察感受的工作不容易，因為我們常常會有認知與批判，所以在做情緒或感受的自我覺察時，要以非直覺反應的、非批判的態度來應對，且聚焦與專注在自己的內在狀態，不要用「應該」或「必須」來限制自己。

許多情緒是來自於外在事件的引發，加上自己對此事件的認知及評估而來，像是若有人手上正在忙，卻突然接到電話要即刻去處理，延宕了手中的事務（認知），打亂了原本的計畫（評估），自然會有焦慮、挫折、緊張與生氣（情緒結果）。換成另外一個人，可能因為正忙得不可開交，希望可以喘息一下（認知），正好有這個機會離開現場（評估），心情轉換之後再回來，工作效率更高也說不定（情緒結果）。

儘管日常生活中總是有引發我們不同情緒的事件（如塞車）不斷地發生，然而事件本身對所有經歷過的人，並不一定會造成同樣的情緒（焦慮或放鬆），主要是與個體的個性（性子急或緩）、先前經驗（不愉快或愉快），與自己的解讀或評估（不喜歡或喜歡）有關。

覺察這個情緒是什麼（如難過或不高興，可能不只一種），而身體又因為這個情緒而感受到什麼（如頸部僵硬或胃痛），接納這個感受與情緒是正常反應，接著再試圖去找出處理方式（如暫時擱置或解決），然後繼續往前。

我們在平素繁忙的生活中，不太會花時間去感受這些，更遑論去體會或理解，因此有些人在身體有恙時，才有機會去體會情緒對身體的作用，這也是好的開始。情緒焦躁者，常有胃部或腸道的毛病，急性子者會有心律不整或皮膚出現狀況（如紅腫、發癢），這些身體指標也可以協助我們看見自己。

Martin Seligman 曾提及幸福的幾個元素，它們是正向情緒、投入（沉浸其中）、意義（從中衍生出意義）、正向關係與成就（cited in Bannink, 2014/2105, p.75），讓個體了解情緒是自己的一部分，進而認識與適當有效處理情緒（抒發、轉念等），才不會因此影響其想法與行為，做了錯誤的選擇，也因為情緒管理得當，人際關係因而受惠（正向關係），有良好支持系統而能貢獻才能（投入及成就）。

諮商師對於自己的感受（Mortiboys, 2005, p.101）

接納自己真實的感受。

尋找一個適當的時間與地點來做探索，也可以找一位好友一起做。

不要急著解釋或批判，只專注在表達與知道那些感受即可。

如果可以，就接受你／妳所發現的自己，不要做任何批判。

 覺察自己是不是常常想要…

我們行為背後隱藏著自己的個性與信念。

外在行為	背後的可能訊息
討好別人	要讓每個人都喜歡自己。
完美主義	不容許有任何錯誤發生。
非常努力	只要努力一定可以成功
讓自己夠堅強	表現脆弱是不應該的
對他人的批評很在意，尤其是負面批評。	我不夠好。
總是看見他人不足之處	我是優越的。

6-9 情緒管理技巧

對於自我情緒的認識與了解，以及進一步的抒發與管理，也是自我照顧的項目之一。情緒管理得當的人，通常也是較具有情緒智商的人，有較佳的挫折忍受度，也較有成就。情緒管理方式因人而異，是否有效得要個體親自去試過及練習之後才能知道。不要僅以若干有限的方式處理情緒，或是隱忍到受不了才處理，這容易讓人際關係受到傷害，也較易產生身心方面的疾病。以下所列出的只是少數，個人可以去開發不同的活動或方式。

一、運動有益身心與情緒健康

培養做運動的習慣，可讓身體筋骨及肌肉保持彈性、健壯。運動時腦內自然會產生一種自然的「嗎啡」（腦內啡），讓個體覺得輕鬆愉快，不會陷入情緒低潮。運動也是休閒活動的一種，可以讓我們打發無聊的時間，甚至可以與志同道合者一起運動、聊天，建立有意義的關係，感覺不孤單、生命有質感。

二、適當的休閒活動

適當的休閒活動或嗜好，可以讓人利用時間做自己喜歡從事的活動或培養能力，與同好一起分享或交換心得，與人有較深度的互動，建立支持網路等等功效。

休閒活動或嗜好，有些是獨自一個人可以做的，有些則需要與夥伴們一起或分工，得視個人性格與喜好而定。

「適當」的休閒活動，指的是不會占用太多時間，或妨礙日常生活與工作，

也不會因此而花費甚多，甚至傾家蕩產。Rollo May（1953, p.96）特別提到「歡樂」（joy）是人生目標之一，它的出現是在我們實現了個人的特性所伴隨而來的感受，也就是我們經驗到了自己的價值與尊嚴，肯定自己存在的目的。

三、建立有意義的支持人際網路

有人願意傾聽是紓解情緒的便捷之道，若能積極主動傾聽，不僅可以讓對方的壓力或情緒得到釋放，還可以讓對方知道你／妳聽進去他／她說的，才會願意進一步與你／妳做溝通與互動。「積極傾聽」不是虛假的動作，而是真正用心去體會對方的需要、照顧到對方的情緒，當對方的情緒被認可之後，激動情緒也會緩和下來。

我們生活在快速、變動不居的現代，往往因為沒有被人耐心聽見而倍感挫折，許多孩子與成人的情緒，也常常因為沒有被聽見，所以有許多負向的情緒與行為出現，因此積極、同理的傾聽，也可達撫慰情緒之效。

四、有效的問題解決能力與技巧

當我們遭遇問題時，第一個出現的可能是情緒或壓力感，倘若情緒會阻礙問題之解決，可能就需要先處理情緒，而當情緒抒發完後，就要去面對問題，因此解決問題的能力就很重要。

此外，求助也是解決問題的方式，長久的情緒低落會造成血液裡的血清素濃度降低，同時需要藥物與諮商（根本問題之解決）的協助，切勿輕忽。

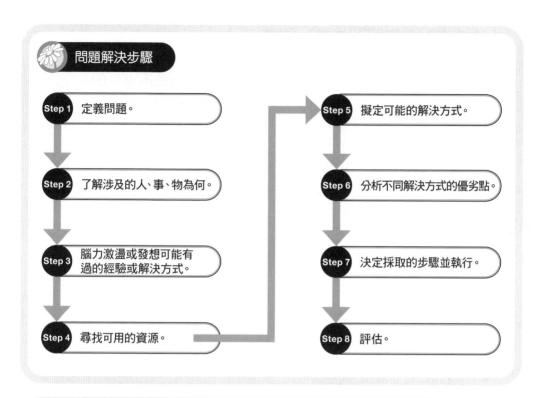

問題解決步驟

Step 1 定義問題。

Step 2 了解涉及的人、事、物為何。

Step 3 腦力激盪或發想可能有過的經驗或解決方式。

Step 4 尋找可用的資源。

Step 5 擬定可能的解決方式。

Step 6 分析不同解決方式的優劣點。

Step 7 決定採取的步驟並執行。

Step 8 評估。

情緒管理的原則

覺察與認出自己的情緒，要了解自己的狀態才能做處理。

定時整理自己的負面情緒，不要積壓。

情緒管理的原則

尋求社會（或人際）支持與資源（包括求助）。

運用建設性方式處理情緒，以「不傷害」為原則。

學習自我肯定與自我評估，不因他人的批判而患得患失。

6-10 **情緒管理技巧（續一）**

五、有效溝通能力

既然要與他人建立有意義的關係，就會需要有效溝通，「同理心」是有效溝通的要件，有同理心的人通常人際關係較佳，也較能容納不同。「同理」就是可以感同身受、了解他人的感受，當對方知道我們懂他／她的感受時，才會進一步願意敞開心胸，聽聽我們的意見。

所有的線索（語氣、說話內容、表情、眼神、姿勢、場所、過去經驗等）都是溝通線索，有時候這些外在線索比語言所呈現的內容還重要，而通常「怎麼說」更為關鍵。此外，溝通有不同方式與管道，除了語言之外，書寫、肢體動作、繪畫、音樂等等，都是可以使用的管道，不要只是以「說」來進行。

1.「我訊息」（I message）的使用

每個人都有表達自己情緒的權利與需要，但是表達情緒的同時也容易衝動、不經考慮，這樣就可能傷害到彼此的關係。「我訊息」（I message）是表達自己的情緒，同時顧及關係的一種技巧。

2.破唱片法

有時候意見不被聽見或是被敷衍，就會有許多負面情緒產生，甚至會因為沒有被聽見而沮喪，因此可以練習「破唱片法」，堅持自己的立場，同時也因應對方所說。

六、發展與使用有效的情緒抒發方式

若有適當的休閒活動，像是閱讀、運動、參加義工、做手工藝、參與團隊活動、登山健走、加入讀書會等等，除了可以排遣時間、增加與他人互動的機會外，對於情緒的抒發也很有幫助，至少可以做些其他事來轉移注意力，倘若有一些同好或同儕一起參與，會讓自己更願意投入。

所謂的「有效」抒發方式，就是可以排解情緒，讓自己有活力重新站起來，而這些方式是有「建設性」的，甚至是利己也利人，而不是傷害自己（如嗑藥或打架）或他人。許多的嗜好與休閒活動都要量力量時而為，「過」與「不及」都不好，例如，方城之戰可以防失智，還可聊天解無聊，但若變成賭博或妨礙了日常生活、與他人的關係，就是上癮行為，是有害的。

可以列出至少五、六種適合自己、有效的情緒抒發方式，在情緒極端不佳時，可以依序使用，不至於匱乏。此外，也可以開發其他的不同方式做為自己備用的「資料庫」。像是焦慮時就做做家事，讓自己轉移注意力，或許在輕鬆的氛圍下，可以思考出不錯的解決之道；也有人一旦在思考複雜問題時，就會動手去變化家具的擺設，轉換一下視野與心情。

許多人習慣以家人為情緒發洩的對象，甚至理所當然認為家人應該承受其情緒，殊不知這樣的方式不僅容易破壞關係，也非建設性的抒發方式。

 破唱片法　「破唱片法」是一種聽見他人意見，並同時為自己發聲的表達方式，尤其是在爭取自己權益時可採用的溝通方式，也就是站穩立場，一直重複表達之意。如下例：

老闆，我想要加薪。

現在經濟不景氣，我都有點應付不來了。

❶

老闆，我也了解經濟不景氣，大家都不好過。但是我來這裡已經五年了，工作很努力，都還沒有加薪。

沒有加薪的也不只你一位。

❷

老闆，雖然也有人沒加薪，但是我認為以我對公司的貢獻，要求加薪並不為過。

只有你加薪，別人卻沒有，這也不公平。

❸

老闆，有多數人是加薪的，我也沒有要求加很多，但至少加薪可以讓我看見我的工作受到肯定。

我考慮看看。

❹

情緒與壓力紓解方式

紓解方式	說明
發洩	只是暫時有效。
替代	要有建設性，如運動，要不然可能造成更大的挫敗感或問題（如嗑藥）。
轉移注意	讓自己不要專注在困擾自己的事件上，如聽音樂、看電影或漫畫。
冥想	專注在自己當下的身體感受與思考上。
正面思考	從不同角度看事情，包含自我解嘲與幽默。
問題解決取向	以解決問題為焦點，創發不同的解決方式。
重新架構	以不同觀點來看問題，可以轉換情緒（包括幽默感）。
其他	

第7章
檢視與覺察壓力及自我照顧

學習目標：

　了解壓力功能與影響、自律、時間管理及自我照顧方式。

7-1 認識壓力、了解壓力來源

認識壓力

與情緒最相關的就是壓力，因為壓力會影響情緒。適當的壓力可以激發人的行動力，壓力太少會讓人沒有行動或成就，壓力太多則會讓人喘不過氣，甚至有身心問題產生。

憂鬱情緒與壓力會造成記憶喪失；良好、有意義的人際關係則會紓緩憂鬱情緒；運動可以紓解壓力、轉換情緒（產生腦內啡），而人際關係是心理健康的指標，因此要特別留意情緒所引發的人際問題。

有時候在與他人互動時，常常因為情緒表現而讓我們忽略了真正想要傳達的內容，像是媽媽對孩子說：「天冷了，也不多加件衣服，感冒又要看醫師，很浪費錢！」原本關心孩子的善意可能沒有被接收到，而是接收到生氣的情緒，當然也影響到彼此關係與感受。

情緒與壓力若缺乏自我覺察與適當紓解，容易積壓產生向內攻擊（如憂鬱症、自殺）或向外攻擊（傷人或破壞物品），有人因此失去性命或丟掉工作，其後果嚴重。情緒與壓力管理方式要多元，不能只是仰賴其中一種，有效就繼續使用，若是無效就需要另外思考其他方法。

了解壓力來源

1. 是否在時間壓迫的情況下要完成多項工作或任務

每個人對於完成某項事務的優先次序不同，我們通常會將自己想做的事放在前面，或思考其重要性如何，再列出先後順序。有人會有計畫地一小步一小步進行，有人相信自己的潛能可以在最後幾小時內發揮，因此臨時抱佛腳，這就與此人的性格有關。固然有些人在時間的壓縮下產值很高，但畢竟是少數，而有些工作不只涉及自己，還會牽連到他人，就不能太自我中心。

心理學上有所謂的「A 型性格」（性子較急、不耐煩，希望趕快將事務完成，也較容易有心臟血管方面的疾病）與「B 型性格」（凡事慢慢來、慢條斯理，要快也快不來），不同性格者在壓力下所成就的事項也會不同。

2. 是否列出重要性的優先次序

儘管每個人對壓力的解讀與承受力不同，而有些壓力與個體性格有關，因此會影響其處理事情的態度與方式，像是有人劍及履及、有人急事緩辦、有人則是毫無章法或頭緒，因此先將事情的優先次序與緩急做評估，列出待辦事項順序，也可以減少壓力。

小博士解說

壓力來源：家庭責任（經濟與角色）、人際關係、工作要求、角色期待與衝突（職業女性尤然）、失落經驗、日常生活的小壓力等。

適當與過度壓力的影響

適當的壓力

激發動機與成就感	激發潛能
有活力	促進學習
專注	激發創意
有目標	

過度的壓力

情緒緊張、失控或抑鬱	影響記憶與判斷力
工作成果不佳	注意力不集中
人際關係問題	代謝問題
睡眠問題或身心疲憊	自信心低
免疫力下降	蕁麻疹或皮膚癢

 生活事件壓力前十名

NO.1 配偶死亡　**NO.2** 離婚　**NO.3** 分居（婚姻）　**NO.4** 入獄

NO.5 近親或家庭成員死亡　**NO.6** 個人疾病或受傷　**NO.7** 結婚

NO.8 被解雇　**NO.9** 破鏡重圓　**NO.10** 退休

7-2 了解壓力來源

了解壓力來源（續）

3. 了解壓力可能來源並先做處理

若是壓力源單純，能力或資源足夠，時間等客觀因素也都充分的情況下，比較容易解除壓力源，然而，許多的壓力源通常不是單一，就會造成個人的情緒負擔及壓力感。其實，個體都很清楚大多數的壓力源，只是有時候並不是自己獨力可以解決，或是得要經過一段時間才會有結果。若能夠按部就班，在當下做妥善安排或將可完成的部分先做處理，也就是不累積壓力，都可以避免壓力的襲擊，因此，時間與事務的管理就很重要。

4. 解讀壓力的向度

認知學派認為，我們的情緒源之於對生活情境的信念、評估、解釋與反應，不單是因為事件發生而造成的情緒與行為結果，而是我們看事情的角度與解讀而造成。主要的心理困擾（就是對生活實境或覺知的困擾反應，源自於非理性思考），有自我困擾（ego disturbance）與「不舒服的困擾」（discomfort disturbance）兩種，前者常以「自貶」（self-depreciation）的方式呈現（達不到自我要求時，或嚴苛要求他人），後者主要就是非理性信念造成（如要求舒適，不能忍受事情不如己意）。只有無條件接受自我，做出有理性、合現實的反應，且有適當的困擾容忍度（disturbance tolerance）才是健康

（Dryden, 2007）。

非理性思考或信念是造成情緒困擾的主要關鍵，而所謂的「理性思考」有四個標準：(1) 有彈性、非極端的；(2) 實際的；(3) 合邏輯的；(4) 以事實為依據的。而相反地，非理性就是僵化、不切實際，不是以事實為依據（Dryden, 1999, pp.2-3）。我們的思考中有許多的「應該」與「必須」，「應該」通常與我們認為的責任與義務有關，而「必須」則是與我們或他人對自己的期待有關。

我們許多行為的背後隱藏著一些信念，如果不去檢視，可能連自己都不知道。

5. 自己是否可獨自解決壓力？

有時並不是因為自己能力不足而無法解決壓力源，可能有其他因素牽涉其中（包括他人、環境、資源或時間），因此並不一定可以靠個人獨力處理，此時就要檢視這些條件是否足夠，可否取得適當資源（包括人），在時間限制內是否可以解決等等因素。

像是與他人合作團體報告，需要開會、分配工作、統籌一切等，有些因素不是自己可以掌控，就需要較佳的溝通、意願，方可以竟其功。有些壓力也需要時間，或許我們急著要完成或看到成效，但不一定如我們所期待那樣（如考試或面試放榜），因此，解決壓力或問題，有時候還得要面對、接納、處理與放下的功夫。

小博士解說

情緒教育的內涵與進程：

認識情緒→為情緒命名→了解情緒功能→接受情緒是自我的一部分→適當紓解與管理情緒→放下

可能的思考謬誤（Corey, 2009; Kellogg & Young, 2008）

武斷推論 (arbitrary inference)	斷章取義 (selective abstraction)	過度類化 (overgeneralization)	誇張或小化 (magnification or minimization)
沒有相關支持證據就做結論，包括「災難化」（catastrophizing），像是：「你看，沒有人喜歡我！」	以單一細節或事件來評斷一種情況或下結論，忽略了大的整體面向。如：「我上課連(一個)學生都打瞌睡了，可見我上課很無趣！」	以一些特殊條件來形成規則，從一件事就延伸、拓展到全部，像是：「我連這種小事都做不好，以後就根本不可能成功的！」	將事情看得比實際要嚴重或不重要。如：「完了，我錯了一題，全都完了！」或「沒人理我也沒關係，我自己活得很好！」

個人化 (personalization)	兩極思考 (dichotomous thinking)	標籤或錯誤標籤 (labeling or mislabeling)
將一些外在事件與自己連結在一起，變成自己的責任，事實上是根本毫不相關的，像是：「他本來可以得到這個工作的，是我害了他！」	將事情區分為兩極，常常會有「全有全無」或「非黑即白」的想法或解釋，像是：「如果連母親這個角色都做不好，我不是很失敗嗎？」	只是將某人不足或是缺陷的部分突顯出來，像是：「斷眉的不是處女」或「貧窮起盜心」。

 檢視可能的非理性信念

陳述	可能的非理性信念
孩子考一百分給一百塊	孩子必須要完美。
他怎麼會討厭我？	所有的人都要喜歡我才可以。
怎麼可以做錯	人應該要一次就做對。
我是男人耶，怎麼可以輸？	對於男性角色或男性氣概的刻板印象。
妳離婚了，孩子怎麼辦？	女人應該要為孩子著想，不管如何都要待在婚姻裡。
女人怎麼可以自私	對於女性角色的刻板印象，認為女人要無私、以他人需要為優先。

7-3 因應壓力的方式

每個人都有壓力，只是或多或少而已，適當的壓力與焦慮一樣，可以促進生產力與成就感，而對於壓力的重量有主客觀因素，通常與個人主觀的解讀與能力有關。像是認為讀書很有趣的人，就不會將讀書視為重擔，但是在家人期待下要求考好成績的學生，倘若加上自視能力不足，感覺上就會認為壓力更大。平日我們對於周遭環境、人、事、物的觀察與覺察如何？如何做解讀與因應？這些都會影響我們處理日常生活壓力的效果。

每個人習慣或是喜歡的情緒或壓力紓解方式不一，倘若只是以宣洩情緒為主，要注意其方式是否會影響後續的事務完成或人際關係，而情緒宣洩之後，問題還是存在，得要去面對與解決。

如果只是以少數一、兩個管理情緒的管道長期使用，即便無效了仍不知變通，可能就會產生許多不良後果，像是只要在工作上不如意，回家就罵家人，雖然情緒暫時得到紓解，然而犧牲掉的就是家人之間的親密，可見這樣的情緒管理是無效的。其他像是遭遇壓力就抱怨或責備、攻擊、轉移焦點、放棄不理、自責或放縱自己（如以藥或酒來麻醉），都不是解決壓力之道，反而會衍生更嚴重的問題。

有壓力的同時，會有動機想做些什麼，但同時也會產生焦慮（情緒）。解決壓力的方式，一般有「情緒聚焦」（以紓解情緒為主）、「問題聚焦」（以解決問題為主）或「認知聚焦」（轉換想法）。轉換想法時，其實也將情緒做了處理，許多人會將情緒部分處理好之後，再轉而處理問題，然而有時候問題不是可以立刻獲得解決，還需要時間的過程，像是等待放榜結果，因此這兩種解決方向都有其功能。

處理壓力可以主動積極、消極被動或逃避。最健康有效的壓力紓解方式就是：知道自己的能力與限制，凡事量力而為；再則是懂得找相關資源（包括人脈或清楚他人的能力）；有良好的生活與運動習慣，維持最佳體力與腦力。此外，隨著經驗與年齡的增長，要提升自己的挫折忍受力，就不易被壓力擊倒。

許多壓力是自找的，也就是不清楚自己的能力與限制，甚至是不會拒絕他人，這些都會給自己造成額外的壓力，因此學會說「不」或是拒絕，也是因應壓力最重要的篩選管道。

小博士 解說

「防衛機制」也可以紓解焦慮或壓力，但只是暫時獲得情緒的紓解，對於壓力的解除沒有太大功效，況且常常使用，不僅無法有效處理壓力，也可能變成逃避、閃躲或無力因應。

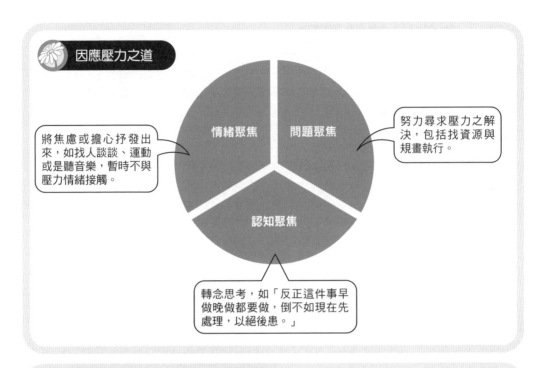

因應壓力之道

情緒聚焦　問題聚焦

認知聚焦

將焦慮或擔心抒發出來，如找人談談、運動或是聽音樂，暫時不與壓力情緒接觸。

努力尋求壓力之解決，包括找資源與規畫執行。

轉念思考，如「反正這件事早做晚做都要做，倒不如現在先處理，以絕後患。」

列出優先次序的考量（不限於此）

時間允許程度

他人要求的先後

急迫完成先後

喜愛或不喜歡

簡易或複雜處理程序

能力所及順序

重要性

7-4 **自律與時間管理**

　　治療師最常被提醒的是：每天接觸到負能量，要做適當的心理調適，才不會落入身心「耗竭」的結果。也就是說，治療師所面對的都是生活上遭遇瓶頸或困厄的當事人，需要耗費許多能量來協助當事人，若要持續勝任工作，自我照顧是相當重要的一環。往往治療師知道要照顧當事人，卻忽略了自身的照護工作，就不足以為當事人之表率。

　　諮商師的覺察工作，當然包含對自我身心上的照顧，一般簡單的生活管理就是很好的起步，不要等到身心耗竭，影響到健康或生活，甚至折損專業效率了才發現，到時就很難做補救動作。

　　我們對於時間的感受很主觀，雖然時間有客觀的一面（像是每個人一天都只有二十四小時），但我們在快樂時，時間似乎過得較快、較短，反之，若是不舒服或難過時，時間似乎會拉長。我們對於時間的覺察也是一個不錯的訓練。年幼或年輕時，時間過得很慢；過了成年或三十歲，時間的步調似乎變快了；一到老年，真的就是度年如日，許多個年頭就過去。

　　諮商師在與當事人晤談時，可能有不同的時間覺察，像是與自己喜歡的當事人相處，時間似乎過得飛快，一旦遭遇不喜歡的當事人或難處理的議題，晤談時間也有了變化。

　　我們對於時間的覺察，會左右時間管理方式。很有時間感的人，會將要完成的事項做細部規畫、切實履行，有時候不免焦慮；時間感較差的人，往往步調緩慢，有時也會耽誤重要事項，讓他人焦慮緊張。

　　諮商師在與當事人相處的時光中，需要注意自己的步調，配合當事人的速度與進度是最佳的，因此常常要做「調整頻率」的動作，「等待」也是必須的。

　　自律主要是指生活習慣方面，當然也涉及時間管理的智慧，這些與諮商師的能量與能力維持大有關係，也是防範專業耗竭的不二法門。

　　時間的管理包含無聊、無所事事，或是一些必須等待的時間，該如何解讀這些時間？可否做適當的打發或安排？不過，不需要將自己的行程排得太緊，彷彿不做事就是浪費時間，或者手中若無事情做，就會覺得焦慮、活得不實在。此外，自律也包括判斷與拒絕非自己能力所及的事務。

小博士解說

　　「耗竭」（burn-out）是指身心疲憊、精力耗損，在工作上已無生產力或建設性，甚至日常生活功能與情緒都已失控。

時間規畫方式注意事項

列出事情的優先順序。

整塊時間該做什麼（有些事情需要較多時間一次做完）。

如何有效利用零碎時間。生活中，常常只有五分鐘或十幾分鐘的零碎時間，也可做充分使用。

要做的事可否分段處理，如背誦一篇文章，可切割成小段式來背。

了解自己最有效率的時段為何。

清楚也執行需要喘息或休息的時間及活動。

 等待的時間可以做什麼

幻遊
放空　冥想
發呆　思考
放鬆　做手部按摩
閱讀　念經文
與人聊天
編織或做手工藝　觀察周遭人事物
做小運動或伸展
看風景
背單字

7-5 自律與時間管理（續一）

一、健康生活與習慣

每天的作息很規律嗎？有沒有按時進食？吃進健康食物？睡眠品質如何？有無運動習慣？有無定期做健康檢查？

諮商師的自我照顧，通常就是從日常生活開始，首先要有健康的生活與習慣，才能夠在身心安適的情況下發揮效能。諮商師在面對當事人時，需要有開朗、自在的態度與充足的能量，展現於當事人面前的就是「希望」的感覺，因此足夠的睡眠、健康的作息是必要的。正逢困境的當事人，不希望看到治療師奄奄一息的模樣，也希望諮商師可以帶給他／她能量與看見希望。

自律還包括對於一些生活或習慣的管理與克制，不要讓自己落入不良生活的循環，自然能保持健康。當然，有諮商師以酒精或藥物的方式來紓解壓力或情緒，實不足以為典範。

二、安排適當的行程與休閒

每天工作的分量或安排是否適當？每次晤談之間，有無給自己適當的休息與思考機會？可以將每次晤談的紀錄，做繕打或整理嗎？需要聯繫或運用的資源做了安排嗎？會在應做的事務之間，安插適當的休息或人際活動嗎？

西諺有云：「只工作不玩樂，讓傑克變笨蛋。」（All work and no play, makes Jack a dull boy.）休閒不僅可以恢復身心健康，也可以讓自己的大腦好好休息，進而發揮更好的能量與創意。

臺灣人的工作時間很長，隨著時代的進步，許多人已經不再恪守以往努力工作、不休息的習慣，願意花費時間做休閒或休息，讓自己的身心在充電之後，可以重新面對生活與工作。加上目前旅遊業發達，可以停下腳步，花些時間去看看周遭世界，也讓自己增廣見聞，心胸更開闊。

適當的休閒活動也包含花時間給重要他人或家人，因為重要的支持網路是心理健康的重要依據。工作雖然是成人世界的重點，但不應該擠壓正常的生活，心理學家佛洛依德提及，人生三要是就是愛、工作與玩樂（play）；現實學派的葛拉瑟（W. Glasser）也說，人的五大需求包括生理與存活、愛與被愛、有權力、自由與玩樂（fun）。玩樂可以說是調劑生活的休閒活動，有適度的玩樂，才可能恢復體力、心力與創意，重新投入工作中。

三、遠離三Ｃ產品、
　　多積極參與活動

現代人的生活似乎無法脫離三Ｃ產品，治療師也不能置身其外，但若感受到自己受到手機或電腦的掌控，常常不自覺地去檢視，或是手機不在身邊就會焦慮難安，不看手機就無法知道下一個行程或該做的事項，可能就是上癮的徵兆。

科技是人類所研發，理應受制於人類，但我們卻目睹許多科技便利的後遺症。雖然許多科技的發明是為了方便（因應人類的「惰性」），但太過便利的生活也讓人懶於思考與行動，反而未因此受利。於是，開始有人倡導簡單生活，回歸以往需要使用體力的活動，用來一滌身心。

健康的生活習慣

作息正常

飲食均衡

保持樂觀、正向心情

規律運動

有良好社交生活

適當休閒娛樂

有靈性或宗教信仰

三C產品的後遺症

耗損眼力或產生病變,如乾眼症、白內障。

低頭族產生頸部或脊椎問題。

上癮行為
如出現情緒問題,影響生活功能、家庭生活、工作與人際。

藍光影響睡眠與品質。

三C產品更換速度快,產生情緒焦慮。

+ 知識補充站

所謂的「積極活動」,就是「不被動接受」。也許需要耗費體力或思考,才有產能。像是耕作的同時,專注於當下、不想其他,享受汗水流洩的舒爽況味。

7-6 **自律與時間管理（續二）**

四、良好的人際關係與支持系統

良好的人脈或人際關係，是個人不可或缺的資源之一，有時候找個人訴訴苦，或是諮詢一下看法，至少可以減少焦慮，甚至可以獲得解決問題的靈感或方式。我們一般的生活或工作，都需要與人互動或合作，有支持系統或網路，不僅在心態上感覺不孤單或無助，也會較有能量感。

五、給予自己空間與時間

男性以工具性導向為主，因此問題一來，就是要去解決，而許多男性寧可自己獨處一段時間，去沉澱與思索可行之道。女性則是以關係導向為主，若是遭遇到問題，可能先找三五好友談談，發洩一下情緒，也許聽聽他人的意見，然後再去解決問題。

有些時候，不管性別為何，我們都需要有自己獨處的時間，可以隔絕外面的干擾、好好面對自己，此時思慮會較為清楚，情緒上也較少焦躁。「獨處」其實就是花時間與自己相處，我們是最貼近自己的人，卻很少花時間給自己，總是在忙著手邊的事，忘了傾聽自己的聲音與需求，這也是有心理學者呼籲要照顧我們自己「內在的小孩」（the inner child）之故。

許多諮商師每天的生活都承接當事人的痛苦，倘若將這些痛苦也帶回個人生活裡，很容易就不堪忍受，這就是「專業耗竭」。治療師雖然從與他人互動中得到許多酬賞，也希望對他人有幫助，但偶而也需要離開人群，給自己一些喘息的空間，以協調自己的身心狀態。

六、正向思考及培養挫折忍受力

正向思考就是抱持希望感與幸福感，維持樂觀想法或轉念，不是自我灌輸式地一面倒向負面、悲觀的想法或預期結果。

挫折忍受力也與情緒智商及成就有關，挫折忍受力越高者，其情緒智商也高，不容易衝動或被激怒，較會花時間去思考可行之道，也因此其成就越高。

正向思考可避免讓自己陷溺在憂鬱、負面情緒裡，當懷抱希望時，通常較容易思考清楚，也讓人親近（資源自然就會隨之過來），俗話說：「快樂過一天，難過過一天，都是過一天。」也暗示著個人有選擇的權利。

小博士解說

壓力是指個人與環境的交互作用關係，當此關係被個人評估為超出其能力資源或會危害其幸福感時，即為壓力（Folkman & Lazarus, 1986）。

正向思考
心理學者 Sonja Lyubomirsky（2007）提出正向思考的積極作法

面對與
處理困境

心存感謝

自我照顧

時時行善

珍惜
身邊重要他人

品嚐樂趣

學會體諒

感謝
生命中的貴人

 培養挫折忍受力（不限於此）

說明

心理學家Ellis（1997）提到一般人的低挫折忍受力主要是因為：要求自己的生活要很輕鬆舒適，堅持他人對待自己要絕對和善、體貼、公正與慈愛。這些錯誤的要求或信念，導致個人不能容忍事情發展不如其預想。因此，培養挫折忍受力的方式可以有：

• 不因一個小挫敗就喪失信心或怪罪他人及自己。

• 勇於嘗試，試過之後可以學習到新的能力。

• 在行動之前可以三思，但不要想太多，以免削弱行動力。

• 凡人做事都會受到批判，自己的評估最重要。

• 願意踏出舒適圈，嘗試新的行為與想法。

• 以自己希望被對待的方式對待他人。

• 願意站在對方的立場設想。

7-7 **自我照顧的面向與方式**

我在許多場合都會請參與者做「脫去角色」的活動，也就是請參與者就目前自己所擔任的角色在兩分鐘內列出來，接著按照他們認為的重要性選出前三者，接著要從裡面選出唯一不願意放棄的角色，結果發現已婚女性最不願意放棄母親的角色，未婚的則是女兒的角色。活動最後，我請參與者將「自己」列入角色的最優先位置，告訴大家：「只有先照顧好自己，才可能勝任其他角色。」

當然也有參與者指出「自己」應該不是一個「角色」。其實定義不重要，重要的是：要先把自己照顧好，才有源頭活水。

一、一般通則

本書前面所提的一般維持健康的通則，像是良好的睡眠與作息，少吃精緻或加工食品，養成固定運動或活動的習慣，定期健康檢查與休閒（息），與重要他人或人際維持良性互動，避免染上不良嗜好或上癮行為等，這些對於情緒健康都有附加效果，當然還可以做其他的自我照護方式。

了解自己較容易出現的情緒，以及促發失控情緒的場景或因素，讓自己可以暫時離開現場，喘一口氣或冷靜一下；或是深呼吸，讓情緒平穩下來；找個人談談，發洩一下情緒；跑一跑或運動，聽聽音樂或看看影片分心一下，甚至是找不會讓自己受傷的方式發洩情緒（如大叫、捶抱枕、跳一跳），等到情緒可以掌控了，再回過頭來解決或處理方才因為情緒而留下的問題或事務。

要謹記：情緒抒發只是暫時的，問題不會因此而獲得解決。在不受情緒的影響下，與他人互動、處理事情，結果比較不會失控。情緒穩定了，腦袋也較清楚，會有較佳的解決之道。

二、自我對話

我們常常在做決定時，會有不自覺的自我對話，彷彿在這樣的一來一往之間，可以更清楚自己的思緒，也容易做更佳的決定。撰寫覺察日誌或週誌，也是自我對話與自我整理的好方法。為了免於流水帳，可以就重要事件來記錄，除了描述事件之外，可以加入自己的想法、感受與行動是最好的。

理情治療師鼓勵當事人將自我對話記錄下來，主要是協助當事人釐清可能謬誤的想法。諮商師當然也可以做自我對話，用來檢視自己可能的「非理性信念」，或是協助自己做更好的選擇或決定。

小博士解說

與自己對話（self dialogue），可以站在不同的立場思考同一件事情，可以說明、解釋或論辯，經過對話之後，也會比較清楚自己的想法或觀點。

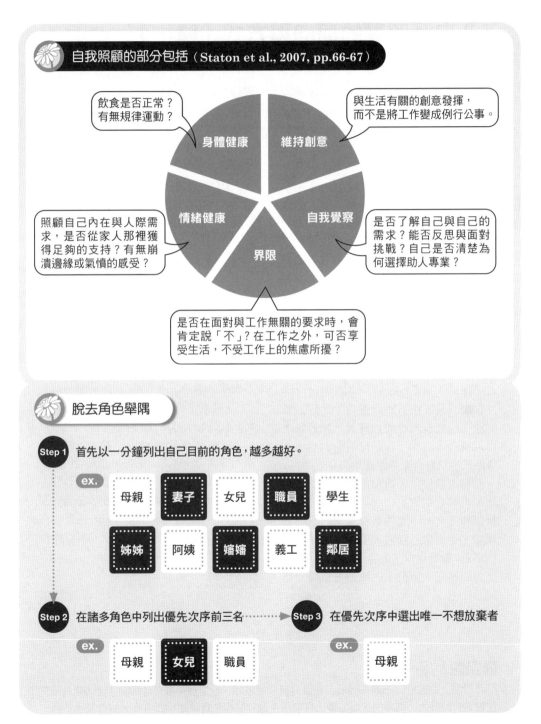

自我照顧的部分包括（Staton et al., 2007, pp.66-67）

飲食是否正常？有無規律運動？

與生活有關的創意發揮，而不是將工作變成例行公事。

身體健康

維持創意

照顧自己內在與人際需求，是否從家人那裡獲得足夠的支持？有無崩潰邊緣或氣憤的感受？

情緒健康

自我覺察

是否了解自己與自己的需求？能否反思與面對挑戰？自己是否清楚為何選擇助人專業？

界限

是否在面對與工作無關的要求時，會肯定說「不」？在工作之外，可否享受生活，不受工作上的焦慮所擾？

脫去角色舉隅

Step 1 首先以一分鐘列出自己目前的角色，越多越好。

ex.

| 母親 | **妻子** | 女兒 | **職員** | 學生 |
| **姊姊** | 阿姨 | **嬸嬸** | 義工 | **鄰居** |

Step 2 在諸多角色中列出優先次序前三名

ex.

| 母親 | **女兒** | 職員 |

Step 3 在優先次序中選出唯一不想放棄者

ex.

| 母親 |

7-8 **自我照顧的面向與方式（續一）**

三、正念或冥想

冥想或靜坐，最基本的就是「觀察」的功夫，「呼吸」不是我們「做」出來的，我們是「目睹其發生」，而冥想就是從呼吸開始，轉移到內在的生命力（Tolle, 2006/2008, p.235）。

治療師的正念或冥想（mindfulness）也是自我照顧與成長的一種方式，強調的是治療師對於自我的敏銳度，可以與當事人同在（Himelstein, 2013, pp.6-7）。目前有許多關於正念的實驗與研究，發現不僅對情緒障礙者（如過動或憂鬱焦慮症者）有正向幫助，可減緩徵狀，讓受試者恢復自信，用在行為偏差的青少年身上同樣有效（Himelstein, 2013）。

冥想也是與自我相處的方式。我們平常忙碌於日常生活的繁瑣事件中，只是以不斷的「做」（doing）來證明自己的存在與意義，殊不知這樣的生活模式常常讓自己感覺耗竭或無意義。倘若每天可以花些許時間，容許自己面對自我，或許對自己會有更多的認識與寬容。

花時間給自己、與自己相處，也是正念或冥想的目的之一。冥想是讓自己心情沉澱下來，不要執著在某個意念或感受中，而是讓它過去，這樣子持續練習的結果，會發現情緒很容易放鬆且清明，不再固執在一個點上，連帶著也讓自己

的思想清楚、不迷惑，同時會接納自己、理解自己、疼愛自己。我們在生活中，總是急著去做、去完成某些事，卻很少去接觸身體及內在的感受，冥想給了我們一個很好的機會。

冥想（或內觀）就是利用一段時間（如五分鐘），將手邊事務放下，讓自己可以靜下來，將焦點放在呼吸或身體感受等，即便有一些想法在腦中，就讓它過去，不要執著。這樣的靜思方式，已經證明可以讓情緒穩定下來，也能增進專注力。

冥想或是內觀的方式，可以協助我們與自己的知覺與感覺有更好的接觸，甚至可以抵銷厭惡或逃避引發的效果；當意識到有想法飄過，也是提醒我們要更專注在當下，而對於創傷或是痛苦感受的覺察，願意去接觸、經驗，不僅拓寬了覺察的廣度，也開啟了心智與身體新的可能性（Williams, Teasdale, Segal, & Kabat-Zinn，2007/2010）。

當然，冥想需要練習，才能在需要時拿出來使用（Williams, et al.,2007/2010）。可以的話，每天給自己一段固定的時間，或許在就寢前，找一個讓自己安適舒服的環境，安安靜靜地坐下來，先聚焦在自己的呼吸上，當習慣之後，可以慢慢拓展到身體其他部位或全身。

小博士解說

「正念」、「觀想」（mindfulness）是當今研究領域或一般生活中很夯的活動，慢慢也有研究證實其對於腦力、情緒的正面影響，目前用在過動兒或是有情緒疾病者身上的效果也不錯。

理性信念　可以增進個人心理健康、協助達成個人價值目標。

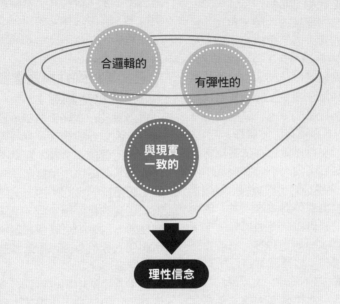

合邏輯的

有彈性的

與現實
一致的

理性信念

 檢視自己可能的錯誤信念

說明

完成以下句子，共十個「我認為⋯」，然後與另一位同學做探問與互動。

ex.

1.「我認為一切都應該盡量公平。」

2.「我認為不努力就不會成功。」

3.「我認為天下沒有白吃的午餐。」

4.「我認為事情要試過了才能做決定。」

5.「我認為女人當自強。」

6.「我認為人是有選擇的。」

7.「我認為⋯⋯」

1.

2.

3.

4.

5.

6.

7.

8.

9.

10.

7-9 **自我照顧的面向與方式（續二）**

四、自我覺察週誌

書寫有統整與療癒的功能，也有「自我對話」的意涵。因為書寫可以留「紀錄」，因此保持較為長久，也可以隨時翻閱，不僅能見識到自己的成長，也可以有新的頓悟與體會產生，通常在書寫的當時就有情緒抒發的效果，諮商師也會運用這樣的方式做專業上的覺察。

當然，我們也可以做日常生活特殊事件的覺察日誌或週誌，不一定要流水帳式的書寫。「覺察日誌」的撰寫，是讓學習者可以彌補上課時討論之不足，進一步針對自己的感思做統整與反省，這印證了 Hazler 與 Kottler（1994）認為札記撰寫的幾個優勢，包括記錄自己所思所想（包括閱讀心得與領悟）、記錄自我成長（比如自我生活挑戰與因應、新觀念運用情形、做自我對話與未竟事業的完成）、技巧演練與理論印證等等。

邱珍琬（2002）在檢視學生覺察日誌時，發現有幾個重複出現的主題：人際（包括家人與親密關係）、自我、理論印證、諮商實務體會與生涯等。一般在諮商師訓練過程中，教師可能會要求實習生針對每一次處理的案例做錄音或錄影，然後將自己的錄影（音）紀錄重新看過（或聽過），將自己可以做卻沒有做到的記下來，也將此次晤談做通盤整理與反思，經由這樣的動作，不僅在實務上進展神速，也讓自己在臨床的判斷上長進許多。

五、保持彈性與適當變通（包括創意）

雖然養成一些好習慣很重要，但也要有適度的變通與彈性，有時候不妨跳脫出固定的習慣或方式，嘗試不一樣的方法或行為（如用左手寫字或洗澡）或活動，聽聽不一樣的生活方式等。許多習慣成了自動化反應之後，不僅讓自己不知變通，也會失去許多樂趣，當然，這也與個人性格有關，像是有些人不喜歡變化或是怕麻煩。

在平常生活中，也可以打開感官，多留意生活周遭的人事物，去體驗、感受與欣賞，像是聞空氣裡的花香或樹香，抬頭看看天際的星空與遠處，會有不同的感覺與想法，也可以讓自己走出限制。

許多的行業都需要創意的發揮，諮商師因為工作性質特殊，更需要創意（邱珍琬，2016），創意可以是新的觀點、作法、技術、解釋，或是與美有關的一切，也可以將舊／既有的，做新的運用與詮釋，其目的都是讓諮商客製化且順利進行，並且有不錯的療效。

小博士 解說

覺察日誌不需要每日記錄，只要有所感或啟發時都可以撰寫下來，一來可以做省思之用，二來也可以將自己的想法與當時發生的事件記錄下來，不僅有協助思考及療癒之效，還成為自己成長的紀錄。

有關創意的幾個建議
（E. Paul Torrance, 2002, cited in Staton et al., 2007, p.68）

1. 不要害怕去愛某個東西，同時努力追求。

2. 知道、了解、引以為榮、練習、發展、開發與享受自己最佳的優勢。

3. 學習讓自己從他人的期待中解脫出來，不理會他們強迫你／妳玩的遊戲，自己可以玩自己的遊戲。

4. 找到偉大的老師或恩師來協助你／妳。

5. 不要試圖面面俱到，這只會徒然耗費精力而已。

6. 做自己愛做的，也做得好的事。

7. 學習與人互相依賴。

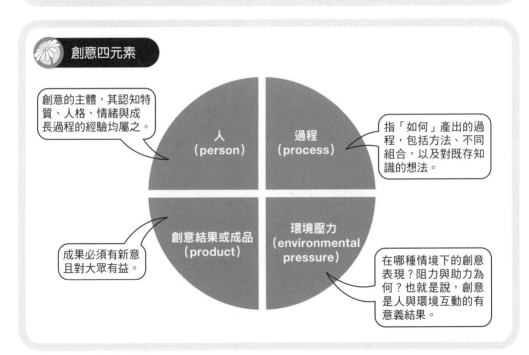

創意四元素

創意的主體，其認知特質、人格、情緒與成長過程的經驗均屬之。

人
(person)

過程
(process)

指「如何」產出的過程，包括方法、不同組合，以及對既存知識的想法。

創意結果或成品
(product)

環境壓力
(environmental pressure)

成果必須有新意且對大眾有益。

在哪種情境下的創意表現？阻力與助力為何？也就是說，創意是人與環境互動的有意義結果。

7-10 自我照顧的面向與方式（續三）

六、找諮商師談談

有時候連自己都無法了解情緒從何而來，或是已經有情緒障礙或問題了，就應該善用專業的求助管道，去找諮商師聊聊，看專業人士的觀察與意見為何。千萬不要諱疾忌醫，反而耽誤了預後效果。許多人都是等掉到谷底了，或是覺得無望了，才願意去求助，有時真的太嚴重，要諮商師在短時間內達成效果，是極困難的。

諮商師是凡人，當然也需要諮商師。有些專業助人者本身就擔心社會汙名（他人怎麼看求助者），因此不願意去求助，甚至會擔心自己在這麼狹窄的業界去求助，可能會被傳開，但倘若如此，該治療師就違反了專業倫理，應該受到譴責與處罰。諮商師長期接受當事人的負能量，倘若自己無建設性的抒發與管理情緒方式，可能有替代性創傷或是累積太多壓力，最後造成自己的專業耗竭，那就得不償失了。

七、其他事項

1. 固定檢視自己的情緒或壓力狀態

自己的情緒如何，多多少少都可以感受到，雖然一天中的情緒會有起伏，但是得看自己「微調」的方式如何，不要累積到太多時，才一併發洩或處理，這樣不但效果不佳，也容易影響自己的人際關係與工作成效。

「微調」的主要目的就是做緩慢、小部分的處理，這樣的效果也較佳。「微調」需要有許多自律與習慣，自律就是知道自己需要做調整，習慣就是遭遇壓力或負面情緒時，先採用自己喜歡、慣

用及有效的方式解決，同時也要不斷研發新的及有效的處置方式。心理學的阿德勒學派還發現，從自己的感受來看孩子的行為動機，藉此了解孩子，是一個很好自我檢視的方式。

2. 持續經營良好的支持系統與人際網路

人際關係需要持續經營，這自然也包括家人與親密關係。我們對於與自己關係親密的人，常常會忘記禮貌與感謝，甚至認為這些關係不會跑掉，因此視之為理所當然，反而容易破壞家人之間的關係。固然每個人生階段都可能有不同的關係需要經營，然而自己想要的關係絕對是需要努力去維持與經營的，即便只是一句簡單的問候，也可以重拾舊日的情誼。

3. 改變信念或轉念

要改變信念並不容易，除非有重大事件的影響，然而也可以是日積月累的功夫；「轉念」是換個方向思考，對一般人來說比較容易（如幽默）。在做信念的轉變之前，可以持續檢視自己的信念是否合理，因為「我們總是不斷在對自己解釋這個世界，而且往往是對這個解釋做出反應，而非對事實做出反應。」（Williams, et al., 2007 / 2010, p.208）。

心理學的理情治療學派提供一種方式來檢視我們自己的「非理性信念」（妨礙生活功能的想法），A（事件）發生並不一定導致 C（情緒與行為結果），可能是 B（信念）從中作梗，只要拿出證據，做有效的 D（辯駁），就可能產生 E（效果）、F（新的感受）。

轉換角度的活動

可以站在平常沒有注意的地方，
重新去檢視觀看的角度與風景。

 理情治療的ABC理論

| **A**
（事件） | **B**
（信念） | **C**
（情緒與行為結果） | **D**
（辯駁） | **E**
（效果） | **F**
（新的感受） |

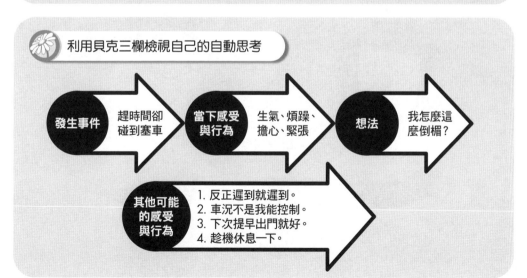 利用貝克三欄檢視自己的自動思考

發生事件 趕時間卻碰到塞車 **當下感受與行為** 生氣、煩躁、擔心、緊張 **想法** 我怎麼這麼倒楣？

其他可能的感受與行為
1. 反正遲到就遲到。
2. 車況不是我能控制。
3. 下次提早出門就好。
4. 趁機休息一下。

第8章
性別敏感度與相關議題

學習目標：

　了解性別是自我的一部分，清楚性別社會化影響，以及在面對自身性別、不同性取向族群時的健康態度。

8-1 性別是自我的一部分

性別是自我的一部分，我們的生活及成長與「性別」脫離不了干係。心理學家楊格（Carl Jung）提到，每個人都有男、女性的特質，只是礙於社會文化與期待，生理上的男性只能表現出規範的「男子氣概」行為（如勇氣、堅強），而女性只能表現出典型的女性行為（如柔弱、照顧他人），才被肯定或讚許，倘若不管性別，都可以適時適地展現自己不同的性別面向、發揮所長，這才是幸福、健康。現在的潮流雖然已經慢慢脫離傳統性別的刻板印象與框架，卻還需要相當長久的努力才可以讓性別平等竟其功！

每個人基本上有兩種性別，一是最常說的「生理性別」（sex），指的是與生俱來的生理建構，而隨著不同的生理建構，我們所生存的社會會要求個人遵循一些符合生理性別的行為，這就是「社會性別」（gender）。一般說來，我們受到社會性別的影響較大。既然個體不能脫離社會而孤立，自然受到社會文化的約束與影響，加上「性別」也是個人身分建構的一部分，因此其影響不容小覷。

對於不同性別的人，我們的社會有不同的期待與約束，像是要求男性要堅強、不輕易流淚、有擔當、養家，因此若是男性表現得不若預期，就會以反諷的方式來激勵（如「很娘」、「你是不是男人」之類）。一般人對於女性的刻板印象最多的有三種，它們是：家庭主婦、職業婦女與玩伴女郎，對男性的刻板印象則是以其體格、能力、社會地位或力量等來描述（黃囉莉，2014, pp.6-7），這些刻板印象也說明了社會對於不同生理性別的人的期待為何。社會文化對於男女性的要求差不多，唯一的不同是：對於男性的要求較為明確，也因此許多人誤以為男性受到的性別約束較高。

個人可以從性別與自己成長的角度，來看社會化（性別）對自己的影響，也可以從日常生活中的觀察，看見不同性別被對待的實際情況，還可以分析我們國、臺語中的「髒話」是不是含有許多的性別與歧視成分？我喜不喜歡自己的性別？性別在成長過程中扮演怎樣的角色或影響？日常生活中，我們有沒有因為自己的性別而受到優待或歧視？我的生理性別與社會性別是否一致？我是否接受自己有性慾，也知道如何適當地滿足需求？對於不同性別或性傾向族群，我是不是有刻板印象或歧視？我是否願意去了解這些人？

小博士 解說

「性別歧視」主要有三個層面，它們是「社會權力」、「性別認同」與「性（慾）」，其背後信念分別是「父權主義」、「性別分化主義」及「異性戀思維」（黃囉莉，2014, p.14）。

以下的形容詞適合哪一種性別？（請勾選適當位置，不要想太多）

適合的性別	男性	中性	女性	適合的性別	男性	中性	女性
溫柔婉約的				直接的			
強壯的				間接地			
勇敢的				支配的			
堅強的				畏縮的			
肯定的				主動地			
妥協的				被動地			
有毅力的				曖昧地			
獨立的				敵意的			
依賴的				友善的			
競爭的				誇張的			
退讓的				善言詞的			
委屈求全的				拙於言辭的			
邪惡的				哭泣的			
奸詐的				怯弱的			

＋ 知識補充站

　　刻板印象（stereotype）：一般人認為屬於某特定族群或社會類別的人，所共有的一些特性，通常是簡化、僵化且過度類化的看法或信念（李美枝，1996，黃囉莉，1999，引自黃囉莉，2014, p.6）。

8-2 諮商理論與性別

許多心理學理論是以男性為研究對象所做成的結論，即 Beasley（1999）所稱的「男流」論述，像是柯爾伯的「道德發展理論」，以正義、獨立等男性標準來一以概之，後來才有哈佛學者 Carol Gilligan 等人以女性為研究對象來抗拒，也發現女性的重視關係與連結、同理心等，是道德發展不可或缺的要素。

諮商理論從心理學而來，多數為白人、中產階級的男性所研發創立，不免會帶有濃厚的文化色彩與價值觀，因此要特別注意。加上諮商是從西方文化發展而來，若是在本國使用，也要留意文化或社會背景是否適合在地族群。

學者 Paul Pedersen（1988, pp.39-43）提醒治療師在諮商過程中容易發生的幾個文化偏誤為：

一、以一種測量方式來評鑑「正常行為」。

二、強調「個別化」或個體的發展。

三、以某個學術領域（如社會學、心理學或人類學）來定義問題。

四、仰賴抽象的語言。

五、過於強調互相依賴與線性思考。

六、忽略當事人的支持系統與歷史。

七、聚焦在當事人的改變。

八、拘泥於自己的文化思考（cultural encapsulation）。

以往的諮商運作大多以男性為治療師、女性為當事人或病人，連書籍與研究的寫作也都是如此，後來因為女性主義的風起雲湧，才改變了這樣的模式。像是佛洛依德的著作就是一例，他也因為病人以女性為主，而將女性的情緒失控視為「歇斯底里」，後來此診斷才在「心理疾病診斷與統計」（DSM）書中剔除。然而，目前仍有一些心理疾病被視為是女性專屬，像是憂鬱症、邊緣型人格違常、戲劇型人格違常等，相對地，也依據統計產生一些較屬於男性的疾病，像是發展遲緩（如肢體障礙、智能弱勢、失語症）、暴力型人格（如反社會人格），以及思覺失調（舊稱為「精神分裂症」）。以憂鬱症而言，由於 DSM 裡是以成年女性的診斷標準來羅列，因此若對象不同（如男性青少年），就不能只以所列的診斷為依據，因為其表現會有差異。

諮商師常被誤認為是「女性」，就如同精神科醫師常被認為是男性一樣。當然，一般當事人也會有性別刻板印象，影響其對於求助諮商師的看法，或是評斷諮商師的專業程度。只要諮商師願意不帶批判地接納，以建立治療關係為首要，這些性別迷思也會化解。

小博士解說

儘管目前許多性別的分界已經不像以往那般清楚或明顯，然而自己可以檢視一下，是不是會將哪些工作或職業歸屬於某些特定性別的人，如醫師、教師、黑手、電子從業人員、美容師、百貨櫃檯人員等？也可以去訪問一位某工作類別的少數性別者（如女性機師、男性化妝品牌櫃員）。

傳統理論的過時假設
（Worell &Remer, 2003, cited in Corey, 2005, pp345-347）

假設	說明
男性中心	以男性取向來建構人性，並做出結論。
種族中心	假設人類發展是跨越種族、文化與國度的。
內在心理取向	將行為歸因為內在因素造成。
性別中心	將性別發展分為不同路徑。
異性戀中心	以異性戀為主流，貶低同性關係。
決定主義	人格與行為在發展早期就已經決定。

＋ 知識補充站

性別差異理論有二（黃囉莉，2014, p.19）：

1. 本質論：性別差異是天生的，無法改變。
2. 建構論：男女性儘管在生理上有差異，但是社會上所呈現的男女差異主要來自後天的影響。

8-3 諮商中的性別

治療師本身也是社會文化的產物，不能自外於社會文化的影響，然而其對當事人的理解與態度，也關乎當事人福祉及治療效果，因此要特別注意。多年前，因為教授諮商相關課程之故，我請學生到諮商中心去體驗個別諮商，結果有一位女同學很驚訝地告訴我：「我的諮商師是男的！」在她的觀念中，諮商師「應該是」女性。

很有趣的是，在二十多年前，美國有關諮商治療的書籍裡，通常都將諮商師的性別以男性的「他」來稱呼，而求助的當事人（或個案）通常是以女性的「她」來處理，其實就顯示了偏見。後來，在女性主義治療師的努力下，已經將書籍或研究裡面的稱呼做了調整，一律都以「他／她」的方式呈現。

在諮商現場，「性別」有其潛在的影響力，不容忽視。性別關係通常意謂著權力與控制，在諮商場域也不例外。當諮商師是女性，當事人是男性，治療關係中可能會存在著什麼議題或關切之事？當事人會不會認為一個男子求助於一位女性治療師，是一種脆弱的表現？當事人會不會擔心諮商師不了解自己的問題，或看不起自己？諮商師會不會有類似的想法？或者是諮商師本身在親密關係中受挫，會不會對當事人有反移情現象產生而不自知？諮商師對男性或女性當事人要談親密關係，可能會有「異性戀」的假設，習慣稱說：「你的女朋友／妻子」或「妳的男友／丈夫」，也許就讓當事人知難而退。

另外，治療師對於性別的看法，是不是也會影響其對待當事人或對當事人的處遇？例如，諮商師對一位女性當事人說：「男人只是玩一玩，還是會回到老婆身邊的。」或者說：「男人哪個不偷腥？」治療師對男性當事人說：「許多事逢場作戲就好，不要當真。」或是：「你沒把老婆管好，所以她才這麼囂張。」這些無形中都透露了治療師的價值觀，是有爭議的偏見。

治療師對於性別的看法，也會影響到其解決問題的方向或方式，不能不謹慎。像是對於家庭裡配偶的分工與角色，傳統的治療師可能會堅持「男主外，女主內」，或是要求女性回歸溫柔婉約、順服的位置，甚至要求女性為了維護完整家庭，犧牲自己。

性別也是多元的，不只限於兩性而已。諮商師需要了解「性別」是自我認同的一部分，需要有深入的了解與寬闊的思考，不要畫地自限。

小博士 解說

「物化女性」是指將女性視為物品，可以擁有、使用、被觀看，忘記她是擁有情感與主體性的人類。像是對女性加以品頭論足，或是將女性視為自己的財產，可以虐待、變賣。

諮商師與當事人的性別配對與考量

| 諮商師 | 當事人 | 可能的考量 |

- 當事人是否因為求助於同是男性的諮商師,而覺得自己較為弱勢?
- 會不會有男性彼此較勁的情況發生?
- 當事人是否不願意顯露自己的弱點,而不願意透露實情,或是抗拒諮商師的建議?

- 諮商師是否會將男權至上的社會現況複製(父權複製)在諮商場域?
- 當事人是否會將自己視為弱勢、無權力者?
- 當事人會不會擔心諮商師不理解其真實處境?

- 當事人會不會因為求助於女性,而覺得自己的男性氣概受損?
- 當事人會不會故意展露自己的堅強或男子氣概,不願意說明實情?
- 當事人會不會因此不相信諮商師?

- 當事人會不會期待諮商師對自己的情況很能同理(因為同為女人)?
- 諮商師會不會過度同理當事人?
- 諮商師會不會在未了解當事人,或是在當事人未準備好的情況下,希望當事人做改變或掙脫現狀?

性別偏見實例舉隅

地點 美國中部某一超市內,人物為臺灣留學生。

8-4 諮商中的性別（續一）

一、了解自己的性別成長史 與影響

每個人都是從家庭中來，而家庭是個人最初社會化的單位，即便是性別行為，家庭也是第一個推手。我們的性別教育與影響從個體尚未出生時就開始，只要知道嬰兒的性別，家長或家人的對待方式就可能不同。嬰兒時期，家長對女嬰就有較多說話的行為，對男嬰則是與其玩樂，特別是肢體的逗弄，在衣著上也有分別（如粉紅是女生、淺藍是男生，女生著裙裝、男生著褲裝等），稍長一些較會有玩具或遊戲方式的個別化及限制（男生玩飛機、戰車，女生扮家家酒或洋娃娃，男生玩有規則的團體遊戲或比賽，女生則是三三兩兩就可以聚在一起）。孩子入學之後，鄰居、學校教師與職員也都參與了孩子「性別化」的團隊，有些可能很明顯、極大多數隱而不顯（如要男生搬重物、女生不能露齒而笑），家長對於家事分工也有了差別性（有些家庭裡男生不必做家事，有些則是以性別做為分配工作的準則），隨著孩子年齡漸長，社會其他機制或人士也紛紛加入「性別化」教育的團隊。

檢視自己一路走來，父母是怎麼對待你／妳的？有沒有因為你／妳的性別而有不同（優惠或差別待遇）對待？穿著與玩具有無不同？行為的約束或玩伴有無規定？回家時間是否因性別而有不同？對於學業的要求或是科目成績有不一樣嗎？對於未來生活或生涯的期待呢？以及選擇朋友的標準，有何不同？

二、了解女性成長背景 與社會化過程

即便是現代女性，還是多半處於父權至上的社會裡，尚難達到真正的平權。許多女性即使自身處境艱難，仍以父權社會的標準來要求自己或他人（像是多年媳婦熬成婆，忘了自己曾經受苦，還是要求媳婦以男性為尊），儼然成為「父權複製」的當然人選。

諮商或治療本身也難逃社會文化的影響，倘若諮商師本身沒警覺或文化敏銳度，可能就將外面社會的父權影響帶入治療室中而不自知，嚴重損害了當事人的福祉。像是一名考慮要離婚的女性當事人，治療師說：「離婚了，可憐的孩子怎麼辦？」治療師說此話的涵意是：暗示當事人不該離婚，即使婚姻再痛苦也要忍耐，因為孩子無辜，沒人照顧。從這裡也許就可以覺察諮商師本身的價值觀，與對家庭及婚姻的看法，以及女性應是「照顧者」且責無旁貸。

治療也不脫主流政治的影響，包括性別、種族、年紀與異性戀的政策。倘若忽略女性經驗與歷史，就不會看見女性受壓迫的種種面向，也無法了解其真實經驗與感受，更遑論有效的協助（Brown & May, 2009）。

小博士解說

從自身的經驗與覺察開始，就可以更清楚社會與文化對待不同性別或性傾向者的標準，有時候個體較沒有感受到差別待遇，但是觀察生活周遭的人事物，用性別的視野去看，就會有許多發現。

性別與工作

- 以一分鐘時間列出你／妳認為屬於女性的工作為何？
- 以一分鐘時間列出你／妳認為屬於男性的工作為何？
- 檢視一下自己的性別刻板印象，以上的工作性別分配是否已經有改變？

 有關性別的幾項事實

性器官	胚胎在懷孕期初期，兩性器官同時存在。若無男性賀爾蒙，男性器官就會萎縮，外顯雌性器官就出現，並在懷孕三個月內完成。
性傾向	男性化或女性化與男性賀爾蒙有關，大多數與男性有性關係的男人是雙性戀；男同志只佔全部男性人口的 1%~5%。男同志的下視丘中核較之女性及異性戀的男性則有兩倍厚。
出生比率	男女性比率在正常情況下是 100：108，加上男性夭折數，最後應該打平，但現在有人工操作，男女比率已經出現懸殊現象，尤以亞洲國家為然。

男性		女性
男性胼胝體較女性不成熟，因此連繫功能較弱、思考較不周全。	胼胝體	
男性第二性徵的發展會壓抑免疫系統、增加掠奪行為的危險性。	第二性徵	
男性比女性晚熟，雖然在身高上占優勢，但是容易有早夭命運（受疾病感染）。	發育	
男性骨架發展大，使其體力優於女性，男嬰活動力較女嬰強。	體能	女嬰的身體彈性與眼睛協調度較男嬰佳，因此女性可以從事較需眼力、細膩的工作。
男性痛苦忍受力較女性強。	痛苦忍受力	女性在若干情況下（如生育），也可以忍受相當的痛楚。女性對於痛覺的反應較快速而正確。
男性對於環境的敏銳度高於女性，也因此容易遭受疾病感染或是有發展上的問題。	環境敏銳度高	
男性優於女性。	數學與空間表現	
	情緒、語文表現	女性在情緒表現上（判斷臉部表情與同理心），及語文方面表現，較男性佳。
男嬰比較會逃避與同性間的目光接觸（六個月大就很明顯）。	對外反應	女嬰對於社會情境較敏銳，也較有反應。
男性的粗動作較多，也較多競爭式活動，喜歡以守的原則替代私人關係。	活動方式	女孩較多合作性活動，善用說服力。
男孩較不理會口頭指令，會以體力競爭方式獲取自己的目標。	指令與聽從	女孩比較容易聽從口頭指示，並以口頭勸說或要求來獲取目標。
男性較優於建立掌控權、主宰權，屬於工作或任務導向，也喜歡冒險。	社會關係	女孩較具同理心、顧慮到他人福祉，喜歡與人親密、社交技巧較佳。

8-5 女性主義不是「恨男人」主義

為女性及其他弱勢族群發聲的女性主義，曾被誤解是「恨男人」主義，事實上當然不是如此。以往女性被規範在家裡（私領域內），儘管生活中受挫、被不公平對待，也會以為是自己的問題，後來有機會與其他女性接觸、經驗分享，才知道自己不孤單，也看見他人的奮鬥或成功經驗，才慢慢有力量與勇氣，這就是女性主義「女性意識覺察提升團體」的濫觴。

女性主義運動是從倡議童工權利、反暴力開始的，因為看見其他弱勢族群及女性本身受到不公平待遇而起。女性主義倡導每一位女性都有多重身分（包含性別、種族、社經地位、能力或障礙、宗教信仰等），也必須要將其置於脈絡中，才能夠真正了解女性的需求（Brown & May, 2009）。

許多受創女性會以使用藥物的方式，來企圖擺脫創傷對其的影響，年長的女性也常常自行用藥，造成藥物上癮或不可收拾的結果（Brown & May, 2009）。許多女性的委屈求全、忍氣吞聲、嗑藥上癮或憂鬱症、複製父權（看似男性的「幫兇」）等等措施，都被視為是「求生策略」，因為在男性或父權至上的社會，必須要想辦法存活，甚至在職場上，女性因為沒有直接的權力或影響力，因此採取「間接手段」（如色誘、欺凌同性、造謠或孤立某人）來取得權位或利益。

女性主義運動從爭取、倡議童工之違法開始，將其影響力擴及受虐婦女、性傾向少數族群、經濟弱勢、老人及一般人（包含不同性別、種族、社經地位、肢體健全與否、有無心理疾病等），所爭取的不是女性的權益而已，影響力也從「私領域」的家庭到「公領域」的法律、社會與政治層面，甚至提醒政策擬定者：私領域必定受到公領域的影響，不可一切為二。

不少反對女性主義者，將女性主義簡化為「恨男人主義」，這是刻意的「汙名化」女性主義，其根本也是立基於男權至上，擔心既享的權力與權益被侵犯或剝奪，因此極力維護既得利益。然而，男權至上卻不一定維護同是男性（如同志、娘娘腔或溫柔漢、膚色或種族不同者）的權益，還得要靠女性主義者去倡議、爭取。女性主義者不會自我設限，而是希望所有有識之士，都可以投入其行列、擔任倡議及改革者，為人類社會的公義公平貢獻一己之力。

小博士解說

Taylor（1996, p.212）整理女性主義治療主要是：

1. 讓當事人明白自己在社會化過程中的性別角色。2. 知道自己內化的性別角色訊息與信念。3. 以更積極的自我語言替代刻板化的角色信念。4. 不必拘泥於刻板角色，而自由選擇更多元化的行為。5. 評估社會力量對個人經驗的影響。6. 了解社會是如何壓迫女性。7. 明白女性的個別經驗其實普遍存在於所有女性身上。8. 重建許多機構中的歧視行為與規定。9. 發展個人與社會力量意識。

女性認同發展階段（Brown & May, 2009, p.76）

遭遇前期　女性有意或無意地接受與順從社會規約及價值觀，遵從傳統性別角色，不承認有歧視或不公平對待，認為男性有價值、女性則無。

遭遇期　與新資訊接觸，覺察到性別歧視，世界觀改變，開始質疑既定的規範與價值，也開始思考其他可能的向度來定義女性。

沉浸─浮現期　以其他女性為楷模，並屏棄男性至上、男性定義女性的觀念，開始找尋正向的自我認同，與其他女性連結在一起。

內化期　統整自己的諸多面向，以自己的標準定義自我，而不依賴外在標準。

 對性別價值觀的檢視項目

- 我認為結婚應該是一男一女嗎？
- 我對於同性戀婚姻的看法是？
- 在路上看到一對男性的親暱動作，我做何感想？
- 有認識的人向我「現身」，說自己是同志，我如何反應？
- 我的女性當事人提到她的「伴侶」是稱「女朋友」，我的感受如何？
- 當事人說他在青春期之前是異性戀，現在發現自己的對象是同性，我的第一個想法是？
- 我的女性當事人說，自己因為婚姻暴力非常痛苦，但是不希望孩子沒有完整的家庭，所以忍氣吞聲過生活，現在自己有了喜歡的人，想要尋求離異一途，我的想法是？

8-6 了解男性經驗與其影響

男性也是社會制度或文化的受害者，如同身為女性一樣，倘若性別是男性，其內在或人際經驗也受到生理性別的全面影響。一般而言，社會對於男性的約束較為明顯，因此男性承受的壓力較大。男性社會化過程與其自我認同、思考、感受、行為、呈現問題等等都有關聯。既然性別是很重要的因素，了解男性經驗也是諮商師文化能力的一環。

傳統男性被期待要堅強、有力量、獨立、少表現情緒、有成就，若是表現出較「屬於」女性的特質或動作，則會被譏為「次等」、「不男性」（屬於女性特質的就被矮化或汙名化），這些都和與他人互助合作及諮商求助的觀點有許多扞格與衝突。男性若是求助，不僅嚴重違反以上所述的「男性條款」，也減損了其對自己的看法。因此，男性求助於諮商或醫療協助的比率較女性減少許多，這與我們的社會文化（包括性別文化）大有關聯！

雖然心理學或諮商理論的創始者以男性占絕大多數，就諮商而言，其求助對象卻以女性為主，所以基本上是以男性角度來治療女性，而不是治療男性（Englar-Carlson, 2009）。男性是人類社群的一員，當然也會經歷一般人所經驗的事件，包括情緒問題、心理疾病或暴力虐待等，只是男性基於男性本色或男性氣概，往往不輕易求助，因此也造成其掩飾情緒困擾、擔心男性形象受挫，或是自殺與被謀殺的機會攀升。

近二十年來，臺灣許多迎娶東南亞新住民的男性，藉由買賣婚姻、控制妻女來執行其「男權」，有些男性深怕自己的妻子受外人誘惑，因此嚴格限制妻子的行動範圍與交友，展現的就是男性至上的威權，這也證明了男性在親密關係上的不安全感與缺乏能力。男性在親密關係上，沒有被訓練該如何表達或表現，因此即使在諮商場域，也不容易與諮商師建立信任的治療關係，自然會影響到治療成效，因此有多元文化能力的諮商師，也需要了解男性當事人的內在架構與可能的擔心及衝突，在做治療時要更具同理與彈性。

男性不該被視為單一族群，因為有許多的變項需要考量，如種族、膚色、性傾向、社經地位等，像是被傳統男性定義的邊緣族群，如男同志或「溫柔漢」，也有其存活之空間，同樣也包括在男性社群裡，只是有不同的生存策略。違反這些指標的男性可能就受到指謫、批判或恥笑，轉而也會對自己的認同失去信心，而這樣的男性規約，事實上也是彼此衝突的，因為它自然排擠了一些邊緣的男性（如種族、性傾向不同者），同時也出現了專屬男性的問題，像是恐同症、厭惡女性、疏遠的父親（與親職）與忽視健康（Englar-Carlson, 2009）。

男性的優勢還是有其重要價值，像是擱置自己的需求以滿足家人、忍受痛苦以保護他人、以工具式方式（「做事」）表達關愛、有能力解決問題、展現理性、自主獨立、重承諾、願意冒險、面對危險仍保持冷靜、自我肯定等（Levant, 1995, cited in Englar-Carlson, 2009, p.99）。

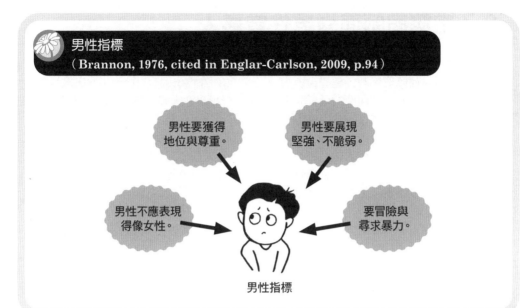

男性指標

女性面臨的議題或障礙

＋ 知識補充站

性別平等是現在宣導的目標，然而談到性別關係卻逃脫不了宰制、壓迫與剝削的社會關係（游美惠，2014，p.75）。

8-7 **當諮商師面對男性當事人**

男性當事人對於求助有何想法或感受？當面對女性諮商師時，會覺得有損男性氣概嗎？還是對諮商師的信任有所保留？倘若諮商師為男性，會不會因為自己顯得弱勢而覺得羞愧或很難開放？諮商師若是女性，對於來求助的男性當事人有何假設或看法？會不會影響其對當事人的觀點或治療？男性治療師又如何看待男性當事人？

諮商師當然也需要針對自己可能對不同性別當事人的「反移情」做檢視與覺察，要不然就會傷害當事人而不自知。例如，諮商師在面對男性當事人時，要檢視自己對男性的一些假設，像是男性的羞恥感從何而來，會不會妨礙其開放程度？當事人對自己身為男性的看法又如何（Englar-Carlson, 2009, p.101）？

諮商師與當事人可以針對男性社會化的優勢與挑戰做了解與討論，像是可信賴、被依賴，可能是其壓力來源，而不表露情緒的同時，可能與身體疾病有關等（Stevens, 2006, cited in Englar-Carlson, 2009, pp.104-105），因為男性通常有小病小恙也會忍下來，等到受不了時才去求醫，往往已經很嚴重，因此一般較常出現在醫療院所的是女人與老人，因為女人被期待是「照顧者」（包含照顧老人家），而女性也因此對於小小的病徵較為敏銳，所以會去醫院或診所諮詢與了解。

普遍說來，尋求諮商協助的以女性居多，男性基於「男性氣概」的規約，往往將「求助」行為視為脆弱的表現，因此諮商師所遭遇的男性較常以「生涯」為主題求助，或許是因為男性與「養家者」或「維持家計」成等號，而賺錢養家也成為維護男性自尊最重要的角色。

男性當然也是社會正義需要關注的對象，有時候男性為了表現出符合社會期待的行為，而違反了自己的意志或意願，導致關係破裂或傷人傷己，像是有關親密議題，男性以自己的方式處理，卻不見得有效，因此就會動粗或動刀，用來維護自己的男性形象。Kiselica 與 Woodford（2007, cited in Englar-Carlson, 2009, p.109）提及，要將社會正義納入男性治療裡，理由是：

一、治療師應致力於掃除負面影響男性發展的性別歧視態度。

二、支持被社會忽視與傷害的男性權益。

三、在心理健康專業領域致力去除有害的男性刻板印象與假設。

小博士解說

「性自主」包括：是否願意發生性關係、性行為如何發生或關係進展的協調能力（游美惠，2014，p.75）。

男性在諮商中揭露的議題（楊明磊，2009）

男性對激情式戀愛之態度

親人死亡的哀傷處理

表現期待與性無能

男性工作壓力與過勞

男性因失業或貧窮，導致之憂鬱或自殺意圖。

墮胎及養育同意權

同性戀恐懼

對於維繫家庭和諧的無力感

賭博、菸、酒與藥物濫用

自離婚中復原

無能力或機會照顧子女

面對女性或與性有關議題時的憤怒

看太多電視或玩太多電玩

遭遇亂倫之倖存者

性暴力加害者

給承諾的壓力

性上癮與曝露慾

＋ 知識補充站

男性比女性更容易罹患上癮行為，不管是菸、酒、藥物或性，加上目前風行的電腦或手機遊戲，或許是因為男性被期待有行動（工具性功能）而少表達情緒，也因為男性較被容許有向外宣洩（acting-out）之行為之故。

8-8 性傾向

2016 年 6 月 13 日美國加州奧蘭多市深夜發生同志酒吧濫射事件，造成死亡 50 人，另有 50 多人受傷，起初以為是「仇恨（同志）犯罪」，後來恐怖組織 ISIS 承認是其組織所為。在 1998 年，美國 23 歲大學生 Mathew Shepard 被在同志酒吧認識的三名男子帶出，不僅遭受暴行，以車拖行，最後還被如稻草人般架起來流血致死，此案件一出，美國對於因為「仇恨」而犯罪的人，規範了更嚴厲的刑罰。至今，美國已有十州以上將同志婚姻合法化，卻還發生類似的可怕事件，臺灣雖然沒有極端的仇恨主義者，但是時至今日，不同立場者為了多元家庭立法仍在爭論不休。

我國近年來推動性別平等教育與多元性別，但是距離真正目標尚遠，因為許多人在談性別平等時，都將其視為「他人」之事，與己無關，然而若是涉及與自身有關的重要他人，態度可能就有所不同。像是：「我贊成性別平等，也同意同志人權，只要對方不要喜歡上我就可以。」許多的教科書內容，還是不敢將性傾向議題或是性生理教育置入，主要是傳統人士之極力反對，這樣的宣導與推廣障礙，會讓我們的性別平等教育還得再努力多年。

諮商師的多元文化能力，也包含對於不同族族群的接納與了解，倘若自己的異性戀主義存而不察，對待當事人的態度或處置方式也會受到影響，「恐同」不是異性戀者的特權，不少同志族群也擔心自己曝光後的社會觀感與對待，因此隱晦藏身，或是表現得極端異性戀或男子氣概，甚至討厭或仇恨同志本身。

諮商師對於自己性傾向看法如何？會不會帶著異性戀的價值觀或假設，看每一位當事人的親密關係（像是對女性當事人提妳「男友或丈夫」，對男性稱其「女友或妻子」）？對於不同性取向族群的看法與了解如何？有沒有衝擊到自己的價值觀，或對家庭與婚姻的看法？若治療師本身是性少數族群，對於一般異、同／雙性戀者，又抱持著怎樣的態度？會不會因為其所表現的行為舉止與社會要求的不同，而有先入為主的偏見產生？也因此影響其對待態度與處置？

小博士解說

「恐同」（homophobia，「同性戀恐懼」的簡稱），指的是擔心自己是同志之後的社會對待與未來，也包含自己的認同與信心。「恐同」不是同志族群的專屬，一般異性戀男性也會有這樣的擔心（如怕被誤會），所以極力朝向「很男性」的方向努力，像是展現陽剛或是將身體練得很結實等。

同性戀迷思

中性打扮的女性
都是同性戀。

同性戀是一時迷失，
可以加以改變。

娘娘腔都是同志。

同性戀者會想要變性。
（只有發現自己的心理
與生理性別不一致者，
才會想變性。）

同性戀者都是以肉體關
係交流，尤其是男同志。
（事實上，男同志的性關
係是性認同的一部分）

同性戀是遭受創傷
之後才改變。

只有異性戀者
有「恐同症」。

同性戀都是家裡有
問題的孩子。

愛滋病只發生在同志身上。
（事實上，有一半左右的
異性戀者也因為濫交、共
用針頭而導致此病。）

✛ 知識補充站

　　「迷思」（myth）是指錯誤的看法或觀點，需要進一步釐清與修正者。我們對於自己不熟悉的
事物，常常道聽塗說、信以為真，甚至「不證自明」，但事實上是錯誤的。現在網路上的資訊爆
炸，若未經過事實與證據的篩選，也容易誤信，造成令人擔心的後果。

8-9 性別與情慾、語言文字

性別與情慾

治療師也需要認可自己是性的動物，有自己的生理與情慾需求，但不會因此剝奪當事人的權益，包括探問當事人的性或私密行為，除非與治療有關。

許多年輕諮商師在面對當事人的親密關係或婚姻關係議題時，常常不被當事人信任，主要是因為「經驗值」不足，但是並不需要因此而沮喪，畢竟諮商師本身也只能過一種生活，即便面對或處理多樣議題與當事人（如藥癮者、情緒疾患、慢性疾病或有身心障礙者），自己不一定曾經歷，但是因為讀過相關研究、受過訓練或遭遇過這些族群，這些都是我們的經驗值。

諮商師要了解，即便是身體有障礙或疾病的當事人，也有性慾的需求，不可視其為「不正常」或「怪異」，因為「自我認同」裡面含括有許多面向（如性別、性傾向、性認同、性關係、性伴侶等），當然也包括「性慾」。

諮商師對於親密關係中是否有「主」、「從」的看法？像是男性要主動，女性則是被動配合？或是認為「性」主要是滿足哪一方的需求？諮商師對自己的性別自我有何經驗與感受？喜歡自己的性別與身體嗎？當遇到他人對自己的生理性別有不同的對待時（像是性別刻板印象，或是輕視、逗弄），反應如何？若是生理性別與表現出來的行為不相符，會有何感受？自己是如何看待自己成長路上一路走來的性別經驗？對於「性自主」如何定義？性自主的背後是「性負責」嗎？

諮商師會不會因為當事人的性別，而有不同對待或考量？會不會因為當事人的行為表現與其生理性別不同，而有歧視或偏見？或是因為當事人的外表或表現，而產生同情、憐憫、被吸引，或是討厭、憎恨？對於親密關係的定義，會不會因為性別而有差異（像是認為男性就該要「直搗黃龍」才是展現男性氣概，或是女性就該配合男性，不能主動表達自己的情慾）？這都是治療師可以覺察的面向。

語言文字與性別

中外語言的創造及寫法，都有嚴重的「男性中心」，就如之前所述，只要與女性或女性陰柔特質掛勾，就屬於次等、不好的，像是「很娘」、「溫柔漢」都帶有貶抑的意味。英文的「主席」（chairman）、「新鮮人」（freshman），都是男性為主體，或是將女性角色視為附屬，如「女演員」（actress）是從「男演員」（actor）而來，「女主人」（hostess）是從「男主人」（host）而來，甚至是「女神」（goodness）由「男神」（god）而來；中文亦同，像是「老闆娘」聽起來就是「老闆」的附屬，除非稱「男老闆」或「女老闆」。中文的許多結構，不雅或低劣的形容幾乎都是與「女」部有關，像是「姦」、「奸」、「姦」、「奴婢」等，罵人的髒字中絕大多數與女性性器官有關，且將女性放在「被動」的位置。諮商師自己要覺察語言文字使用若牽涉到性別或相關的議題，宜謹慎小心。

有關性騷擾的迷思與事實

迷思	事實
性騷擾者是因為被騷擾者有意無意的引誘，一時之間無法控制性慾，才會對女性性騷擾。	性騷擾是有意識的選擇與決定，而非單純的生物反應。
不喜歡聽黃色笑話的人，沒有幽默感。	當它令人不安或不悅時，不但不好笑，更會構成性騷擾。
我只是表達愛意，哪有性騷擾？	就算是表達愛意，只要引起對方的不愉快，就可能構成性騷擾。
只有女性才會遭到性騷擾／性侵害。	女性雖為受害高危險群，但臺灣男性每15名就有一名受過性傷害，而且加害人大多為男性。男性在遭到性騷擾或性侵害時，往往更難以啟齒。
摸一下會死嗎？	會犯法，這是身體自主權的問題。也突顯了對異性的不尊重。
女人說「不」就是「要」。	當女性用言語、手勢、動作做出「不」的表示時，你就應該尊重她的決定，停止自己的行為。
性騷擾的後果並沒有像性侵害那麼嚴重，受害者不必小題大作，大驚小怪。	被性騷擾的人在生理、情緒和人際關係上，都會受到影響，甚至影響其工作權，造成極大的壓力和人身安全的恐懼。
女生其實喜歡被騷擾，否則她們為什麼不說出來？	任何人都不喜歡被騷擾。當受害者決定說出來時，可能隨即面對到他人的評價與懷疑，擔心他人不會相信，或者擔憂失去工作、成績不及格、被指責行為不檢點等。
夫妻、情侶之間不可能有所謂的「性騷擾」或「性侵害」。	法律保護任何人享有性的自主權，不因彼此熟識，或家人關係，或之前有親密關係，就漠視被害人對自己身體的控制權，以及拒絕他人傷害的權利。
若被性侵害，就「不乾淨」、「不完整」了？	犯錯的人是性侵害者，不是受害者。遭受性侵害，會造成身心創傷，但受害者做為「人」的價值與尊嚴並不因此而折損。若有人說「妳已經不純潔了，真丟人現眼」，無異對受害者造成二度傷害。
如果不願意就不會被性侵害。	任何人處於被下藥、灌醉而致昏迷的狀況，即使他／她不願意，也無法阻止被性侵害。任何人在遭受嚴重威脅的情況下，為了保命，也可能被迫屈從。
性侵害是因為加害者無法控制性衝動才發生的。	性衝動絕對不是構成性侵害的託辭，更不是合理藉口。

★註：以上整理自聯合大學官網
http://www.nuu.edu.tw/UIPWeb/wSite/ct?xItem=69974&ctNode=16280&mp=83

8-10 諮商師的責任與性別考量

諮商師有為弱勢代言或承擔改變社會的責任

心理衛生工作不再只侷限於狹隘的個人諮商室或團體諮商室裡運作，而是需要走出去（如外展服務，outreach），必須要兼顧地區民眾的需要與大環境（經濟、民情、制度等）的改變，並做適當的裁量與修正，其提供的服務也會擴及社區全體的居家環境、學校、教會或工作場域。

就助人專業來說，是諮商師、教師或訓練師、整合資源者、為當事人謀求福利者，另一個重要角色就是「行動改變者」（Ponterotto, Casas, Suzuki & Alexander, 2010, p.545）。諮商師因為工作之故，有許多機會與社會中的弱勢（如女性、兒童、性傾向少數、經濟弱勢、心理疾患、肢體或智力障礙等）接觸，因此其專業角色中就有一項「為弱勢代言或承擔改變社會的責任」，也因此治療師常常可以為弱勢發聲與倡議，發聲的方式包括協助當事人與為其找到適當的資源、發表研究論文彰顯議題或政策改變之重要性、參與社區改造或社會運動等。

性別並不單一，需要考量其他組合

性別不是單獨存在那般容易，即使同一性別也會有許多差異，因為伴隨著其他因素或條件（如種族、年齡、能力、肢體健全與否、有無心理疾病、社經地位、外表或體型等）就會出現許多情況，因此諮商師要檢視與考量的也更為複雜。

同樣是生理性別為男性，甲、乙兩位都有較陰柔的男性氣質，但因為甲的社經背景較優，或是乙的父親較有男性刻板印象，這些因素交相影響下所形塑的甲乙兩位生命型態，就有極大不同，因此不管是一般人或諮商師在面對某一生理性別者，都不能以單純的觀點來看。

小博士 解說

「複製父權」就是將男性至上、男權規則毫無反省地套用在他人身上，造成他人的痛苦與受罪。以下兩個實例的「婆婆」角色可說明：

★ 二十多年前，花蓮發生一起二十多歲、懷孕五個月的女性飲農藥自殺案。該名女性的婆婆受過高等教育，卻在媳婦連續生兩女之後，仍要媳婦繼續懷孕，媳婦冒著生命危險在懷孕五個月大時去做子宮絨毛穿刺，證實這一胎可能還是女孩，這位大學畢業的婆婆竟然當著媳婦的面對兒子說：「你去外面生一個！」媳婦氣不過，飲鴆自殺，一屍兩命。

★ 臺灣中部一名小學女教師，奉養公婆與三個孩子，還資助丈夫在臺北進修博士，後來丈夫在臺北認識同班女同學，甚至女同學懷了身孕，婆婆央求媳婦接納這個「小妾」，這位教師隱忍著成全他們，等到么兒念國中時才申請離異，婆婆不能接受，因為這個媳婦「太好用了」。女教師之所以忍耐到當時，只是希望陪孩子成長到一個程度，她的責任與義務盡了，才瀟灑離去，過自己的生活。

女性主義的發展階段（Brown, 2008, p280）

Step 1	「無區分」(no-difference) 女性主義	1960年代晚期到1980年代早期	對自我看法與伴侶關係的改變，也牽連著自我與原生家庭父母關係的改變。
Step 2	「有區分」(difference) 女性主義	1980年代中期到1990年代中期	將女性與男性權益做區隔，畢竟不同性別還是有一些生理上的差異。
Step 3	「有平等價值的區分」(difference with equal values) 女性主義	1990年代中期到目前	不同性別享有同樣平等的價值。

女性主義主要的流派
（Enns, 1993, cited in Halbur & Halbur, 2006, p.73）

流派	主要觀點
「自由女性主義」(liberal feminist)	聚焦在協助個別女性克服傳統上對性別角色社會化的種種限制，主張男性與女性享有同樣的權利，此學派基本上接受社會現狀，企圖在現存體制中尋求某種程度的滿足。 主要訴求是機會與政治參與的平等，讓每個人都有發展的機會。
「基進女性主義」(radical feminist)	女人應該要為孩子著想，不管如何都要待在婚姻裡。
「社會女性主義」(socialist feminist)	延伸馬克思主義的假設，認為人性與階級都是社會塑造出來的，當然也可以改變，除了強調生理上的性別因素，也不忘性別的歷史與社會意義。 女性受到壓迫是政治、社會、經濟結構與資本主義結合的結果，因為資本主義就是交換關係，也是一種權力關係，社會女性主義意識到父權制度就是男性掌控重要資源，甚至對女性生育與性慾掌控的重要機制，也要注意「父權複製」的可能性。

＋ 知識補充站

女性主義關切的議題與族群很廣，且不將男性排除在外，因為男性也是社會文化下的犧牲者之一，誠如bell hooks（2004）所說的：「父權社會是由男女共謀而成的一種文化，不能一味將責任推給男性，因為女性也擔任了推波助瀾的工作（即所謂的「父權複製」或「內化父權」）。」

第9章
檢視與覺察生命意義/靈性需求

學習目標：

> 檢視與了解環境及生死議題，願意活在當下、創造生命意義。

9-1 **生命意義的思索與對周遭環境的覺察**

諮商師面對的是不同的個體與生命，每天所聽聞的以痛苦故事居多，不免會讓我們思考：生命到底是怎麼一回事？人為什麼要活著？諮商師的特權是聽到這些私密又特殊的生命故事，因此更要感謝當事人願意分享與信任，同時也去思索該如何讓當事人的生活更好，痛苦減少。

儘管每個人看事件或生命的角度不同，但對於敘說者來說，就是他／她看生命、過生活的方式，諮商師除了要給予尊重之外，還可以提供當事人不同觀察與思考的角度，也許可以讓當事人有不同的領悟或反思，因此有了改變的可能性。許多的當事人對生命或現況悲觀，卻苦於沒有對象可以討論，而諮商師的存在也給了當事人一個商量及討論的窗口。

諮商處理的是一般生活中的議題或困境，也會涉及身心靈的不同面向，因這三者是緊密相關的。當事人面臨生活困境時，其身體受苦，情緒與心靈上也不得安適，若是心理上苦悶，身體與靈性的部分也會受到影響。

諮商理論會關切到當事人的「認知」、「行為」與「感受」等面向，也可以相對應於當事人的「靈」、「身」與「心」。即便是企圖自殺者，最常提問的是「活著要做什麼？」（當然一般人也常常會問這樣的問題，特別是遭遇困挫或覺得無聊時），諮商師也需要回答或思考這些議題，因此「靈性」或「生命意義」也是諮商不可或缺的部分。

對周遭環境的覺察

在提及有關生命與靈性的相關議題之前，有必要先對我們身處的環境做覺察，畢竟我們生活周遭都是生命，即便是靈性的追求與探討，也要從入世、一般實質生活中入手。

生命的許多事件（包含失落與死亡），都在生活周遭不斷上演，只是我們學會了忽略或忽視，假裝它們不存在，但是這僅僅舒緩了我們自身的焦慮，對於事件本身與其影響並無助益。

我們生活在環境中，自然受到周遭環境（包括歷史、社會、人、事、物等）的影響，這些也會影響我們對生命與生活的看法。一般人類生活的原則是以「存活」為最主要目標，因此「保障安全」與「逃避危險」就是最重要的內容與思考。

我們身處的環境對我們有怎樣的影響？物理環境的空氣品質、犯罪率高低、吵雜程度與友善或敵意，當然也會嚴重影響在其中生活的我們。我們是如何覺察它對我們的影響與作用？有無採取適當方式去處理或解決？

對環境的覺察似乎是被動的，而在對環境的覺察同時，我們也需要注意自己的行為對環境產生怎樣的（主動）影響。人是環境中的一分子，與環境是相互為用的雙向關係，環境影響人，人也會影響環境。

對環境的覺察

- 如果就居住地區的方圓兩公里繪製一張地圖，會是一張怎樣的地圖？
- 居住地區的環境如何？喜不喜歡？喜歡的理由為何？
- 居住地區的人如何？平日與其互動的機會有哪些？
- 如果有機會改善住家周圍的環境，第一個想做的事為何？為什麼？
- 對於自己所居住之處，有哪些貢獻？
- 曾經好好欣賞過住家附近的環境嗎？若要介紹給不熟識的人了解，會如何建議？

目前全球環境問題

| 酸雨 | 臭氧層破洞 | 地球暖化 | 水資源缺乏 |

| 土壤沙漠化 | 海洋受污染 | 森林被砍伐破壞 |

| 瀕臨絕種生物滅亡 | 有害廢棄物造成的問題 | 開發中國家污染情況嚴重 |

9-2 **對死亡的覺察**

一、死亡是生命的一部分

存在哲學家海德格說：生命是「朝向死亡的存有」。心理學家楊格認為，死亡應該不是單純事件，而是人生目標之一。正確的說法應該是，「死亡是生命的一部分，不可分割」（生死一體）。事實上，我們看生命過程的發展就是從出生到死亡，因此死亡也是發展的一部分，而死亡潛在的無方向或無目的感，會觸及到人們自我認同的最深處（Mellor, 1993, p.14）。

東西方文化都將死亡視為一種禁忌，這種禁忌是一種「民俗知識」的建構過程，使得死亡禁忌成為一種事實，也因此「死亡社會學」是一種社會現象學（或稱「文化心理學」）取向，需要進一步去描述社會共同分享的價值觀，與社會規範如何建構社會實體的過程（張盈堃、林綺雲，2004，pp.42-43）。

但是很嘲諷的是，儘管我們諱言死，在日常生活中卻常常將「死」掛在口中，像是：「熱死了！」「味道臭死人了！」「害我等得要死！」「這麼高的房租，不

是要我死嗎？」「那個人真狠，把人往死裡打！」「死」似乎是用來當作形容詞，描述極致或讓人不堪的情況。但真正要談論死亡時，我們卻避之唯恐不及。即便日常生活中多多少少會觸碰到死亡議題，我們卻常常用忽略、逃避等方式來因應，因為它會引發我們最基本的焦慮——不存在。

一般生活中，死亡與失去是常事，但較常將死亡放在嘴邊的，可能是老邁的、受苦的人，或臨終病人。倘若諮商師也是以一般人忽略或逃避的方式處理，不僅無法讓當事人信服，也失去其專業性。面對一位年過八十的老人家提及希望自己可以「好死」，不妨細問：「是怎樣的好死？」或許可以了解老人家希望的善終與可以預先做的準備為何，這是很重要的一個議題，需要誠實面對。

諮商師也會碰觸死亡相關的議題，包括當事人自傷或自殺（或意外死亡）、安樂死的選擇，或是遭遇重大自然或人為災害的倖存者，每一次的接觸都會衝擊到諮商師對於死亡的覺察與感受。

小博士解說

我們在日常生活中會規避死亡的這項事實，最常見的就是碰到鄰近有人辦理喪事，會刻意繞道而行，或是經過時口中念咒語及佛號，甚至在參加葬禮後有一些洗手或是以竹葉避邪的儀式。下一代對於死亡的無名恐懼，其實都承自上一代，倘若從我們自身開始，可以在生活中打破這些禁忌，或許就是開啟生命教育的新頁。

對於死亡感到恐懼與不安的主要因素（Deeken, 2001/2002, pp.13-16）

對（心理、肉體、社會、靈性或精神）苦痛的恐懼	對將死的人而言，即將與所愛的人永別、失去所有一切，會有強烈的心理與社會（關係與歸屬）痛苦，痛苦會讓人去思考人生的意義為何。倘若還有因為生病而伴隨著身體上的苦痛，就有四種痛苦是希望可以去除的。我們所謂的「好死」就是沒有這些苦痛。
對孤獨的恐懼	害怕被大家捨棄，獨自去面對死亡。
失去尊嚴的恐懼	即便是將死的人，也希望被當成一個「人」來看待，可以有尊嚴地死亡。現在醫學科技進步，不再以延長壽命為目標，而是以「善終」為目標，所謂的「善終」就是有尊嚴地死。
造成家人或社會負擔的恐懼	臨終的人會希望他人對他／她的「蓋棺論定」是好的，對社會是有貢獻的，即便是癌症末期病患也會希望自己的抗病經驗或人生歷練可以做為借鏡，對他人有益。
對未知的不安與恐懼	死是不能預習或練習的，而且每個人都只能死一次，對於死亡之後的未知是害怕的。宗教信仰提供了死後世界的藍圖（或是死後的去處），給予人許多的安慰與安全感。
對人生的不安與對死的不安	年輕時對於生（未來不確定）的不安，以及年老時對死（後）的不安情緒，是糾結複雜的。
對於人生就這樣不完美地結束而不安	倘若自己有許多夢想未實現，或是反思自己過去的生活有許多不足或遺憾，有未了心願的遺憾與恐懼、對人生過程的悔恨、來不及補救的恐懼，常常就會有這樣的不安，這也是一般老年人在生命晚期回顧自己一生時的重要課題。
自己即將消失的不安	認為死就是一切的結束，而自己努力在生命過程中塑造的「自己」也即將殞滅的不安。
對死後的審判與懲罰的不安	許多宗教都會提醒人在生時要努力行善，因為死後會受到審判。

9-3 **對死亡的覺察（續一）**

二、死亡的積極意義

Yalom（1980, p.30）說：「肉體的死亡毀滅了我們，但死亡的觀念卻拯救了我們。」人皆有死，所以「不存在」與生命的「有限性」，讓我們焦慮，也同時讓我們知道努力與珍惜，努力於創造自己獨特的生命意義，珍惜生命所給予的禮物，以及與重要他人的相聚，因此死亡有其積極意義。

法國哲學家傅柯（Foucault）也說：「生命的知識只能藉由死亡之鏡對自身進行觀察，於是生命的幽闇消解於死亡的清明之中。」（引自張盈堃,2004, p.83），與 Yalom 的說法相呼應。

有些人認為活著太痛苦，想要以死來解脫，卻也有人即便身負重病，依然可以堅強抵抗病魔贏得重生，這都是我們可以去體認與覺察的部分。雖然諮商師的工作不像有些醫師一樣，與死亡有較真實與直接的接觸，但是我們自身或當事人會遭遇到死亡的相關議題，甚至需要與當事人針對死亡相關議題（如自傷或自殺、哀傷過程或生命哲學）做討論，因此需要自身對於死亡與生命有豐富的覺察，才可以與當事人做更有意義與深層的對話。

諮商師提供當事人不同的思考角度與觀點，有時候只是一句話也可以影響深遠。像之前臺灣師大許維素老師處理九二一大地震後的一位女孩，她對於母親沒有在第一時間救她出來頗有微詞，儘管諮商師告訴她人類的本能都是先逃再戰，但是女孩遲遲不能諒解母親的「自私」，後來諮商師提到：「妳母親冒著餘震的危險，衝回去把妳救出來。」女孩才有恍然頓悟的反應。

曾有一位大一新生來到諮商中心，她說：「我考上自己想要讀的科系，我爸媽很愛我，我也有很好的朋友，我覺得我可以死了。」好驚悚的一句結論。她認為人生就應該在「最高點」結束，我先評估她自殺的危險性，確定無危機後問道：「妳有哪些事還沒做過？」「很多啊！」我請她列出詳目，試著挑一些簡單的開始做，下週再來談。下週她出現時神采奕奕：「我現在開始打工了，太有趣了。」

諮商師面對不同年齡層的族群，也需要了解到一般人死亡觀念的發展情況如何，像是面對年幼的孩子做哀傷治療，可能需要了解孩子在此年紀對於死亡的認識如何，該以何種方式讓其了解，方能進一步做適當處置。面對青春期的孩子，是不是正是質疑生命的時候？他們想要以挑戰死亡的方式，來抗拒生命的脆弱與消逝。年長者或是罹患慢性疾病者，會不會因為怕成為家人的累贅，而有自殺企圖？諮商師在了解其思考與感受之後，較容易處理或談論死亡相關議題。諮商師本身若是正面臨失落事件，也要給自己休息、暫停的時間，甚至去找諮商師晤談，將事情與心情整理得差不多了，才有能量再度披掛上陣，服務當事人。

死亡的意義

存在分析心理
學者Yalom說：
「肉體的死亡毀滅了我們，但死
亡的觀念卻拯救了我們。」
(1980, p.30)

「不存在」與生命的「有限性」讓我
們焦慮，但也讓我們知道努力與
珍惜，努力於創造自己獨特
的生命意義。

法國哲學家Foucault說：
「生命的知識只能藉由死亡之鏡
對自身進行觀察，於是生命的幽闇
消解於死亡的清明之中。」
(引自張盈堃,2004, p.83)

心靈大師Eckhart Tolle說：
「否認死亡的文化變得膚淺，只
關切外在形式的事物。一旦否認死
亡，生命就失去深度。」
(2003/2016, p.166)

存在心理學家Frankl (1986)
認為死亡讓生命有了積極意
義，而生命意義可以從創造（藝
術、服務、培育人才）、經驗（體會
生命的真善美，給生命不同的意
義），與對生命中的有限選擇因應
的態度而來。
(引自金樹人，1998)

「倘若沒有『死亡意識』，生命就
是一種「淺薄的、鬆散的，甚至懦
弱的存在」。」
(Warren, 1998/2007, p.17)

 死亡教育的目的（張盈堃,2004, p.93）

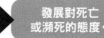
獲得死亡與瀕死有關的概念
或理論的資訊分享。

鼓勵與協助學生
檢視人的價值觀。

死亡教育
的目的

發展對死亡
或瀕死的態度。

9-4 **對不確定的覺察與寬容**

　　生命與生活中充滿不確定性，而這與我們喜愛安定、穩定的天性大不同，也因此會有焦慮或擔憂。哲學家蒙田（Michel Eyquem de Montaigne, 1533-1592）在幾千年前就先看到死亡之必然，以及生命中的不確定性，他的哲學重點是：「他真正的原創性，在於把自己這個個體的存在與經驗當成探究的主題。」（Nigel Warburton，2015/2016）

　　生命中有太多的不確定，雖然讓我們緊張、焦慮，卻也因此增加了趣味性、新鮮感，能挑戰我們的判斷力，同時激發我們願意去改變與行動的勇氣。諮商師在陪伴當事人的過程中，有時候會發現當事人不願意做改變，讓自己的生活更好，或是看不見希望或預期的成果時，也會焦慮。這些都需要治療師耐心與當事人同調，在當事人慢慢撥雲見日的時刻，這些焦慮或擔心也會消失。

　　諮商師也需要面對當事人與自己的不確定性。諮商師有時不知道要如何協助當事人，或是處理是否恰當；當事人是不是要馬上解決目前的議題？還是需要等候一段時間？諮商師有時候步調走得比當事人快，看得比當事人更遠，以爬山來比喻，這情況就像諮商師已經爬上山頂，而當事人卻還在山下披荊斬棘，

諮商師急急催促當事人是無效的，不僅容易破壞治療關係，也會造成當事人早退。「步調」（pacing）不同就是無法同理當事人或與當事人「同頻」（tuning），所以治療師要放慢腳步，等待當事人，或是適時拉他／她一把。當然，也會有當事人的腳步比諮商師快，就要適時做調整，或跟上，或緩一緩。

　　我們對於不確定的焦慮主要是來自「不能掌控」，那麼就將自己能夠掌控的做規畫與把握就好，不要企圖去操弄所有事，只會徒增焦慮而已。

　　對於不確定的忍受度，也與自己的情緒智商有關。即便有些人個性較急或較衝動，也無礙於情緒智商的養成。或許，有人會希望一切事務都在自己的計畫與掌控中，但這樣的期待很不切實際。雖說「人定勝天」，但許多因素不是個人所能控制，若是能夠因應環境與目前的情勢，做適當的彈性調整與處理，就可以順利解決問題，也不會造成心理或情緒上的困擾。

　　諮商師也會遭遇到心意不確定的當事人，卻想要找人為其做決定或背書，治療師要很清楚自己的角色與立場，明白當事人還是做選擇與決定的主體，應該負起責任。

小博士解說

　　「步調」（pacing）是指調整步調與當事人相同，倘若諮商師無法跟上或等候當事人，就會造成誤解或不了解當事人的結果，被認為「缺乏同理」，也是治療失敗的原因之一。

死亡概念的發展（Seibert, Drolet, & Fetro, 2003, pp.29-32）

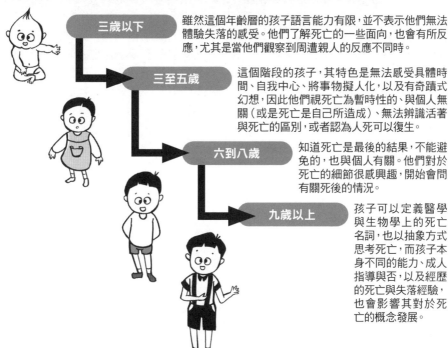

三歲以下　　雖然這個年齡層的孩子語言能力有限，並不表示他們無法體驗失落的感受。他們了解死亡的一些面向，也會有所反應，尤其是當他們觀察到周遭親人的反應不同時。

三至五歲　　這個階段的孩子，其特色是無法感受具體時間、自我中心、將事物擬人化，以及有奇蹟式幻想，因此他們視死亡為暫時性的、與個人無關（或是死亡是自己所造成）、無法辨識活著與死亡的區別，或者認為人死可以復生。

六到八歲　　知道死亡是最後的結果，不能避免的，也與個人有關。他們對於死亡的細節很感興趣，開始會問有關死後的情況。

九歲以上　　孩子可以定義醫學與生物學上的死亡名詞，也以抽象方式思考死亡，而孩子本身不同的能力、成人指導與否，以及經歷的死亡與失落經驗，也會影響其對於死亡的概念發展。

 影響兒童死亡觀念的發展因素（鈕則誠等編著，2005, p.106）

發展因素	（如前表）
社會文化	如兒童置身的學校、媒體、社區、宗教團體等對死亡的態度。
兒童的智力	智力越高者，死亡概念的發展越早。
兒童的情緒	焦慮情緒會妨礙死亡概念之發展。
家庭氣氛	家庭氣氛對於死亡教育的態度是自由開放或禁忌，也會影響兒童對死亡的認識。
兒童經驗	兒童有無親人或寵物死亡的經驗，也會影響其對死亡之認知。

9-5 **對宗教與信仰的態度**

宗教或信仰提供了死亡之後的出路，宗教可以是死亡焦慮的緩衝劑，但也可能是壓力來源（Kastenbaum, 1992/2005, p.158）。一般說來，有宗教信仰者，其死亡焦慮較低，然而對自己能力或自信較低者，死亡焦慮可能較高，這可能與自己欲達成的生命目標有關。

有學者主張「宗教」與「信仰」不同，前者是團體活動，後者為個人選擇（紐則誠等編著，2005, p.8）。生死問題的探索與解決，是宗教存在的最大理由（傅偉勳，1993, p.136）。

對死亡之後抱持強烈的好奇，是人類的普遍傾向，而對來世的信仰也深植於人們心中，因此對於死亡意義之探求，其實就是對有意義的「生之探求」（Deeken, 2001/2002）。

宗教給人最大的幫助在於「死後往哪裡去」的觀念，也就從「死後世界」來反思活著時應該要如何生活，才可以抵達想望的死後世界或歸處。而一般的宗教都會提供「好死」必要的「好生」哲學。宗教最大的功能，在於提供了死後世界的願景與信仰，也因此會鼓勵人在世時及時行善，完成自己想要達成的生命目標與創造意義，由此可見「生」與「死」是一體之兩面。

基督教重視死亡，其傳道工作是引導人們如何「慎行一生」（Warren, 1998/2007, p.14），呼應了宗教之功能，其實也與存在主義者所主張的「人生有限」才顯現出生命的意義如出一轍。

我的觀察是，一般人在過三十歲之後，比較有宗教或靈性方面的需求，也許是因為經歷過許多人生事件，感覺到許多事物似乎不是我們人類能力所及，彷彿冥冥中有一股不知名的超人力量在掌控。一般即便沒有宗教信仰者，也會有一些靈性的哲學或依附，如民間信仰或是一些教派（cults）都是。

但不管是正式宗教或是教派，都可能有誤信或迷信的結果，也就是其信仰偏離人性，讓許多人的生活或生命因此受害，如美國加州在 1997 年的「天堂門」（heaven's gate）與臺灣的「日月神功」事件。

諮商師也會碰到與自己信仰不同者，該如何因應？諮商師的宗教或靈性信仰，倘若與面對的當事人有衝突時該如何？會不會因為自己的信仰，而與諮商倫理或理論有所扞格？該如何處理？雖然教科書上要治療師尊重當事人的宗教或信仰，但在實際工作上還是會遭遇到衝突或困難，特別是價值觀與哲學的部分，需要諮商師明智的判斷與處理。諮商師不妨抱持著好奇與尊重的態度來面對當事人，即便彼此的信仰不相同，還是可以做專業的助人服務。當然若能讓當事人自己決定要不要選擇此治療師做諮商，效果會更佳。

沒有死亡的優缺點（Kastenbaum, 1992/2005, pp.53-54）

 優點

- 免於死亡的恐懼
- 能永久保持親密關係
- 自我有繼續成長的機會

 缺點

- 時間過剩將使人減少動機，並喪失樂趣與成就感。
- 宗教信仰與指引將失去價值。
- 死亡為神制定的計畫（人必有一死）。
- 過長的生命只是徒然延續了年老力衰的時期而已。

 因應死亡的防衛方式（Kastenbaum, 1992/2005, pp.113-114）

覺察、習慣或否定	閱覽媒體報導死亡相關新聞，但大腦資訊處理系統又是在教導我們如何預防對受傷與死亡有過度反應，因此會讓我們覺得迷惑。
死亡概念的活化或休止	我們可以刻意忽略死亡的相關報導，然而若是對其開放，選擇不予回應，也都是策略性的運用。
訊號重組	將死亡訊息透過感官、認知與象徵性的整理，降低其衝擊性。
視死亡訊號為特殊或整合的現象	有時我們有效率地因應死亡訊息，卻因此而犧牲了自我與世界的整體觀點，像是醫護人員常常處理死亡事宜，不會因此畏縮，這是他們用最省力的方式來因應死亡。

9-6 對宗教與信仰的態度、當事人故事的正面力量

對宗教與信仰的態度（續）

諮商師最怕的是自身對於宗教有偏見或歧視，或是對於「非我族類者」的偏見或歧視，自己卻渾然不覺。像是有位資深諮商師對於同志族群的解釋是「童年受過創傷」，因為其宗教信仰不承認同志的存在；另一位諮商師認為墮胎是不尊重生命，也不願意考量當事人的處境。此外，對於民間信仰或習俗是否有涉獵或了解？即便不是所謂正統的宗教派別，但是在一般民眾的生活或心靈上，卻具有極大的撫慰效果與意義，特別是遭逢天然或人為災難及失落經驗時，必須要將民俗或信仰考量在內。

諮商師不要懼於與當事人談論死亡與宗教信仰的議題，或許有些當事人有自己的宗教信仰，諮商師可以詢問其意見，並轉介給適當的治療師。有些當事人並不會介意諮商師的信仰，主要是諮商師本身願意與當事人深入談論這些議題。只要諮商師不規避這些生命的重要議題，當事人自然也會願意與諮商師深入討論。類似這樣的議題，有時候我們不會輕易與自己的重要他人說，而當事人找到諮商師時，可能已經迫在眉睫，急著要與人商議，諮商師要切記這樣的特權與重要性，敞開心胸、誠實對待。

在當事人的故事中找到正面能量

我們在生活中難免會遇到困境或是有想不開的時候，我們的因應之道為何？能不能夠在其中找出一些希望與例外？絕大多數的民眾都可以在每天的生活中找到一些能量或意義，即便是如此些微或渺小。雖然俗話說：「人生不如意十常八九。」但有研究發現，我們日常生活中所經驗的好事其實占了六到八成（Gable & Haidt, 2005, cited in Gable & Gosnell, 2011），或許是人們對於負面事件較容易誇大其影響之故，這也呼應了理情學派心理師 Albert Ellis 的說法，一般人較容易有負面思考，甚至多半是「自我灌輸」的結果。

存在主義哲學家叔本華說：「所有侷限和限制，都有助於增進我們的幸福。」（韋啟昌譯，2014）也就是這些限制能激發我們的創意與改變的作為，死亡也不例外。諮商師每天面對在生活中遭遇困厄或瓶頸的當事人，有時候過度同理，容易深陷情緒的漩渦中，反而失去客觀判斷，無法給予當事人適當、有效的協助，因此諮商師要有能力在當事人的困苦故事中，找到正面的能量或希望，讓當事人可以繼續努力下去。另外，諮商師的重要功能之一，也是提供當事人另一扇窗（或是不同的觀點），讓他／她在逆境中也看見光亮。

小博士解說

紐則誠等人（2005, p.66）認為成熟的死亡態度應該要了解：死亡之不可逆性（死亡是永遠的結束）、普遍性（全宇宙皆然）與無功能性（身體所有的功能，包括感覺、生理、情感等都沒有功能了）。

宗教的目的與功能

 目的

解決人的問題，讓人可以離苦得樂。
因為要處理人類的煩惱、罪惡與痛苦，因此需要處理：

1. 人與神佛（或超自然）的關係。
2. 人與人的關係。
3. 人與自己的關係。
4. 人與大自然的關係。

 功能

一般人追求宗教信仰是為了：

1. 尋求內心的平安。
2. 尋找精神上的寄託。
3. 追求真理或智慧。
4. 尋求懺悔或救贖。
5. 了解生命意義。
6. 減少煩惱或解決困境。

 西方社會對於「好死」的定義
（Kastenbaum, 1979, cited in 鈕則誠等，2005, p.157）

- 疼痛及不適症狀減至最低，或病人可忍受之程度。
- 身體與儀容整潔，以保個人尊嚴。
- 即使在疾病的限制下，仍能保持活動性與自主性。
- 盡可能滿足其情緒與社會（與人互動）層面的需要。
- 釋放過往的人際衝突。
- 允許表達並滿足心願。
- 給予自由選擇之權利。
- 保護其不受到不需要、去人性，以及無意義的醫療處置。
- 滿足其靈性需求，感受到生命是有意義的存在。
- 給予機會安排自己的後事及向親友告別。

9-7 覺察生命的美善

談到靈性的覺察似乎太抽象,但是我們可以在日常生活中覺察到許多美善,而這些美善也提升了我們的靈性與生命質感。

再者,擔任諮商助人工作是一項特權,當事人願意在諮商場域,顯露其真實自我、脆弱或不堪之處,他們來找諮商師,就是希望事情會有轉圜、有希望,因此治療師也需要有正面的能量,同時讓當事人有賦能的感受與力量。

此外,諮商師聆聽不同的生命故事,常常有一些負面能量的累積,也需要能夠紓解這些壓力。因此,除了自我照顧得當之外,也要能夠汲取正面力量,好因應專業上的耗竭之可能性。既然諮商師的自我成長與專業成長同步,就是說在一般生活中的覺察與獲得,都可以反映在專業知能上,那麼可以注意到那些面向呢?

一、活在當下

「活在當下」是一種認真且真實的生命態度。未來也是每一個當下的累積,因此要認真、努力於此時此刻,就可以創造一個踏實的未來。我們的許多憂慮都是未來式,倒不如專注於目前所能做的,就可以減少焦慮,因應未來。

「活在當下」也意謂著一切都要及時,因此需要感謝、道歉、原諒或說再見的,都需要確實做到,少留一些遺憾。

二、負擔起責任

職責或義務所在的事都要負起責任,不能推託,也要對自己的選擇負起責任。

將責任推給別人比較簡單,怪罪他人總比怪罪自己好,但是責任終究還是會回到自己身上,倒不如在最初就承認、接下責任,省得夜長夢多。

也許有人說,就是有人逃避責任,或選擇「不負責任」,甚至「擺爛」讓他人來接手,但「不選擇」也是一種選擇,要為其行為後果負起責任。該負起的責任不推拖,不應該承擔的不勉強自己,就是自我負責的表現。

三、不忘感激與珍惜

時間不等人,需要感謝、感激,甚至該原諒的都可以及時做,這樣也較不會留下一些未竟事務懸置在那裡,擾人心神不寧,特別是那些我們可能視為「理所當然」的人事物,這些都不是偶然得來的,都需要珍惜與感謝。

感激與珍惜現有的一切,也感謝許多人的協助,讓我們今日的生活可以無虞。即便是不如意,也是試煉自己、養成能力的好時機,感謝這個功課,讓我更謙卑、學習更多。即便是拿著開罐器開罐頭,也可以感謝發明人,讓我們的生活更便利。

四、體驗人性之美

儘管有惡行之人,然而絕大部分的人還是良善,願意對他人好的,只要留意,就可以發現隨處可得的美與幸福。孩童嬉鬧、人的微笑、一個貼心舉動,一個努力奮鬥有成的故事,或是人與人之間的和諧互動,都是美麗的風景,不要輕易錯過!

不同的生命目標
（Adler, 1956, Mosak, 1971, cited in Seligman, 2006, p.80; Gilliland, James, & Bowman, 1989, pp.39-40）

主導、規畫或統治他人	在與他人的關係中喜歡掌控與主導。
獲取	總是期待自他人處獲得些什麼，依賴他人。
逃避、迴避人際與他人的挑戰	逃避問題、不想負責或承擔。
想要成就、追求卓越與完美	成功是唯一的選項。
控制與管理	喜歡有秩序、不能忍受無序或髒亂。
受害或是殉難者	兩者都受苦，但是前者較被動，後者則是較主動。
表現好或尋求安慰與舒適	總是表現出有能力、有用、總是對的。
討好或贏得他人讚許	把自我價值放在他人手上。
仰賴他人、需要被照顧	將自己定位在弱者。
表現對社會有益、提升社會福祉與進步	與他人合作，也貢獻自己。

因應壓力之道

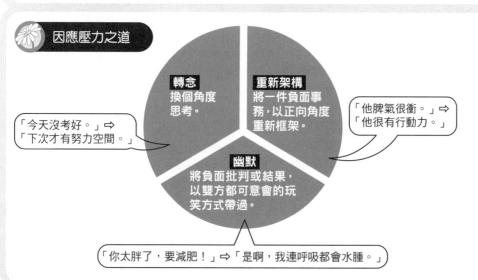

✛ 知識補充站

　　「活在當下」是許多人常聽到的一句話，執行起來並不容易，但事實上卻極為簡單，也就是將今天當作生命中的最後一天，認真、真誠地活在現在，該做的、該抱歉的、該感激的、該體驗的，一個都不少。

9-8 覺察生命的美善（續一）

五、原諒人性之惡

不願意原諒的人，通常是不快樂的人，因此有人說「原諒他人就是放過自己」，確有其道理在。不原諒，常常只是自苦而已，對方卻不放在心上或在意，那麼就放過吧！即便錯在對方，我們也不必懲處對方，讓他們自己承擔後果即可，何必將其放在心上呢？

人性當然有醜陋的一面，但只要我們不讓自己變成那樣就好。看見人性之弱與惡，正好給自己很好的提醒與惕勵，即便他人惡意為難或刁難，也不要讓他／她妨礙了我們的修為或心情。

有時候也要原諒自己，特別是責求自己過度或是為他人負責者，因為生命有限，人的能力也有限。「原諒自己」不是給自己找藉口或姑息自己，而是在盡心盡力之後，願意承認與接受自己的不足，也讓他人去發揮所能。

六、打開感官去體驗與讚賞

除了人之外，還有周遭的物理環境或經驗，這些都是生活的一部分，不必拘泥於一宅之境或是每日的習慣，踏出去看看在自己身邊發生的人事物，去感受這些新鮮事物帶給自己的感覺與思考為何，會發現通常我們都被自己（的思考）限制，忘了去發現這些美善。感覺不錯的，就不要吝嗇讚美、給予肯定，也可帶給對方正向力量與氣場，何樂不為？

七、讓自己也成為美麗風景的一部分

抬頭看看大自然，即使是難受的心情，也可以因此放鬆下來。人與人彼此間的生命是會互相影響的，有時候陌生人的微笑，也會讓我們心情變好、重拾希望感，因此可以期許自己是人生美麗風景裡的一個元素，用善的力量去影響周遭的人，協助讓這個世界更美麗溫馨，「勿以惡小而為之，勿以善小而不為」就是最簡單的圭臬。

八、尋找自我安慰與平安之道

雖然有宗教信仰者較容易找到同儕分享或是心靈平安之道，若無宗教信仰者，也可以在俗世生活中找到適合自己的靈修或平安方式，不要以藥物、酗酒或其他形式的上癮行為企圖麻痹自己，或暫時擺脫，而是尋找真正能夠讓自己平靜、平安的適當方式。有時，只是在繁忙的生活中稍稍閉眼休息一下，或者是抬頭看看眼前美麗的山林或天空，也許是讀一些珠璣美句或經文，都可以讓自己安然自處。

小博士 解說

要讓自己安心，最重要的就是「不追悔過去」也「不焦慮未來」，而這帖藥方就是「活在當下」。

生命所要成就的課題與任務

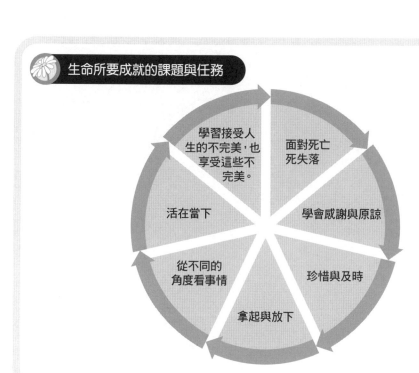

學習接受人生的不完美，也享受這些不完美。

面對死亡死失落

活在當下

學會感謝與原諒

從不同的角度看事情

珍惜與及時

拿起與放下

哀悼要達成的任務（Worden, 1991, cited in Corr, Nabe, & Corr, 2000）

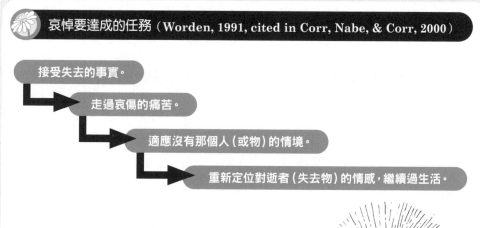

接受失去的事實。

走過哀傷的痛苦。

適應沒有那個人（或物）的情境。

重新定位對逝者（失去物）的情感，繼續過生活。

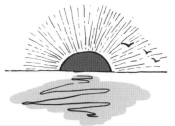

第 10 章
對助人專業的自我探索與覺察

學習目標：

了解專業助人自我覺察的不同面向，以及專業與個人成長的關係。

10-1 **生涯探索與決定**

一、了解大學或研究所教育的目標

到底所選擇的科系（所）是不是自己所喜歡？進來之後，對於所學的科目有無興趣？願不願意深耕這些學習領域，增長自己在這個領域的知能？之前的系所選擇，並非自己的選擇，或者是對此系所認識不清而誤闖叢林？進來之後，所學與當初所想差距太大，或是學習很吃力？是不是可以趕快做轉系或轉校的決定與行動？

倘若還不討厭目前學習的，或是家長堅持，那麼就在所學的內容裡去發現喜愛的部分，或者在不耽誤學業的情況下，發展自己有興趣的領域，多做探索、了解，甚至去修習必要的學分與技能，也不枉走這一遭。大學教育不是職業養成所，而是博雅通識教育，其目的是在準備未來進入社會的獨立生活，與以往的菁英教育也大異其趣。

再則，主修輔導或諮商系的學生，常常將自己的未來出路做許多限制，多年前有諸多學生認為畢業之後只有三個生涯選項，它們是：專輔教師或一般教師、投考諮商所、公職。儘管目前我們在「大一入門」的課程中強調：「大學是通識教育，其目的是培育未來的有用公民」，但是家長與學生的迷思還是存在。

進入諮商所後，目標就很明確（想要考諮商師執照、擔任專業助人者），然而有些同學還是希望可以修習教育學程課程，以備考專任輔導教師，那麼就要有延長畢業時間的打算。

二、改變選擇永不嫌晚

倘若是進入諮商研究所而發現所要學習的專業不在這裡，大可休學或轉讀其他系所，畢竟諮商所是以培育諮商師為主要目標，課程的訓練較為嚴謹。不少系所基於學生的興趣與需求，沒有強迫學生做諮商實習，學生可以在修完需要的課程，完成論文之後，不參加諮商師的考試，另謀出路。有些人認為進入諮商所就可以做自我療癒，但我們通常會勸其先做好自我整理與治療之後，若是還想以助人專業為生涯目標，再來應試。當然，學習諮商最重要的是將所學先用在自己身上，若是有效，才會有信心用在當事人身上。

許多修習諮商或輔導科系的同學，常常對本科系的學習認識不足，踏進來之後發現所學的與自己想望的差距極大，卻又無法違抗家人的意見，或自己沒有轉系的能力，而持續待在原來系所。如果以大學部學生來說，大學教育是通識教育，而非專業養成所，要學習的是如何過生活的能力（包括獨立自主、與人合作、人際互動與溝通等），以這樣的觀點來看，任何在大學階段的學習都可以涵括在內，況且目前的大學都會開放讓學生跨系或跨校選修，學生除了滿足本科系的要求外，也有許多空間可以去探索及學習，只怕不願意跨出舒適圈而已。

基於有些學生對於自己為何進入本科系所有疑慮，因此有必要先就自己的專業領域做一些探索，若是有重新發現或喜愛的可能，也許繼續待下去是可容忍的，倘若真的發現與自己的志趣不合，及早做轉系或轉學準備較佳。改變選擇永不嫌晚，就是要勇於承擔選擇後的責任而已。

成為助人專業者的動機（Schneider Corey & Corey, 2011）

助人動機	可能的危機
我想要對他人造成影響	因為重視當事人的改變，可能會從「賦能」（使其有能力或力量）當事人而獲得滿足，若當事人無意改變，就容易受挫或灰心。
我想要回饋給曾經幫助我的人	自己曾經受到協助，轉而想要幫助他人，也可能因為過度幫助，而讓當事人覺得無能或無自信。
我想要照顧別人	是因為自小就有的習慣，也成為個人認同的一部分，但是這種單向的照顧，一來不一定得到認可或喜愛，二來容易身心耗竭。
我想要協助自己，做自我療癒	諮商師有過創傷經驗，容易過度同理當事人，或將當事人視為自己的延伸，失去客觀性，反而未能協助當事人。
我想要被需要	覺得「被需要」很重要，若他人無感激就會失落或憤怒，也可能忽略了自己的需求。
我想要有名望、地位與權力	這一行必須要與許多弱勢族群工作，經濟上的酬賞並不豐厚。倘若諮商師以收入為考量，是否就不會去幫助需要協助的人，或是讓可以結案的人持續接受治療？這是否違反了專業助人的善意與本質？
我想要為問題提供解答	有時，一個問題並沒有解決方式，或根本無法解決。有行動做改變的還是當事人本身，若當事人無改變意願或動機，諮商師就容易受挫或認為當事人不合作。
我想要獲得掌控	生活中有適度的掌控是正常的，倘若想控制更多，甚至涉及他人的生活，不僅對方可能會有反感或抵抗，諮商師本身也會有情緒上的失調或失控。

 學習諮商者的錯誤自我期許

選填科系時，以為只要自己進入這個系就可以學會「測心術」。

說明

知道別人腦中在思考什麼。

學了一點點就用來賣弄

說明

譬如以所學理論來解讀他人的行為、不管正不正確。

用所學來解讀自己行為

說明

例如，分析自己的某些行為是否為「不正常」。

認為自己不能協助他人就很挫敗，是對自信的打擊。

說明

忘了自己才剛學習助人專業。

以為進入本系之後就是專業助人者，可以服務他人。

說明

主要還是要看自己學了多少，有多少本事。

10-2 生涯探索與決定（續一）

三、課程安排並非自己所喜歡，也應勉力為之

許多心輔系大學部或研究所同學，誤以為諮商就是學習「技巧」，當他們接觸實際課程之後，便有許多困惑與不滿，甚至會懷疑系所為何安排這些系統性的課程（如人類發展、普通心理學、統計與測驗等）。

Scheele（2005, p.13）建議大學生：找出自己喜歡某科的部分，而不是去找自己不喜歡的部分，或許就可以用更正面的態度面對課程，許多的學習要投入，才會有收穫。

另外，也不要自限於主修科系，可跨足其他（包含校外）有興趣的學系或課程，許多大學讓學生可以有「自由選修」的學分，這些自由選修的課程最好是有系統地聚焦在某一個能力上，不要浪費。系所課程的安排都有系統、目的，也是多年累積的經驗，才會如此設計，尤其是一些基礎課程特別重要，列為必修，接下來選修進階課程，才不至於手忙腳亂，沒有根基知識。

諮商所學生最難過的兩個關卡是「碩三全職實習」及「論文」，有些同學在真正過朝九晚五的全職實習生活時，不僅開始發現自我未解議題的騷動及影響，也發現自己無能力從事或不喜歡專業助人工作。

許多人被實習機構「退貨」，主要就是能力不足或沒有自律的能力，當然許多諮商所也提供一些退場機制給不適任的實習生，讓他們完成論文，不修實習學分，同樣可以拿到學位，只是不以諮商師為生涯選擇。有少數學生的論文一直無法完成，許多是個人因素（尤其是「無法堅持下去」）使然，因此只要修業年限一到，就自動退學。

許多諮商所學生抱怨，說他們是來學專業的，為什麼要寫論文？我們的回答是：

1. 因為是「研究所」，所以理應要做「研究」。

2. 即便是行動諮商師，或許多心理衛生或服務機構，都需要向政府或其他單位申請專案或研究案，這些都需要做研究的能力，要不然無法寫計畫或報告，申請獎助。

3. 讀研究、做研究，都可以讓諮商實務與理論做最縝密的檢視與修正，諮商師也需要不斷教育與精進，才可以提升所服務當事人的福祉。

培訓諮商師的「諮商師教育者」（counselor educators）需要兼顧教學與實務，要產出相當分量的研究論文，幾乎每年要進行兩、三個研究，比起一位研究生兩、三年內完成一篇論文，研究生是不是輕鬆多了？

小博士解說

有人說最好的情況是「擇我所愛」，但很多時候並非如此順心如意，那麼就退而求其次，「愛我所擇」也展現了自己的勇氣與負責，至少不浪費時間在無意義的抱怨上。

他人期待
不知情的人以為同學一進入這科系就「應該」可以「解人疑竇」或「處理心理相關困擾」。
說明
就像是「認為」學佛的人「應該」有「佛心」來的。

他人期待
只要本科系的同學做出「不同理」、「不協助」的行為，就會加以韃伐。
說明
譬如：「你們不是學輔導嗎？怎麼這麼自私？」

他人期待
將同學當作「專業人員」，或是傾吐對象。
說明
逼迫學生要「表現」專業。

他人期待
認為「諮商人」應該都滿懷愛心，以助人為樂。
說明
諮商師也有不同個性，展現不同風格。

 心輔系學生對諮商的迷思（邱珍琬，2013）

迷思類別	說明	舉例
對尋求諮商（求助者）的迷思	包括對象與治療時間。認為去諮商的是有問題或有病的人，甚至是情況很嚴重的人才會去求助，或是對於諮商效果過於樂觀。	• 心理有問題的人才會去諮商。 • 踏進輔導室或是諮商室的，大多是問題學生或兒童。 • 只要去諮商，問題就一定可以被解決。
對諮商師本身的迷思	包括諮商師特質、訓練、能力、諮商師生涯目標與諮商關係。認為諮商師應該是善良、平易近人、有耐心，或是有讀心術，不需要有特殊訓練。也有認為諮商師是要賺錢，或誤解治療關係的。	• 諮商師都有平易近人的氣質。 • 諮商師不需要有什麼能力，只要具備善良的心。 • 諮商是不用培養專業能力的。 • 心裡的所有困擾，都會被諮商師察覺，且都會被解決。 • 諮商師沒有意願去幫你，只是為了你的錢來幫你，當你是一個客戶。 • 可以和諮商師當朋友，之後看診時可以便宜些。
對諮商過程的迷思	包括諮商只是灌輸想法、聊天或問問題，挖人瘡疤、情緒宣洩，以及對諮商架構的迷思。	• 諮商只是與諮商員聊天、談心，只是請一個人聽自己抒發情緒而已。 • 認為諮商師會問一些問題，就可以知道我所有的問題。 • 諮商師是一個恐怖的人，會把你的傷痛拉出來。 • 沒有時間限制，講到我想停了為止。
自身對諮商求助的迷思	包括洩密、被諮商師或社會貼標籤、諮商效果、占用資源與諮商本身。	• 我會害怕諮商師對我說的事件能否保密。 • 害怕諮商師會將自己認為是有生病的人，或者是不正常的人。 • 諮商師只是傾聽者，無法有效解決內心的問題。 • 害怕自己的問題並非大問題，會給人帶來不便或浪費時間。

10-3 生涯探索與決定（續二）

四、理論結合實務，用心整合踏出第一步

諮商是實務與運用的專業，臨床工作與研究是密不可分的，許多臨床人員不做研究，卻又需要實務相關的知識做引導或參考，而在學術研究現場的人員也需要與臨床實務做結合，才可能印證理論、修正理論與開發新理論。因此，最能勝任的諮商師，不僅臨床工作做得好，也沒有放棄研究這一塊。

以美國為例，在大學院校擔任諮商師訓練課程的「諮商師教育者」，除了在學校教學、做研究之外，都自己開業或隸屬於某心理診所，持續讓自己的臨床專業不生鏽（rusty）。固然正在接受訓練的諮商師，可能沒有資格進行諮商相關業務，但是不妨參與義工行列，在有督導的情況下，讓自己多一些臨床經驗、認識與了解所服務的族群，同時可以讓課堂上所學的理論與實務，做第一步的體會與整合。

許多準諮商師在擔任義工的同時，更能進一步了解所謂「助人專業」的真正意涵與意義，對於所學印象更深刻，也會有較實際的反省與思考。心輔系所的學生理應在有督導的情況下（這才符合專業倫理），多多參與社會志工服務，讓自己有接觸將來要服務族群的第一手經驗，一來會增加自信，二來也可印證自己所學。

五、求助能力，從自己開始

有人誤以為進入諮商系所後，遇到的都是良善、願意助人者，或是有異於一般人的寬容與耐心，但其實諮商系所也是一個小社會，在外面社會會遇到的，在這裡也有，不要將諮商人神化，但是至少大家有志一同、目標相近，許多理念可以溝通。

準諮商師或是專任輔導教師，往往只想到要協助他人，卻沒有過求助的意願。不少大學部同學是因為曾經有過求助經驗，感覺有效或生活因此改變，所以願意投身助人專業。然而，在實際進行課程時，也有諸多心輔系學生不願意做求助動作，甚至連學校的學生諮商中心都沒踏進去過，得要授課教師「硬性規定」去做體驗，才會有第一手經驗。試想：若自己都不願意去求助，請問你／妳真的相信助人專業的效能？怎麼能夠了解當事人的心境與感受？又如何以適當的介入方式協助當事人？

若想要擔任專業助人者，至少要去嘗試真正的「諮商」為何，不一定要有問題才前往，而是去做自我整理功夫，體驗諮商的感受，如此較能同理當事人或求助者的心態。國外有些諮商所課程在正式上課之前，會要求學生去做幾次諮商，然後再來上課。臺灣的課程雖無此規定，但是教師會實際以作業方式要求學生去做體驗之旅，不僅能找出需要協助的學生，也讓學生對諮商這一生涯的期待較切實際，釐清了許多迷思。

有效能的諮商師應具有的特色
（Kinnier, 1991, cited in Capuzzi & Gross, 1995, pp.34-36）

自愛	要有自信、自我悅納與愛自己，接受自己有能力去愛與尊重他人，以及自我實現的能力。
自我知識	了解自己，對於自己的感受、動機與需求保持覺察，會自我反省，且願意去了解自己。
自信與自我控管	對自己有自信且可以獨立作業，有適當的能力與果決行為，可以合理地管控自己的生活並達成目標。
清晰的現實感	我們對周遭事物的看法雖然很主觀，但是有足夠的社會共通性，有清楚現實感，對生命樂觀。
勇氣與韌力	縱使人生無常，但是願意去面對挑戰與改變現狀，能從沮喪或挫敗中重新振作起來。
平衡與中庸	工作與玩樂、笑與淚，享受預先計畫或自發性的時光，可以很邏輯，也很直覺。
愛他人	深切關心他人福祉或是人類的處境，有隸屬感、給予與接受愛，與他人發展緊密的關係。
愛生命	幽默、自發性、開放、積極主動、好奇、愛冒險、享受悠閒，也期待偶發的情況。
生活有目標	生活有目標，願意創造意義與滿意度。

 成熟的諮商師應該展現的特色
（Jacobs, cited in Whitmore, 2004, pp.67-68）

★ 了解人類成長與發展、心理病理學、不同理論與取向的理論與實務、研究方法與覺察。

★ 成熟的判斷力、做決定（評量與治療過程）的自信，與做評估的能力。

★ 在與當事人接觸或感到焦慮時，還能同時思考與聚焦。

★ 能評估諮商過程，包括自我評估、監控自己的判斷，與發展一個「內在督導」。

★ 對督導的態度（不只是訓練之必要，也是深入了解與發展實務的重要諮詢來源）。

★ 藉由不防衛地對實務做反省，從錯誤中學習。

★ 對學習開放（統整知識與實務）。

★ 能夠工作，隨經驗拓展個案源與脈絡。

★ 對「未知」覺得坦然，有能力放棄威權的需求，也對自己的能力更有自信。

★ 對自己能力的真誠謙卑，也讓當事人可以更認可助人專業。

★ 自我接納、有自信地自我呈現、一致的承諾，與當事人工作時展現出效率與專業。

★ 從不同經驗裡持續的自我發展與增進自我知識。

★ 隨時間而增加的效率，有機會與不同的當事人工作，統整理論與實務，也可以發展劃時代的新理論。

10-4 生涯探索與決定（續三）

六、從他人故事與經驗中，學習寬容、同理及原諒

不是每位諮商師都需要經歷生命中的所有事件，才有資格擔任諮商師，因為每一個人只能活一種生命，然而，諮商師卻要接觸及協助遭遇生命不同困境的當事人，諮商師要從哪裡獲得知能與經驗？當然，閱讀研究與文獻是最直接的，參加研討會或繼續教育、個案督導等，也是管道之一。

此外，諮商師也願意去了解不同人的生命故事與遭遇。我常常對學生說，諮商師的特權是去接觸不同的生命故事，有許多是令人難堪、難以啟齒的真實故事，因此要特別珍惜這個特權，善於運用自己的能力，讓更多人的生命因此而有轉圜與希望。

不管是從電視、電影、書籍故事或是與他人互動的過程中，我們常常可以聽到不同人生故事，而這些故事儘管不是自己親身經歷，卻可以讓我們了解到其他人的生活與哲學，感受到悲憫、慶幸、感激、珍惜、憤恨、痛苦等等情緒，也因此而更深入了解人性，讚嘆人的勇氣與無私。他人的生命會給我們諸多學習與頓悟，感謝他們！

我在讀博士班時，第一次接觸到被父親性侵後產子的中度智能障礙女士，當時簡直無法形容那種複雜感受與悲痛不忍，後來我發現自己連這樣的事情都碰過了，還有哪些事不能忍受？雖然我見識到人的獸性與卑劣，卻也同時看到生命的堅韌（那對母子的生活與堅持）與意義（我擔任助人工作的特權與恩寵）。

一部好的影片或故事，甚至只是生活中的一小則新聞，都可以讓我們看見美善，激勵人心。每個故事都有其脈絡與意義，端賴我們如何去觀看與解釋，即便我們都只能過一種人生，也可以藉由他人的故事、經驗或體會，了解世上的千奇百態，對不同的當事人有更深刻入微的同理，協助當事人抱持希望、有效解決問題，也過著更適意、有質感的生活。

我曾在教授諮商課程中，讓學生去傳統市場及商店裡，體驗與我們一樣的一般平民百姓的第一手接觸經驗，了解在地人每日的生活，聽聽或聊聊所關心的事件，這也是諮商師可以更貼近當事人的一種體驗與學習。

小博士解說

諮商是以協助當事人處理日常生活中所遭遇的困境為主，因此諮商師越能貼近一般人的生活，就可以更了解當事人的處境，做適切的處置，所以諮商師也應該是在生活上與專業上一致的人。

諮商師日常生活的自我省思

與原生家庭的關係

| 我與家人的關係如何？ | 我的家庭氣氛如何？ | 我的家庭有哪些價值觀或是規則？ | 我從父母身上看見什麼？ | 我與手足間的關係如何？ | 我的原生家庭可有祕密？ | 父母的原生家庭又如何？ |

個人成長史

| 生命中的重要他人是誰？對我的影響為何？ | 我的生命經驗中有哪些重要事件？我對這些事件的看法如何？ | 從性別角度來看自己的成長史，有沒有什麼特殊事件？ | 我對自身成長的文化與族群了解多少？ | 我的文化對我的影響為何？ |

接案之後的省思

| 我對這個當事人有何看法？生命中是否也曾經有遇類似經驗的人？ | 我覺得這個案子很棘手，還是很容易？ | 我喜歡這個當事人嗎？ | 這個當事人讓我想到什麼？ |

每日的生活省思

| 我今天過得如何？ | 有沒有看到特別事件或人物？ | 我今天的心情與狀況如何？ |

對於理論與實務的連結

| 我是否閱讀或聽聞最新近的專業論文或相關文章，參加了研討會或聚會，有一些新的學習？ | 今天對於哪個觀念又有了新的體悟與認識？ | 我發現哪個理論的哪一點可能有新的創發？ | 我試用了一個新技術，這是我自己發想的。 |

閱讀或是影音資料

| 哪些訊息跟我之前的理解不同？ | 哪些故事或資訊勾起我曾有過的經驗或傷痛？ | 這些都經過處理了嗎？要不要繼續處理？ |

聊天或討論

| 我對於某些人的看法是否改觀？為什麼？ | 今天又有哪些重要的提醒與領悟？ | 感謝這些人在我生命中出現。 |

10-5 諮商師專業覺察面向

Hackney 與 Cormier（2009）提到諮商師的覺察面向至少有四個層面，它們是：1. 自我需求，2. 助人動機，3. 感受，4. 自己的優勢、限制與因應技巧。從諮商師的覺察面向就可以了解：個人成長與專業成長密不可分，就如同社會其他一般行業一樣。但是，諮商師要特別注意自我覺察的部分，是因為社會期待與專業，因為諮商師面對的是生活或生命中遭遇困境或瓶頸的當事人，一不小心就可能傷害當事人，更要特別謹慎。

在我們接受諮商師訓練的課程裡，體會到最重要的一點是：治療師的成長是當事人的福氣，也因此諮商師的繼續教育與督導特別重要。

一、未竟事務的覺察

「未竟事務」原本是完形學派所使用的名詞，意思是指「接觸未完成」所遺留下的感受，而它會一直持續停留在個人的生活中，除非個人願意去面對並做適當處理那些未表達的感受，否則就會影響個人與自我及他人的接觸（Corey, 2005, p.196）。

未竟事務就是以往沒有處理或完成之事的「殘留」，可能會在未來生活中隨時被喚起，影響個人的生活品質。例如，前一段親密關係沒有好好分手，就馬上進入另一段新的關係，只要新對象引起自己一些不愉快的情緒，可能就是之前未表達出來的情緒或未竟事務使然，也因此會讓新對象有莫名其妙的感受，不知道自己到底是哪裡惹怒妳了。

通常研究所從碩二開始，就有「兼職實習」的課程，需要學生進入諮商現場開始應用。然而，我們也發現許多學生（不管其選擇進入諮商所的動機為何），在開始接觸當事人之後，許多個人未解決的議題都開始浮現，包括對於族群或性別的刻板印象、當事人的特質勾起其未竟的人際關係等，有實習生不理會教師或督導的勸導，不願意去做自我整理或處理，結果造成對當事人的傷害，甚至無法實習。

許多學校老師都會提醒正在接受培訓的準諮商師，要先做自我整理，並處理之前的未竟事務。相信大部分的準諮商師都願意鼓起勇氣去嘗試解決，有極少部分不願意面對自己的問題者，都造成後來轉行或對當事人的傷害。

未竟事務會遺留許多「殘渣」在個體的內在，顯現在行為表現及與他人互動上，平常不太會觸碰到，個體就以為沒有關係。然而，治療師是面對生命遭遇瓶頸或創傷的當事人，其本身極為脆弱，萬一治療師不察，將自己過往的累積情緒發洩或轉移在當事人身上，第一個受傷的就是當事人，而諮商師也會因為違反專業倫理或法律，必須受到懲處。

諮商師的自我覺察（Hackney & Cormier, 2009, p.14）

想要給予，還是滋養？
想要被愛、喜歡、尊重，
還是討好？

覺察自己的
需求

覺察自己的
優勢、
限制與因
應技巧

自己可以做得好的，需
要挑戰的或是感覺有壓
力的為何？

想要從協助他人那裡
獲得什麼？協助他人
為何讓你覺得不錯？

覺察自己
助人動機

覺察自己的
感受

快樂、滿足、受傷、生
氣、悲傷、失望、困惑
或害怕。

 新手諮商師會面臨的一些挑戰（Corey, 2005）

如何處理諮商過
程中的沉默（或了
解沉默的功能）

該如何
與當事人
分攤責任

處理
自己的焦慮

太擔心
當事人
的情況

如何做
自己與專業
助人者

如何展現
適當的幽默

自我揭露
的程度

完美主義

新手諮商師
會面臨的
一些挑戰

對於當事人
的要求
該如何應對

是否能忍受
曖昧不明
的情況

對於不肯承
諾的當事人
應如何處理

如何避免太
早或太容易
給建議

自己成為一
位諮商人的
定位是如何

如何適當使
用諮商技巧

對於自我
能力的了解

如何發展
自己的
諮商型態

✛ 知識補充站

　　有自我覺察的諮商師，才會提供更好的服務給當事人，因此諮商師除了要接受繼續教育方能更
新執照外，也需要繼續研讀最新的研究資訊、參與研討會或發表研究成果，不僅可增進專業與自
我成長，亦是當事人之福。

10-6 諮商師專業覺察面向（續一）

一、未竟事務的覺察（續）

諮商師的自我探索，也包括面對與處理自己未竟事務的部分，像是之前的傷痛或失落經驗、未解決的衝突等。倘若諮商師不願意面對自我的一些未解決議題做深入探索，企圖做處理，很容易在處理當事人議題時，觸碰到這些未解決的傷痛或逃避的經驗與主題，而陷入困擾，甚至造成對當事人的傷害。

有實習生在全職實習時，因為無法同理當事人的感受與經驗，做了錯誤的處理，讓駐地督導將她免職，也建議她不要再從事助人專業，因為她在未助人之前，已經先造成傷害。也有實習生在實習時不僅怠忽職責，還將自己親密關係的問題帶入諮商現場，譴責當事人的做法，惹得當事人越級去報告督導，督導也發現此生個人議題嚴重，已經危害到當事人的權益。還有實習生飽受家長寵溺，父母常常跟在他後面收拾爛攤子，結果學生只要一不如己意，就只會怪罪他人，後來還將自己的問題歸咎給父母。

治療師本身的自我覺察不足，危害的不僅是其專業效率，還會傷害到許多當事人。助人專業所造成的傷害，受譴責的程度會更嚴重。

二、專業倫理的覺察與反思

諮商師在臨床工作中最容易遭遇倫理相關議題，然而若是覺察不足、警覺性不高，很可能就讓當事人受到嚴重傷害。諮商師在專業上的自我覺察，可經由自己接案後的省思、錄音（或錄影）重聽（看）、固定與同儕討論（如同儕督導）、找督導討論、找治療師處理等等，這些途徑都可以協助諮商師自我了解與成長。其中，在接案後自己重新聆聽諮商過程，寫下不足之處或是可以說卻沒有說的，以及下一次諮商時的目標或進行方式等，是新手諮商師可以快速成長的途徑之一。

有些治療師只想治療別人，卻不願意承認諮商師也是一般人，會有一般人的經驗與困境，可以去求助、做治療，倘若自己都不承認專業助人的效果，又怎麼讓當事人或是社會大眾相信？

諮商師最難的是在專業倫理上的思考與判斷。在學校的課程上，只是了解基本專業守則與方向，輔以案例的討論或解釋，倘若授課教師本身較沒有接觸到相關倫理案件，就容易淪為單向傳輸，討論或探討不足，而在臨床現場就難以做學習遷移或判斷。況且我們的專業倫理與一般法律仍處於脫鉤現象，要讓一個倫理案件成立就不簡單，何況是進一步的懲處？

諮商師與當事人之間的關係（界限），應該維持在哪個範圍之內？當事人向諮商師要手機號碼或 line 帳號，讓其加入臉書或討論群組，可以嗎？會不會因此犧牲了治療關係，或讓關係複雜化？專業倫理守則是保護了諮商師，還是當事人？諮商師的底線是哪裡？在在都需要諮商師的明智判斷與處理。

只要發現「感覺不對」，最好就做進一步思考與探詢，切勿喪失良機。此外，很重要的是，將所做的或發生的一切事項都做詳細記錄，包括時間、人、事、地、物和處理方式，以保障當事人及諮商師之權益。

維持良好專業判斷與倫理行為，諮商師要做的事：

有專屬督導可以固定討論

必要時，請教律師或法律專家

與同儕討論

請教資深諮商師

參與同儕督導或個案討論（特別要注重保密性）

時時翻閱倫理守則，並閱讀相關文獻與研究

 諮商師檢視自己的倫理行為

- 接案時是否有感覺不對勁的地方？
- 有沒有詢問必要的問題，如當事人是否有自殺意圖或計畫？
- 當事人是否在安全、安適的情況下，進行諮商？是否已排除當事人可能受害的潛在危險性？
- 當事人是否在清楚理性的情況下接受治療，如是否已在勒戒中？
- 與當事人之間是否無其他足以妨礙治療的關係，如親友、雙重關係等？
- 是否有其他人可能受害，如受虐或自傷？
- 在接完案後，有無時間檢視接案時的情況或錄音錄影帶？
- 有任何疑慮時，是否與同儕或督導討論？
- 同事或受督者有無違反倫理之行為？

10-7 **諮商師專業覺察面向（續二）**

三、治療關係中的移情與反移情

「移情」（transference）是佛洛依德理論中很著名的一個觀念，後來延伸還有「反移情」（counter-transference），談的是治療關係與治療重點。「移情」在許多關係中都會發生，在諮商現場指的是當事人對於過去（或是期望）重要關係的重複幻想，而將其情緒反應投射在治療師身上（Gilliland, James, & Bowman, 1989, p.13; Kahn, 1997, p.27），把外在關係「內化」（Jacobs, 2004, p.4）也是人格建構裡的重要角色，而相對地，「反移情」則是指治療師對當事人的投射。

「移情」會出現不同形式，主要還是靠諮商師自己的觀察與覺察，像是當事人可能對諮商師有扭曲的想法（如「理想父母」、「不能信任」），視諮商師為完美的人，有不合理的要求（如要諮商師為其做決定）等，在處理當事人的「移情」時，諮商師同時要檢視自己對此行為的反應為何，就可以開始了解當事人對於生命中重要他人的反應如何了（Corey & Corey, 2011, pp.101-103）。

移情是一般人在人際關係上都會經歷的情況，我們會將自己的喜惡投射到另一個人身上，以為這個人就與之前的重要他人一樣，像是看見年長的女性會特別喜愛，可能就是將此人當作自己的母親。在進入新階段的生活、遭遇不同的人時，也會以過去的經驗來解讀某些人，認為其好不好相處。在經過一段時間的觀察與實際接觸之後，才會有較為正確的評斷。諮商師在日常生活中，要覺察自己是否有移情現象，這樣的移情是否正確，還是有未解的議題需要進一步去探索與處理。

在治療現場，諮商師在接觸當事人的同時，會不會無意識中對於某些當事人比較喜歡、願意與其親近，或是不喜歡哪些當事人，甚至會迴避接類似個案？會不會因為個人的喜惡而對當事人有差別待遇？這些都可以是諮商師做自我反省與覺察的項目。

「反移情」是指治療師本身對當事人有移情覺察或反應，「反移情」不是不好，它可以提醒諮商師自己的脆弱面，或是未解的衝突，同時讓諮商師更了解當事人。通常諮商師的「反移情」涉及個人未解決的議題。諮商師若對於一些自我議題沒有做好處理，很容易受到當事人帶入諮商的議題所影響，倘若帶領團體，更容易受到觸動而失去了客觀性，包括對權威的反應、衝突與氣憤、自戀的需求、文化價值、需要過度掌控、家庭議題與分離－個體化需求等（DeLucia-Waack&Fauth, 2004, p.139）。

不同學派對於移情的看法

精神分析	移情是當事人將過去的關係,拿到當下的脈絡裡呈現。
人本學派	移情妨礙真實關係的建立。
完形學派	移情是「去個人化」。

 諮商師可能的反移情

諮商師可能的反移情

刻意討好當事人。

當事人讓諮商師想起某個重要他人或厭惡的人。

喜歡當事人。

莫名討厭當事人或不想接這個案子。

感覺不對勁,卻又找不出原因。

10-8 諮商師專業覺察面向（續三）

四、檢視治療關係中的抗拒

在提及移情與反移情的同時，有個類似的觀點叫「抗拒」。「抗拒」在精神分析學派的說法是一種防衛機制，主要目的是當個人在面對焦慮情境時，用來保留與保護自我的內在核心，而「抗拒」是治療過程不可或缺的一環（Corey, 2001），適當地認識與探索是必要的，倘若治療師因為當事人的抗拒而煩擾，可能就因此失去了與當事人做接觸與聯繫的機會。當事人求助於陌生的諮商師，要向一個素昧平生的「專家」透露自己最私密，甚至不堪的經驗，不僅是當事人會有抗拒，治療師本身也會有抗拒。

一般人在求助陌生的專家時，都可能有抗拒行為，畢竟自己在對方面前是一位能力較差者或是生病的人，況且還是求助於對方，因此多多少少會有一些抗拒行為或心態，「抗拒」並不一定是負面意義，也具有建設性的功能，像是讓諮商師知道對方對於求助的看法、是維護自尊的表現等。在多元文化的諮商場域，常常會因為不處理的抗拒，而導致治療師無意的歧視行為或態度（Ridley, 2005, p.144）。雖然目前助人專業對於「抗拒」有更多的了解與認識，然而諮商師不免還是會將當事人的許多行為視為「無建設性的」抗拒。

處理抗拒行為可以（Ridley, 2005, pp.137-143）：

1. 避免防衛性反應：通常這樣的反應是因為諮商師本身沒有覺察到自己的防衛行為，以及為了減少自己的情緒痛苦，因此需要先辨識當事人的抗拒是否具療癒性。

2. 了解當事人的抗拒是否具有療癒性：要清楚區辨當事人是默許或順從的，是敵意或抗議。

3. 面質當事人的矛盾、差異與不一致：不管是言語、行為、言行或態度。

4. 曝露當事人的「附加利益」為何：倘若當事人是為了掌控，那麼就與當事人談論遊戲背後的目的。

5. 重新架構當事人所謂「控制」的定義：同理當事人的擔心與害怕，協助其了解抗拒的背後是想要掌控，以及鼓勵當事人公開談論他／她的害怕與不安全感。

6. 面質一般的抗拒：諮商師要知道一般文化減少焦慮的方式。

治療師可藉由自我覺察的動作，來進一步了解自己與當事人抗拒背後的原因，不只可以讓治療師更了解自己，還可以讓治療做得更深入（Corey, 2001, p.52）。像有些治療師見到不同性取向的人會不自在，或是見到較「陰柔」的男性當事人會有焦慮，那麼可以去思考自己焦慮的底下是什麼樣的感受與思考，是因為恐同症？還是當事人的表現觝觸了諮商師對於「男性氣概」的定義？或因為自己也害怕曝光？

「抗拒」有時候就是一種直覺感受，覺得怪怪的或不舒服時，有智慧的治療師會留意這些現象，而不是匆匆帶過或忽略。

目前一般專業上接受的說法是：抗拒是自然的，也是治療的一部分，去覺察與體驗，就可以告訴我們許多線索，知道如何處理與修通。

抗拒的定義（Ridley, 2005, pp.134-135）

抗拒無益於治療。

抗拒表現在行為上。

抗拒有其目的性。

抗拒的定義

抗拒基本上
是要免於痛苦。

抗拒可以有不同形式。

抗拒的可觀察或不可觀察，
主要是看該行為是在公共場合或私底下發生而定。

 療癒與非療癒性抗拒（Ridley, 2005, p.136）

	抵抗改變	提升改變
非療癒	敵對 （抗拒）	默許 （抗拒）
療癒	抗議 （非抗拒）	順從 （非抗拒）

當事人行為

 對於抗拒的處理（Corey, 2001, pp.56-57）

- 將其視為治療過程裡的一部分，可能是當事人尚未準備好處理此議題。
- 協助當事人去釐清抗拒的表現。
- 治療師必須要了解，在諮商初期，當事人會有一些防備與抗拒是當然的。
- 要了解當事人的抗拒其實有許多意義，不要只將當事人的抗拒「個人化」（personalized）為自己無能的表現。
- 鼓勵當事人去探索不同的抗拒行為，而不是要求他們放棄抗拒。
- 治療師以「暫時性」（tentative）的方式或用詞，來說明自己的觀察、直覺與解釋，而不要做專斷的陳述或結論。
- 避免標籤或批判當事人，而是採用描述行為的方式進行，讓當事人知道他／她的行為影響到你／妳了。

- 要分辨清楚到底抗拒是出自當事人，還是治療師本身對於當事人抗拒的反應。要監控自己的反應，以免讓當事人的抗拒更強烈。
- 以正向的態度面對抗拒。
- 允許當事人表達他／她對你／妳這位治療師的不好經驗或感受，也許詢問他／她要以怎樣不同的方式進行較自在？
- 讓當事人知道你／妳會怎麼做，以達成真正的「知後同意」，讓當事人可以充分運用諮商這個協助管道。
- 要讓當事人知道諮商也有缺點，也許在剛開始時並不順遂，但是彼此都可以從中獲得許多學習。
- 與當事人盡量達成問題或諮商原因的一致陳述，讓彼此有共識，然後盡量用可以處理的小步驟，慢慢解決問題。

10-9 危機的敏銳度與處理

一、危機敏感度與處理是自我覺察的一部分

危機敏感度與處理也是諮商師自我覺察的一部分。諮商師或諮商師都會擔心，萬一出現危機需要處理時該怎麼辦？新手諮商師比較缺乏危機敏感度，有時候也太受制於專業訓練，反而不相信自己的直覺，所以可能錯失了最佳處理時機。

一般情況下，諮商師的同理程度若足夠，很容易猜測到當事人的情緒與想法，因此倘若當事人有自傷的可能性時，諮商師就會很有技巧地詢問：「如果我是處於這樣的情況，也許會想不開，甚至想說是不是可以很快結束掉這樣的痛苦，我不知道你／妳想過這些沒有？」或者更直接地問：「你／妳有沒有想過要傷害自己（或別人）？」有自殺企圖的當事人，通常會極力隱瞞自我傷害的想法，而造成自己很大的壓力，因此諮商師的直接詢問，反而讓他／她減輕了焦慮及壓力，可以更理性地與諮商師談論問題可能的解決方式，而不需要以自殺了結。有時候，當事人遭遇到生命中的瓶頸，一時想不出方法，甚至對未來感覺灰暗，可能就會有自殺的念頭，只要度過這個危機時刻，其實就沒有問題，因此諮商師的危機感要足夠，才可能協助當事人脫困或解厄。

新手諮商師常常在臨床現場對於危機敏感度不足，就會影響其反應速度與處理方式的有效性，因此有些諮商師教育者就會告訴新手諮商師「要相信自己的直覺」。訓練中的準諮商師常常受制於所訓練的課程與反應，往往在「感覺不對時」，刻意壓抑自己當下的感受，於是就沒有細問當事人或是詢問重要的問題。危機敏感度還是要靠諮商師的「同理能力」去設身處地，這樣慢慢將原本的人性直覺找回來。

二、留意自殺或其他危險、不尋常的警訊

自殺的想法是社會禁忌，因此很難脫口與他人談論，更不可能與自己關係親近的人說，因為怕對方擔心或阻止，所以壓力特別大，倘若諮商師可以及時發現與澄清，可以更有效協助當事人。

如果發現當事人的衣著骯髒、常常感冒，或身上有不明傷痕，或者是當事人所穿的衣物不符節令（如夏天卻常穿長袖、把身體包得緊緊的），甚至會害怕被人觸碰到、對人極為警戒，或是有攻擊行為，有時候連走路姿勢都很奇怪，或有泌尿道的問題，都是合理懷疑的徵兆，也就是當事人可能被忽略、沒有受到應有的照顧，甚至是被暴力相向或是虐待。

當諮商師依觀察與直覺，發現這些不合常理，當事人與其同儕相較之下是很特殊的，都需要進一步檢視與詢問。年幼的兒童不會用適當的語言表達出來，但行為的表現是最直接的，在其活動上（對喜歡的活動不感興趣了），或是課業表現上（不專心或是放空、成績落後），都可以發現一些蛛絲馬跡，有些當事人會有退縮、自殘的行為，而青少年也有懷孕之可能。身體或是性虐待比較明顯，可以觀察出外表徵象，但是情緒或精神的凌虐較不容易察覺。

目前若是發現有高風險家庭都需要做通報，諮商師也常要做出迅速決定與處理。

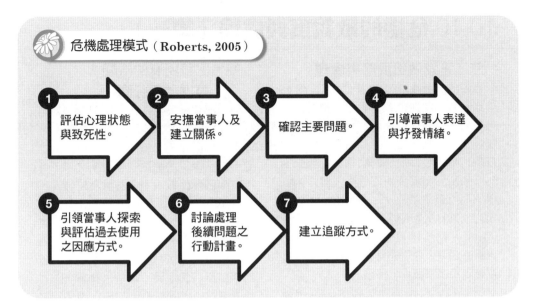

危機處理模式（Roberts, 2005）

1 評估心理狀態與致死性。

2 安撫當事人及建立關係。

3 確認主要問題。

4 引導當事人表達與抒發情緒。

5 引領當事人探索與評估過去使用之因應方式。

6 討論處理後續問題之行動計畫。

7 建立追蹤方式。

 自殺危險評估項目

- 當事人的情緒狀態如何？是不是有一段時間鬱悶不樂？

- 當事人的體力與注意力如何？是不是常常覺得疲倦或是不容易專注（常常恍神）？

- 當事人生活狀況或功能如何？是不是會忽略或不做應該做的事？常缺曠課或常請假？甚至次數越來越頻繁？

- 當事人之前有無自殺歷史或企圖？

- 當事人有無自殺計畫？倘若只是臨時起意，則危險性較低，若是有較縝密的計畫，危險性就較高。

- 當事人想要採用的自殺手段或方式如何？是否容易取得？越容易取得或接近的手段就越危險。

- 當事人的支持系統如何？有無親近的家人或朋友？也可讓當事人想像一下自己處於人生最谷底的狀況時，腦中有無浮現一個可求助之人。

10-10 **危機的敏銳度與處理（續一）**

三、迅速做出反應與處理

自殺的高危險群是 14 至 24 歲，或 65 歲以上者，女性企圖自殺率比男性高，但是男性自殺死亡率比女性高，主要是男性都用較為致命的方式自殺。鄰近的日韓也是自殺率很高的國家，近年來因為升學壓力與霸凌情況嚴重，使得年輕學子的自殺率攀升。一般說來，老年人擔心成為他人負擔，像是罹患慢性疾病或老化，而年輕人主要是認知受限、缺乏轉圜之道，常常是因為想法鑽牛角尖，以為走不出去而步上絕路。

對於當事人或潛在被害者的危險評估，是一般諮商師教育中都有的訓練，有所謂的標準程序（SOP）可以依循，若服務的機構沒有，就要盡早設立流程，甚至預演多次，修正可能的阻礙或問題，在真正面臨危機時才可以有效運作。有關危機問題部分如「自殺危險評估項目」表所述。若當事人為法律規定行為能力受限者（包括未成年人），也有必要知會其監護人或重要他人，協助危機情況之處理，而諮商師本身的危機意識與覺察特別重要。

四、記錄所有的時間與採取的行動

將危機情況與每一步的處理動作都記錄下來，萬一若當事人有性命危險，可以做為參酌之用，諮商師記錄已做的步驟，當然也可避免萬一有訴訟之事，可以讓相關單位或人士了解當時的情況，或確保諮商師是否做了該做的動作。

一般心理衛生機構（包含學校）都有危機處理的標準流程，務必要將處理過程一一上報，讓相關危機處理小組人員都明白目前的進展，同時也會有商討對象或團隊（找尋資源及支持），處理起來較不孤單。

五、必要時做諮詢動作

若諮商師是第一次遭遇危急情況，不知道如何做適切處理，就要不恥下問，請教有經驗的同儕或督導，甚至自己去進修、研習，讓自己的配備更完善，千萬不要文飾或是掩蓋，萬一事態嚴重，責任還是會歸咎於治療師，可能上法院或是被撤銷執照。

小博士解說

危機通常都是有性命危險之虞，或是有人受到傷害或可能受到傷害，因此諮商師的敏銳度是很重要的，也要留意自己的直覺，了解危機出現時的標準作業程序，這樣才會不慌亂，能做出適當處置，減少災害。

如何避免當事人自殺

① 問對的問題，像是「你想過傷害自己嗎?」

一般民眾的誤解的是：本來對方沒有想過自殺，這麼一問，豈不是暗示對方可以採用自殺方式解決問題？事實上，一般若有自殺念頭者，會隱藏自己的想法，不讓他人知道，也因此一直累積壓力，若是被人這麼一問，會因為對方了解到他／她的痛苦，頓時壓力紓解，較為輕鬆。

② 檢視當事人的支持網路如何

像是會不會擔心誰？或是放不下誰？通常當事人被詢及此問題時，情緒上會較失控，也就是他／她其實希望有更好的解決方式，而不是一死了之，此時就有機會與他／她議解決之道。

③ 與其約定若有自殺想法時，可以先採用哪些方法來消弭。

像是先告訴自己，問題一定有轉圜，或是聽音樂、找人聊天、走出室外去看看風景，至少要列出五項。

④ 記錄緊要關頭時，可以聯絡哪些人。

如家人、朋友、熱線電話、諮商與治療師等，並將聯絡優先次序與方式一一寫下來。

⑤ 倘若情況緊急，就直接讓其住院接受治療。

除了找身心科醫師開處方服用之外，也同時安排諮商師與其晤談。

⑥ 要了解自殺有關鍵期

特別是那些已有自殺計畫者，可能因為憂鬱、體力不足，而無法完成自殺計畫，因此在治療之後，必須住院觀察一至二週，因為此時他／她已有體力做自殺動作，因此是關鍵危險期，千萬不可輕忽。

⑦ 訂立「不自殺契約」

有些諮商師在受訓期間被教育要與潛在危險當事人訂立「不自殺契約」，這不是文字上的約束就算數，而是要得到當事人的承諾，願意履行，要不然也是白搭。「不自殺契約」的重要內容請見上述3與4。

 自殺迷思（錯誤的觀念）

談論自殺的人不會真的去做。　自殺的人一心一意求死。　自殺只是想得到別人的注意。
只要看看人生光明面，就會好受一點。　當情緒變好時，危機就結束了。　兒童不知如何自殺。
談論自殺會讓人產生自殺念頭。　自殺是遺傳的。　來自富裕家庭的人，自殺率較高。
酗酒、吸毒能發洩憤怒，可降低自殺風險。　企圖自殺的人有心理疾病。
父母該為孩子的自殺負責。　自殺未遂者，一輩子都有自殺傾向。　自殺通常沒有預警。

可能的自殺徵象

低自尊、較無主見、有罪惡感者。　感覺無助或無望。　孤立的社交網路。　藥物濫用。
當時承受過多或極大壓力。　以成就來肯定自己（不能忍受失敗），覺得自己無價值。
有重大失落或偶像死亡。　有自殺歷史，曾企圖自殺。　情緒低落或憂鬱症。　生理上有病痛。
睡眠、飲食習慣改變。　覺得無聊（或人生無意義）。　行為或個性突然改變。　無法專心。
威脅要採取行動自殺。　把珍貴物品送人（有「告別」或「交代」意味）。　談論死亡或暴力。
翹家或逃學，課業上有變化等。

10-11 諮商技能從自己本身做起

　　諮商師是用心助人，且使用正確有效的方法協助當事人，讓當事人更有自信與能力去面對生活的挑戰，活出自己的生命姿彩。諮商師不是以「諮商技巧」取勝，許多在課堂上所學習到的技術，還是要經過學習者的練習、熟練之後，才可以運用在當事人身上。治療師應該要將其所學先運用在自己身上（Practicing what s/he peaches），要不然自己無自信，同時也難以讓當事人相信（Blanco, et al., 2014, p.50）。

　　諮商理論與技術的課程，基本上會按照「由淺入深」，從基本到不同學派技巧的次序來安排，讓學習者可以從最根本的入門介紹開始，慢慢可以區分學派或對取向有更深入認識。只是諮商學派與取向太多，並不是靠大學四年或是兩年研究所課程可以完全涵括，學生必得要自己更積極學習、常常複習，甚至參加校外的許多研習或義工服務，才可以讓所學根深蒂固。

　　當進入不同取向或學派的進度（或課程）時，也可以去找原創學派者的作品來閱讀，甚至是閱讀他們處理案子的逐字稿，更可以了解此學派之真髓。若是學習者對於某一學派特別感興趣，不妨請教老師建議一些書單，或是自己上網找資料來閱讀，當然參加相關學派或取向的工作坊、研討會或是課程，也是相當有幫助的。

　　在學習諮商理論與技術初期，許多人容易將不同學派的立論攪混在一起，辨識力較低，但是隨著閱讀、上課與經驗的增加，基本上會將這些取向做基本的區辨。有關諮商理論的書籍，可能是授課教師某一學期採用了哪一本書做為指定閱讀，但是學習者卻無法詳細讀完、吸收了解其真義，在一學期結束後，不妨繼續將書留在身邊，好好依照自己的步調做完整的閱覽，隨著自己經驗值的增加，也會有更清楚、更深刻的領悟。

　　有關諮商理論與技術的入門書都可借來翻閱，一來可以讓自己更了解每一位作者所說的是不是同一回事？自己的理解有沒有錯誤？或是只看一位作者的解釋仍不清楚，多看看其他作者的，可能就會理解；有關理論的書，都可以一再翻閱，每一次閱讀將會有不同的理解與收穫。

　　此外，各學派可能有其特殊的介入技巧，而技巧是可以跨取向使用的。諮商技巧若是不能依不同的當事人與其脈絡做客製化打造與改變，基本上就是無用無效的（Corey, 2001）。許多諮商師在經驗累積之後，也會修改或創發不同的諮商技巧，不會拘泥於原來的模樣，主要因素就是配合不同的當事人與情境而發展。對待每一位當事人時，也不應以一種制式的態度與作法，或是一樣的介入處置方式，畢竟每個人的問題不同，其形成的背景脈絡不同，而個人的解讀與在乎的也不一樣。

　　擔任諮商工作時，最主要的是熱誠與心，技術的東西會慢慢熟成。因此，諮商技術的使用也是從自己本身開始做起。別忘了，學諮商第一個受惠的是自己，接下來才是當事人，以及與自己有關係的人。

將理論化為實際（示例）

個人中心學派	找家裡你／妳認為「最囉嗦」的那一位，坐下來好好聽他／她說五分鐘，然後詢問其感受。
認知行為學派	運用「貝克三欄」的方式，記錄自己接下來一個禮拜所發生的事，當下的感受與想法，以及可能的其他想法。
阿德勒自我心理學派	記錄自己八歲之前的三個回憶，與事件發生當時的感受。
完形學派	將自己認為「遺憾」或未處理的事情寫下來。並思考一個完成或結束的規則。

 做更好的諮商師可以……

- 自我覺察與自我照顧。
- 適文化的考量與調整。
- 將諮商技術用在生活上。
- 與督導、同業的實務交流。
- 自我進修與繼續教育。
- 發展與調整自己的諮商風格。
- 求助的必要。
- 自工作中衍生意義。
- 成為弱勢代言或倡議者、社會的改革者。
- 依個人經驗與體驗，發展創新諮商理念及技術。
- 光是技巧不足以成「師」，需要紮實理論做基礎。
- 理論因為個人經驗、解讀或運用不同而有差異，盡信書不如無書。
- 諮商不是「獨立」的工作，而是需要「團隊合作」。

10-12 **多元文化覺察與培力**

「文化」是指了解現實情況,並建立在共同現實世界中生活的人之價值觀、信念與行為的架構(Chung & Bemak, 2002, Nobles, 1990, cited in Utsey, Fisher, & Belvet, p.182)。從廣義來說,每個人都是一種文化,因為由不同的背景變項所組成(如性別、種族、年齡、社經地位、能力高低、教育程度、聰慧程度等)。我們對於其他文化,因為沒有長期實際接觸,會將有關陌生文化或族群道聽塗說的意見視為真理,而以這樣的假設去思考或批判他人,這其實也是犯了文化的偏見,倘若有進一步的行為表現(如仇恨或鄙夷),就是「歧視」。

一般人對不熟悉的他人,會有一些先入為主的假設或迷思,甚至就是莫名其妙的喜惡。舉例來說,諮商師最喜歡符合 YAVIS(Young, Attractive, Verbal, Intelligent, and successful,年輕、外表吸引人、會說話、聰明與成功)的當事人(Schofield, 1964, cited in Ridley, 2005, p.13),一般人當然也有自己的喜惡或偏好,但在助人專業中,治療師要特別注意覺察自己可能的偏見或資訊不足,是否會造成妨礙

當事人福祉的行為或結果。

每個人都是社會文化的產物,都受其影響,Sue(1996, p.2)曾經說過:「所有的學習與身分的成形,都是在文化的內涵裡。」而文化的身分是變動且有動力的,因此自我覺察就是發展多元文化能力最重要的起始關鍵。文化也潛隱在諮商過程裡,甚至有學者 Draguns(1972, 2002, cited in Ridley, 2005, p.201)說:「文化通常是諮商的沉默參與者。」也因此,倘若沒有認知與覺察文化的能力,很可能就會忽略文化的重要影響,做出錯誤的判斷與處置。

文化包含了許多內容,像是種族、性別、年齡、思想、宗教、社經地位、性取向、身心障礙、職業、飲食偏好等(Pederson, 1991, 1997, cited in Hill, p.12),而每一個人都屬於許多文化(Hill, 2009/2013, p.12),因此不能只專注在其中一項上,就如同第九章提到的「性別」一樣,有許多變項的組合,因此要特別注意,即便是同一種族或族群,也有差異存在。

小博士解說

世界觀(worldview)是指:一個人是如何覺察自己與周遭世界(他人、機構與自然等)的關係,或是指個人的生活哲學,包括態度、價值觀、意見等(Sue & Sue, 1990, cited in Sue, Ivey, & Pedersen, 1996, p.7)。

多元文化是指……
（Ivey, D' Andrea, Bradford Ivey, & Simek-Morgan, 2007, p.33）

居住地區與語言

宗教／靈性身分

特殊的生理特質

經濟地位與背景

家庭認同與歷史

性別認同

創傷經驗與其他威脅個人福祉事件

年齡與發展挑戰

種族／族群身分

心理成熟度

 文化的共通點（Edward Hall, 1973, cited in Ridley, 2005, p.94）

語言	口頭訊息系統與溝通。	生存條件	工作、分工。
時間觀念	時間、例行公事、行事曆。	性別模式	不同的說話方式、衣飾與行為。
地域觀念	空間與場地。	學習	觀察、示範、指示。
開發利用	控制方式、利用、分享資源。	遊戲	幽默、遊戲活動。
連結	家庭、親戚、社區。	防衛	健康程序、社會衝突、信仰。

10-13 多元文化覺察與培力（續一）

助人專業倫理有尊重多元文化、具備多元文化的知能這一項，也就是希望助人專業者可以廣納並尊重多元，尊重與平等對待每一個個體。文化的組成因素有許多，除了注意不同文化間的不同之外，即便是同一文化內也有不同。前文已針對性別、性取向等做了檢核，本章將從其他面向與議題切入。

諮商師要有多元文化的知能與覺察，平日所接觸的人物或是事件，都可以讓我們廣開視野、悅納多元，更進一步了解不同背景與經驗的人與其文化，在實際與當事人接觸時，不妨站在「未知」的立場虛心求教於當事人，也是尊重當事人與其文化的途徑之一。

諮商師建立自己對於多元文化的覺察時，涉及到評估世界觀是如何影響諮商師的自我認同、目標與人際關係（Ridley, 2005）。Ivey, D'Andrea, Bradford Ivey, 及 Simek-Morgan 等人（2007）提出的尊重模式（RESPECTFUL），結合了多元文化、女性主義與社會正義理論（multicultural-feminist-social justice theory），用來彰顯以下幾個主題，它們是：

一、宗教／靈性認同；二、社經階級背景；三、性認同；四、心理成熟度；五、種族或族群認同；六、時代或發展上的挑戰；七、創傷經驗或其他危及個人福祉的威脅；八、家庭認同與歷史；九、特殊的身體特徵；十、居住地與語言差異。

身為現代多元文化勝任的治療師，應該在面對當事人時，將當事人放在適當的脈絡去考量，才可以為當事人謀求最佳利益。

諮商師要具備有多元文化的覺察與能力，此能力是需要刻意培養的，不是專靠修習一門相關課程就足夠，因為文化幾乎無所不在，因此只要仔細留意、反省，許多文化的功課都可以學得更深刻。諮商師先要了解自己的文化與價值觀，及其對自己的影響，對其他文化也要抱持著好奇、願意學習的態度，盡量花時間去接觸不同的族群與其社會文化，藉以檢視自己的價值觀或偏見，留意「異中有同」，不忽略「同中有異」。

小博士解說

諮商並不只是面對當事人個人而已，因為人是生活在環境與文化中，因此有必要了解當事人所從出或生長的周遭環境及社會文化脈絡，知道其資源或可能問題成因，做正確診斷、裁量適切的處置方式，來協助當事人。

諮商師的多元文化能力（Sue, Ivey, & Pedersen, 1996, pp.46-49）

覺察自身的文化
價值觀與偏見。

覺察當事人
的世界觀。

適文化的介入
或處置策略。

 具有多元文化能力的諮商師（Ridley, 2005, p.92）

發展文化自我
覺察。

避免將自己的
價值觀放在當
事人身上。

接納自己在關
於他人的知識
上是新手。

表現出
文化同理。

將文化
相關考量
放入諮商裡。

避免
刻板印象。

決定當事人相
關的重要文化
角色。

避免責怪
當事人。

在選擇介入
方式時
維持彈性。

檢視諮商理論
的偏見。

建構當事人的
優勢。

不要保護當事
人免於情緒的
痛苦。

10-14 多元文化覺察與培力（續二）

諮商師的文化敏銳度與能力，需要個人的轉化，對其他文化特色優勢的真誠開放，因此自我覺察與反省最為關鍵（Leach & Aten,2010, p.5），諮商師需要持續覺察自己的偏見與自身文化傳承，進而了解其他文化的族群，然後培育與不同當事人工作的文化技巧，而多元文化的能力需要在治療場域之外，投入地與刻意的努力，方可竟其功（Hansen et al., 2006, cited in Leach & Aten,2010, p.7）。

像之前有大學生因為闖鬼屋而有集體中邪的情況發生，該校老師安排學生去做民俗的收驚動作，竟然被民眾指稱「迷信」，缺乏科學依據，倘若是有文化能力的諮商師，不僅不會排斥這樣的安排，也會尊重當事人的決定，這就是結合當地文化的適當行為，也是 Ridley（2005）所倡議的「結合文化」（incorporation of culture）的能力。

Ivey 與 Ivey（2008, pp.27-28）特別提醒諮商師，除了要覺察自身文化的假設、價值觀與偏見外，還需要了解不同文化當事人的世界觀（尤其是有關社會正義方面，了解當事人所處的社會現況與地位），以及採用適當的處遇策略與技巧，才是一位適任的諮商師。

對於不同文化的覺察，除了在諮商場域裡需要之外，諮商師若可以積極與不同文化背景的人做第一類接觸，自然可以破除許多迷思與偏見。就如同我在美國求學時，碰到中國大陸來的同學，彼此檢視的是「吃香蕉皮與樹根」的真實性，後來發現只是彼此政治體宣傳與打壓的手法，根本不是事實。

Roysircar 與 Gill（2010）特別提醒我們：自我覺察並不會自動引導個人獲得文化知識，只是做為了解文化不同之當事人的第一步。擁有多元文化能力的諮商師，不僅對經驗開放，願意了解當事人的文化脈絡與歷史，也去了解文化差異影響治療效果的可能性。

治療師將自己框限於自身的文化視野與價值裡，不僅容易有誤判與診斷錯誤的可能性，還可能傷及當事人（Roysircar& Gill, 2010）。Sue（2001）提到阻礙文化覺察的因素有：一、大部分諮商師認為自己是有道德、受尊重的人，因此很難去覺察與自我認同相違背的偏見。二、在公眾場合承認與討論個人偏見是很難接受的，因為可能導致挑戰或挑釁。三、一旦獲得頓悟，個人就必須要為自己的過去與目前行為負起責任。四、了解自己的偏見之後的情緒反應，許多諮商師不容易承受，也不願意面對。因為一般人在面對他人與我們不同時，常常會採用一些防衛機制，以避免自己的認知不協調。

可能的文化偏見（不限於此）

聽到不同族群的笑話覺得幽默，如猶太人鼻子大是因為空氣不用錢。

不會糾正他人說的種族玩笑，如白人小孩想要吸吮黑人母親的「巧克力奶」。

認為白人都是道德高尚。

認為黑人都是罪犯

種族偏見

行為及認知

偏見

認為男人喜歡被吃豆腐，如男人被騷擾是「福利」。

認為女人生不出兒子是道德缺失。

認為男人不應在家當「煮夫」。

認為「孩子有耳無嘴」（臺語）。

性別偏見

年齡偏見

行為及認知

偏見

認為政治立場不同就應該被處罰。

認為富人都是貪心鬼或暴發戶。

認為窮人會為五斗米折腰。

認為嫁入豪門，自此終生幸福。

認為美女都會好命。

意識形態偏見

階級偏見

外貌偏見

行為及認知

偏見

＋ 知識補充站

　　每個文化中都有其價值觀蘊含在裡面，Edward Hall（1973）整理出有：語言（language，如文字與溝通系統）、時間觀念（temporality，如時間、例行公事、行事曆）、地域觀念（territoriality，如空間、財物）、資源利用（exploitation，如控制、使用權與資源分享）、連結（association，如家庭、親人、社區）、生計（subsistence，如工作、分工）、性別（bisexuality，如不同說話方式、衣著、行為）、學習（learning，如觀察、楷模、教導）、遊戲（play，如幽默、遊戲項目），以及防禦措施（defense，如健康程序、社交衝突、信念）（cited in Ridley, 2005, p.94）。

10-15 **多元文化覺察與培力（續三）**

在如今的多元社會中，治療師的自我覺察需要將自我的世界觀、特權、種族、防衛機制、價值觀、權力與社會政治議題都列入考量，對其他文化抱持著開放、尊重與同理的態度，雖然光有知識並不等於專業，但是至少表示願意開放學習的心態，這一點就彌足珍貴（Leach, Aten, Boyer, Strain, & Bradshaw, 2010, p.14）。換成一般人，也需要有這些多元文化的視野，才可能以謙遜的心態去接納、接觸與學習，要不然只是停留在「覺察」或「認知」的層面，沒有實際的履行行動也是枉然。

Richardson 與 Molinaro（1996）提到，身為一個有文化敏銳度的諮商師，必須有自我世界觀、文化價值與種族認同的覺察能力，必須在了解當事人之前就對自己的部分有用心努力過（Carter, 1991）。諮商師可以覺察的面向有三個：一、全人類共通的人性與經驗；二、文化種族的共通性；三、個人的個別特殊性（Niles, 1993）。

Sue（2001）曾提到多元文化自我覺察的幾個障礙（見右圖），我們一般人也是如此，在面對與自己不同的人時，都會有一些抗拒反應，像是遠離、否認、防衛、貶低對方或是發現後的焦慮，諮商師也要注意自己的這些反應（Leach et al., 2010, p.18）。因此，Ridley（2005, p.134）提醒諮商師在面對種族或文化不同的族群時，對於「抗拒」行為的解讀要特別留意，不要誤解了當事人的表現或行為。

諮商師本身對於自身文化的了解是第一要務，也要清楚自身文化裡的價值觀與可能偏見，接著要對當事人所由來的文化有所涉獵與了解，表現出尊重與好奇，也以「不知」（not-knowing）的態度，願意去詢問及了解當事人，讓當事人成為我們的老師。

Farrell（2009, p.47）提及，要成為多元文化的治療師，諮商師本身願意承諾成為一位自我實現的人，且願意挑戰自己的世界觀，同時了解自己的生存樣貌，是很重要的。治療師本身若較少接觸到其他文化，較常將當事人的問題視為個體內在的問題，而忽略了社會與文化的因素（Atkinson, Thompson, & Grant, 1993, cited in Constantine et al., 2010; Johnson & Sandhu, 2010），這都會減損諮商師的可信度與治療效度。

檢視自己的刻板印象

刻板印象可以讓我們在接觸某一陌生族群時，對其有一些假設或預期，讓自己在心態上有準備，不致於慌亂。但在接觸之後，這些刻板印象則需要做檢視與修正。許多的刻板印象在預測他人時，會有負面的漣漪效應，將一些不好的特質放在某些人身上，導致所謂的「預期效應」，甚至不願意鬆動或改變（McCauley, Stitt, & Segal, 1980, cited in Ridley, 2005, p.98）。

刻板印象的覺察，包括文化、種族、語言、居住區域、性別與性取向、社經地位、身體障礙與創傷、能力、發展程度、婚姻狀態、疾病等等，在日常生活中的覺察往往會展現在諮商實務中，這也提醒諮商師要在諮商室內外保持一致性。

多元文化自我覺察的障礙
（Sue, 2001, cited in Leach et al., 2010, pp.17-18）

諮商師認為自己道德高尚，是值得尊敬的優雅人士，這樣就讓他／她很難去了解與其自我認同衝突的偏見。

當眾或公開討論社會與個人的偏見是不被接受的。

一旦有了領悟，個人就要為其過去與目前的行為負責任。

伴隨之前的領悟而來的情緒，常常很難體會到，而大部分的人也不願意面對這樣的情緒。

 增加跨文化學習的方式（Leach et al., 2010, pp.25-27）

浸潤其他文化的經驗（如有計畫地參與某文化的祭典、儀式或生活若干天），實際與該文化的族群接觸（像是參與教會彌撒）。

舉出特殊文化衝突的關鍵事件並做討論。

 增加跨文化學習的方式

做跨文化的訪談。

10-16 檢視對當事人的態度與文化偏見

檢視自己對於不同背景變項人的感受或態度

態度是一種價值觀的檢視，通常也可以掩飾、不表現出來，然而諮商師要真誠一致面對當事人，並以同樣標準來要求自己。諮商師面對不同背景變項的當事人時，自己的感受是最誠實無偽的，因此特別去覺察自己在面對不同當事人時的感受或想法，就是檢視價值觀或偏見的最佳指標，如會不會因為當事人呈現的模樣或資訊不同，而有不同對待？這些可能與自己的未竟事務或偏見有關。

當事人對於諮商師的態度很敏感，倘若諮商師讓當事人有不公平或是偏見的感受，當事人自然不會持續來做治療，而諮商師也可能已經傷害了當事人。像是有位諮商師面對一位向她現身的同志當事人說：「我知道你以前一定有過創傷。」這樣的陳述不僅表現了諮商師的無常識，也阻斷了當事人對他／她的信任。

檢視諮商理論裡的文化偏見

LaFromboise 與 Jackson（1996）提及，諮商理論是以西方中產階級、白人男性的觀點出發，因此不免受到其重視「個體化」（忽略集體化）、強調內在因素（忽略社會因素）、適應主流文化（忽略非主流文化）等因素的影響，套用到華人社會，自然也需要檢視其適用性，不能如法炮製。

依據「覺察－知識－技巧」的模式，是指諮商師需要檢視自己的世界觀、特權、種族、防衛機制、價值觀、權力與社會政治議題，發展對其他文化的開放、尊重與同理態度，而自我覺察與反思，通常需要諮商師走出自己的舒適圈，去了解自己的價值觀與態度（Roysircar, Gard, Hubbell, & Ortega, 2005, cited in Leach et al., 2010, p.14）。

對於改變的看法與努力

諮商理論相信人都可以改變，因此其目標通常是讓當事人做一些改變，也希望看到當事人在改變後讓生活更好。然而，諮商師本身對於「改變」的看法與執行程度，也需要覺察。

諮商師跟一般人一樣會抗拒改變，但是因為有覺察，了解有時候做一些改變是利多於弊，就願意去執行。諮商師願意身體力行做改變，才會真實體驗及發現改變過程的困難處，這樣在協助當事人執行改變計畫時，會較清楚來龍去脈，也可以分享自己的經驗或感受，更有同理與具說服力。

諮商師也會替自己的不改變找理由，因此少問「為什麼」，因為這只會激發當事人為自己的行為找理由或藉口。因此，諮商師需要覺察自己在日常生活中，是不是常為自己找藉口，怪罪他人而不願負起責任？

以系統或生態觀點出發，有時當事人個人的改變是無效的（如協助家暴受害孩童重拾自信），因為其需要回到原先的有害環境中，就可以考慮是否將其移開環境或將環境做改善。當然，有時候也需要堅持不改變，因為改變可能對當事人有負面的影響，也要注意。人生歷程中「堅持」對的事持續下去，以及做必要的「改變」，都需要智慧的判斷與平衡。

諮商師檢視不同背景變項者（不限於此）

面對不同性別者，我的自在程度是否不同？

對於當事人所談的親密關係，有無異性戀的預設？

對於外表美麗或平庸的當事人，我的對待方式有何不同？

對於肢體有障礙者，我會聯想到什麼？

對於使用方言的當事人，我有什麼想法？

對於願意自費的當事人或是政府公部門轉介來的當事人，是否有不同觀感？

面對反應靈敏與較笨拙的當事人，我的感受不同嗎？

 對於不同文化知能的增進方式

- 了解自己的文化（如漢文化或閩南文化）的由來、特色與價值觀。
- 願意抱持著「主動」與「未知」的態度，去接觸與了解另一個人及其文化。
- 願意花時間去研讀有關其他文化的相關資料或研究。
- 特地找時間去接觸不同族群的人及其文化活動。
- 願意與他人交流彼此不同的想法與世界觀，肯定對方願意分享。
- 願意與不同文化或背景者，就同一議題交換意見，也願意坦承自己的盲點或偏見，並做改進。

10-17 求助能力

諮商師會發現許多當事人需要治療，但是當事人或是重要他人可能沒有「病識感」（知道自己生病），自然不會有求助動作，當然潛在當事人可能會有社會與自我汙名也不意外。破除「公眾汙名化」，是專業助人界需要達成的終極目標，因此教育民眾諮商的相關知識是必要且重要的（Vogel, Wester, Wei, & Boysen, 2005），而諮商師協助當事人了解如何去處理或克服「內化」的汙名，也是重要關鍵（Vogel, Wade, & Haake et al., 2007）。

Vogel 等人（2007）綜合學者意見認為：一般人若有適當足夠的資訊，就不會有更多的羞愧或罪惡感，因此若能讓民眾知道有問題不是他們的錯、問題有轉圜的餘地，以及經過治療之後情況會好轉，可能就是有助於助人專業普羅化（讓一般大眾都能接受）的重要關鍵。

因此，有學者（Bagley & King, 2005）認為：只有使用諮商服務的民眾，對於個人汙名化的感受有所改變，才是最有效的正視聽途徑。當事人可以了解諮商與其過程，自然對於諮商效果更是加數（Tyler & Guth, 2003）。因此，除了讓諮商普羅化、一般大眾都可以了解之外，對於已尋求諮商管道的當事人，也需要讓他／她清楚了解諮商目的、過程該做些什麼、可能的期待為何。即便現在各級學校幾乎都有專業輔導人員或諮商師進駐，但許多教師與學生對於諮商的概念還是很模糊，甚至認為應該有「立竿見影」的療效。

除了當事人之外，許多準諮商師或諮商師也不願意求助，甚至不敢花時間了解自己。倘若諮商師本身都不敢去求助了，那麼如何讓一般大眾將諮商視為專業、願意依賴？連心輔系學生也不免有這些自我或社會汙名的顧慮，很少主動去求助，甚至是等到問題已經非常嚴重、不求助不行了，才會有求助動作（邱珍琬，2013）。

諮商師因為工作的性質，的確需要經常性的同儕支持或討論，也有求助治療師的需求。在諮商師訓練過程中，也需要找諮商師做自我整理、處理未竟事務，而真正進入助人專業這一行後，更是需要有固定督導與討論，才能免於專業的耗竭。

諮商師本身縱使有很好的專業，但是往往涉及與自己有血緣關係者或重要他人時，卻不一定有辦法讓其就醫或做治療，這似乎是許多治療師的痛，當然這也與諮商的普遍被接受程度（普羅化）有關，若是一般大眾對於心理求助的觀念接受度更高，甚至健保可以給付，就不會是問題。

小博士解說

汙　名　化：個人或是生理上的特徵是不被社會所接受的，導致成為一種標記或缺陷。

自我汙名：個人認為自己去尋求心理專業的協助，有損自尊或自我價值，或尋求協助是自己不能接受的。

社會汙名：一般民眾或是社會對於心理疾病的偏見，也是社會大眾所不能接受的。

諮商師本身對於求助的迷思檢視

- 承認自己也是人，會有困境或是想不開的癥結。
- 在臨床工作上碰到問題時，有商量或討論的對象嗎？
- 有沒有自研究所或大學階段就建立的人際支持網路？或是同屬助人專業的同儕團體？
- 願不願意找同儕討論自己的私人議題，或是求助於另一位諮商師？
- 會擔心自己去求助是弱者，或能力不足的表現嗎？
- 會擔心諮商師不能保守祕密嗎？

 求助也是一種能力

知道資源所在並妥善運用。

了解自己並非全能。

助人專業若不相信求助，又如何讓當事人相信求助是可以的？

求助無關乎面子或恥辱，而是能夠將問題做適當解決。

了解人需要彼此幫助，社會才會成形。

10-18 從不同理論中做自我覺察與省思

諮商師可以從所學習的諮商理論中，去做思考與覺察，將所學運用於生活中，在實際操作中充分體會箇中滋味，甚至是辛苦處，就更能同理當事人的情況。諮商師也可能是當事人追隨的典範，而其經驗值自然可以為後事之師。比如說以「行為改變技術」來增加或減少某個行為（如減重）或習慣（喝含糖飲料），諮商師自己先執行計畫，了解箇中甘苦與可能的困難，最後計畫成功，那麼就更可以協助當事人避免復發或是失敗的可能阻礙。

相信佛洛依德的潛意識嗎？認為人格是在三歲之前成型？童年經驗勝於一切，不能更改嗎？人本中心理論的三大核心條件，可否運用在日常生活中？所謂的「無條件積極關注」是否只適用於當事人或職場上，而不是與自己有關係的重要他人？「真誠一致」是自己與他人互動最重要的因素嗎？「同理」的能力又該如何養成？

從與主要照顧人的關係（客體關係）裡，檢視自己與原生家庭重要他人的互動情況與其影響。我們與生命中的重要他人（如父母、手足、主要照顧者或喜愛的人）之間的關係，是不是也反映著我們對主要照顧人的依附行為？而與這些人的關係模式與信念，是我們與他人互動的雛形，也會延伸到成年後的人際與親密關係裡。

理情行為理論的觀點，可以協助我們檢視自己可能的非理性、妨礙生活功能的想法或信念，甚至是自己的生活哲學觀。像是使用貝克三欄的方式來檢視自己的信念或想法是否理性，若是非理性，有無其他想法可替代？當想法改變，是否情緒與行為也隨之改變？我們都是從他人的行動中，去驗證其動機與是否改變的事實（行為主義），我是否相信當改變當事人無效時，就應去改變其環境（生態理論）？或是讓當事人轉換環境？對於家庭是一個系統的理念，是否能夠協助我從更巨觀的角度來看當事人面臨的困擾？

溝通交流分析理論提到，人際的互動包括表面的社會性互動（社會可接受）與內在的心理互動（真實溝通）兩個層面。在與他人互動的同時，可以覺察到自己的真實感受嗎？是以怎樣的面貌與對方互動？潛隱的需求為何？是否與對方在玩同樣的遊戲？厭倦了嗎？

在生活中檢視與執行理論的同時，我們就可以找到自己相信的核心理論，因為這些理論可以解釋我們的經驗。不同取向的諮商理論看人性與世界的角度雖不同，但也有其共通性，諮商師實地去實驗與檢視，更能夠落實理論的精髓，甚至若發現不妥或不適當之處時，可做修正與改善。

從不同理論體驗與省思（舉隅）

| 動力取向 | • 檢視自己常用的防衛機轉為何？
• 檢視自己從父母關係中學到哪些？
• 將常做的夢記錄下來分析。 |

| 體驗與關係
取向 | • 觀察周遭人事物，以對方立場寫下可能的感受與想法。
• 訪問家長其中一位，請其舉出八歲之前印象最深的記憶，
分析其性格與重要價值觀。 |

| 行為取向 | • 做一個小的「行為改變計畫」，去「增加」或「減少」一個行為出現的次數。
• 將自己房間的家具做重新布置，看看感受有何不同？
• 只以簡單的「很好」（只要其接近目標行為就說「很好」），
請一位同學完成一項工作或動作。 |

| 認知行為取向 | • 觀察街上人們的行為，並做猜測。
• 思考為何自己對某人有偏見，列出理由與事實。
• 將自己不喜歡的事列出五項，並記下另一個變通想法。 |

| 後現代取向 | • 從自己不喜歡的人身上找出五個優點。
• 將雙親之一的成長故事記錄下來，並給予一個適切標題。
• 為一個弱勢族群擬一個說帖。 |

| 生態脈絡取向 | • 以你／妳居住的社區為對象，撰寫一個改善計畫。
• 與一群友人或志同道合者，為社區（或裡面的居民）進行一個小小義工服務。
• 訪問你不熟悉的族群（如原民或新住民）中一人的生命重要事件與影響。 |

10-19 諮商師的專業倫理、道德操守與責任

專業倫理與道德操守

一般人有法律規範最基本的行為規範，每一行業都有其職業倫理要遵守，當然諮商師也有需要遵守的專業倫理。專業倫理是維護民眾福祉、確保諮商服務品質，而對該行業人員的約束。然而，許多的專業倫理尚未與法律連結，因此頂多只能將其自公會中驅逐，卻不能保證其中止營業。近年來，國內有越來越多諮商師性騷或性侵實習生或學生，以及不適當執業的法律告訴發生，不僅傷害了當事人與其家庭，也損毀了諮商專業的形象。

基本上，研究生在學校僅修習兩個或三個學分的「專業倫理」課程是相當不足的，在實際臨床實務中會遭遇的倫理議題千變萬化，除了諮商師本身有足夠敏銳的覺察外，還需要有同儕或是資深治療師與法律專家，可供討論與諮詢，要不然很容易就因為疏忽而釀成傷害。回歸到諮商師的覺察，自然也需要觸及這一部分。倫理上的自律是諮商師很重要的道德與專業操守，也是為人處事的圭臬標準。

諮商師在臨床上遭遇倫理困境或覺得不對勁時，會不會相信自己的直覺，找同儕或督導討論？或是去查閱相關倫理規則與範例，以確定自己的懷疑無誤？自己是不是恪遵專業倫理的行為？擔任督導時，是否也留意到受督導者或實習生的倫理行為與議題？必要時採取適當的了解或申訴行動？

諮商師為弱勢發聲與改變代言

除了遵循與提升專業助人倫理之外，諮商師也是社會的一分子，需要為更好的生活品質與改善社會而努力，成為社會或政策改變的代言人或媒介，是必要的。諮商師不是在諮商室裡做治療即可，還要處理相關行政事務、推展業務或到府做外展服務（reach-out services）。另外，很重要的是要為弱勢族群發聲，成為社會改變的媒介或動能（agent），因此諮商師必須要有「社會正義」的理念，才會了解當事人的需求與社會文化脈絡是一體的，而有些制度或規範必須要做適度更動，才能讓在社會中生存的人，可享公平與更多的福祉。

諮商師除了藉由公會發聲或倡議之外，還有一項很重要的發聲管道，就是做研究。經過一連串系統的科學程序所得到的研究結果，不是道聽塗說而來，自然有其可信度，在政府或是相關單位擬定重要政策前，一定會需要「有所依據」，這些依據就是從蒐羅相關議題的「研究」而來。許多臨床治療師不願意投入研究委實可惜，不僅少了將實務與理論做對應或修正的機會，也無法將當事人或弱勢族群的困境，傳達給社會或政府知悉，以做為改善依據。

諮商師在日常生活與臨床工作中，是不是也關注到一些不公不義的現象？會不會挺身而出，或思考改進的方式？若是可以整合相關的資源或人力，做系統有效的改善計畫，自然受益者更多，倘若無法一時之間做到這麼多，就從身邊的小事件開始，因為有時候「不作為」也是錯的。

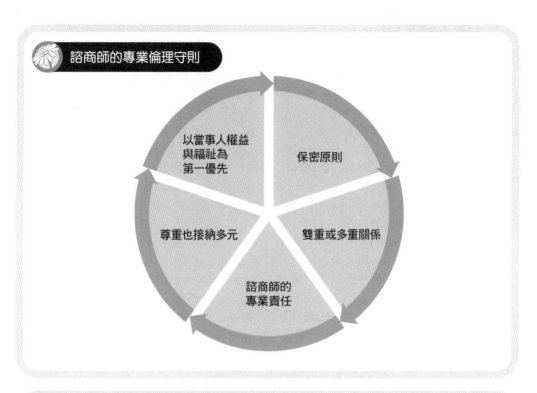

諮商師的專業倫理守則

以當事人權益與福祉為第一優先

保密原則

雙重或多重關係

諮商師的專業責任

尊重也接納多元

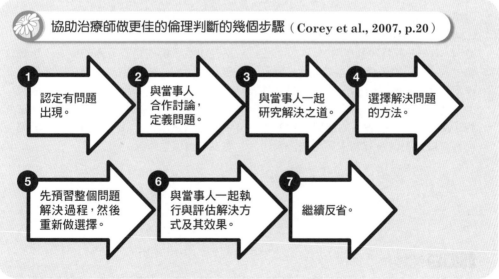

協助治療師做更佳的倫理判斷的幾個步驟（Corey et al., 2007, p.20）

1 認定有問題出現。

2 與當事人合作討論，定義問題。

3 與當事人一起研究解決之道。

4 選擇解決問題的方法。

5 先預習整個問題解決過程，然後重新做選擇。

6 與當事人一起執行與評估解決方式及其效果。

7 繼續反省。

從這裡開始

做完這一系列的自我探索與覺察之旅，有沒有感受到你對自己更了解、更有自信、更誠實，也更有勇氣？如果是如此，那麼你／妳不僅能真誠過生活，相信你／妳也是熱愛生命與自己，願意奉獻所學所能，為更美好的社會及世界而努力。

國內許多與諮商師培育相關系所的課程裡，都有自我覺察與成長的課程，像是臺灣師大、暨南大學、臺中教育大學、臺南大學、文化大學與南華大學等，內容有不同偏重，也顯示了自我覺察能力與助人專業的重要性。

自我覺察課程在學習效果的影響，主要有教師、作業單與要求，以及討論主題等重要因素；課程架構、分享互動、引導思考的作業，以及安全自由的討論環境，是學生感受最深的（陳金燕、王麗斐，1998）。

陳金燕（1996）以工作坊的訓練課程為例，有三項課程設計準則：一、從「認知思考」到「體驗感受」；二、從「發現線索」到「理解接納」；三、從「借助外力」到「自發於內」，也就是從「體驗」到「接受」到「自省」的進程（p.43）；而在實際執行時，就將主題分為身體、互動、內在與「身心整合」等單元。也因此，綜觀諮商教育者認為自我覺察的基本理念在於：「以人為本，回歸自我」與「強調體驗，刺激思考」，而運用在實際教學中，就是有認知（一般知識教學）、思考（討論與作業）、體驗與練習的活動驂入（陳金燕，1998）。

儘管增進自我覺察的方式或有不同，而體驗式架構以及讓不同文化的族群來做說明，也是一種有效的課程設計（Colby & Long, 1994; Heppner & O' Brien, 1994），而唯有經歷過體驗的階段，準諮商師（或受訓的諮商師）才容易拿捏當事人的感受，明白自己的可能未竟事務，並進一步做更有效的諮商處理（Lutwak, 1993/94; Sharkin & Gelso, 1993）。

國內陳金燕與王麗斐（1998）曾就選修「自我覺察」課程之師院學生做成果訪談研究，也印證了課程的效果，包括在自我了解與信心方面的提升，也表現在家人與人際關係的進展，而邱珍琬（2002）在檢視學生覺察日誌時，發現有幾個重複出現的主題：人際（包括家人與親密關係）、自我、理論印證、諮商實務體會與生涯等。

小博士解說

覺察的面向有許多，需要個體自己願意去執行、覺察才有其意義與功效。雖然覺察與反省的功課可以由他人提醒開始，慢慢轉化為自己主動的工作，然而，要悅納他人之建議與批評並不容易，若要讓自己更好，這都是可以克服的障礙。

給諮商師
的提醒

★ 時常檢視自己為何要從事諮商助人的初衷為何,特別是在遭遇困挫或
  瓶頸時,要把自己的初衷找回來。

★ 抱持著未知與好奇的態度,可以讓自己的心胸及視野更廣闊,也有更
  多的創意。

★ 諮商還是有基本功,包含對於諮商理論與技術、人類發展、團體動力
  與運作等,都需要靠一再研讀相關研究與資訊、參與研討會或繼續教
  育課程,以及與同儕間的互動及討論日積月累,讓這些底子更紮實穩
  固,運用起來才不會左支右絀,心虛不踏實。

★ 如何將對於理論與實務的理解、對當事人的了解,以「深入淺出」的
  方式展現出來?

★ 要重視自己的直覺,不要企圖用認知去否定它,因為有時候直覺可以
  引導我們做最正確的決定與行動。

從這裡開始（續一）

以羅明華（2000）為例，在為期十八週的課程裡，授課教師安排了三個目標：一、自我了解；二、人己關係；三、過去經驗的影響。而在課程主題安排上包括：認識自我、與家人關係、性別、時間、角色、責任、情緒、關係、經驗、冒險、生涯與死亡。課程進行方式還包括根據不同主題所設計的「作業單」。

儘管許多諮商師教育訓練中，會將「自我覺察」置入潛在課程的學習中，但是沒有實際活動或是經驗的搭配，就如同Toporek（2001）特別提到的：頂多只是增加不同課程而已，對於實際的行為學習與運用並沒有助益，也就是認知與行為是分開的，就像理論與實務不搭配一樣。

研究者在多年的授課過程中也發現，搭配適當的家庭作業（homework），可以讓學生在實際體驗活動中，更深一層了解主題內涵，在互動過程中也會有較多的心得分享（Jordan, 1999）。

此外，「覺察日誌」的書寫，可以讓學習者彌補上課時討論之不足，進一步針對自己的感思做統整與反省，這也印證了 Hazler 與 Kottler（1994）認為札記撰寫的幾個優勢，包括記錄自己所思所想（包括閱讀心得與領悟）、記錄自我成長（比如自我生活挑戰與因應、新觀念運用情形、做自我對話與未竟事務的完成）、技巧演練與理論印證等等。

有學者（Hill , 2003; Westwood, 1994）特別提到覺察、知識與技術，是我們用來了解自我、他人與社會環境的主要面向，間接說明了光是覺察的領悟、知識的理解還不夠，得要加上實際的運用與操作（技術），才可能發揮更佳功能。

如果以陳金燕（2003）的說法，「領悟」與「知識」是靜態的覺察，那麼「行動」或「技術」就是動態的覺察。國內通識教育課程中有「自我探索課程」，其內容多為大一新生入學相關資訊，少部分將「自我認識」納入；而諮商師教育的一般作法，則是融入課程中，沒有特別就諮商師的自我覺察設計一門課程。目前，已有多所學校特別開設「自我探索」或「成長」課程，只是沒有特定的參考書籍。

即便不是規劃在諮商師訓練課程裡，每個人還是可以依據自己的方式進行自我探索與覺察，自我覺察只是第一步，接下來的行動才是重點。

小博士解說

自我覺察的功課不是只靠一門課程就可以達成，而是以課程為敲門磚，持續在生活與專業上做覺察及行動跟進，務期將覺察工作變成一種敏銳的習慣，有助於自我與專業成長。

Memo

參考書目

刁筱華譯（1999）。《愛是一個故事一個故事：26 種愛情關係新理論》（*Love is a story : a new theory of relationships*, by Robert J. Sternberg）。臺北：遠流。

王珍妮（譯）（2001/2002）。《生與死的教育》（*SEITO GHI NO KYOUIKU*, by Alfons Deeken, 2001）。臺北：心理。

吳妍儀（譯）（2016）。《哲學經典的 32 堂公開課》（*Philosophy: The classic 4ᵗʰ ed.*, by Nigel Warburton,2015）。臺北：漫遊者。

林美珠、田秀蘭（譯）（2013）。《助人技巧：探索、洞察與行動的催化》（*Helping skills: Facilitating exploration, insight, and action*, by Hill, C. E., 2009）。臺北：學富。

邱珍琬（2002）。〈自我覺察札記在諮商師養成教育中的運用與實際〉。《輔導季刊》，38（3），66-74。

邱珍琬（2010）。《協助自傷青少年：了解與治療自傷》（*Helping teens who cut: Understanding and ending self-injury*, by M. Hollander）。臺北：五南。

邱珍琬（2013）。〈大學生生活樣態——以南部一公立大學為例〉。《中正教育研究》，12（1），29-70。

邱珍琬（2013）。〈大學生對諮商的迷思——以心輔系學生為例〉。《高師大諮商心理與復健諮商學報》，25，167-195。

邱珍琬（2014）。〈大學生知覺從原生家庭帶來的傷痛與影響〉。《亞洲家庭暴力與性侵害期刊》，10（1），53-86。

邱珍琬（2015）。〈大陸交換學生眼中的臺灣學生〉。《高雄應用科技大學人文與社會科學學刊》。1（2），27-45。

邱珍琬（2016）。諮商師的創意（手稿）。

易之新譯（2008）。《再生之旅——藉再決定治療改變一生》（*Changing lives through redecision therapy.* Goulding, R. L. & Goulding, M. M.（1979）。臺北：心理。

林綺雲、徐有進、張盈堃與陳芳玲譯（2007）。《死亡教育與研究－——批判的觀點》（*Death Education & Research: Critical Perspectives,* by W. G.Warren,1998）。臺北：洪葉文化。

金樹人（1998）。〈存在主義諮商法〉，收錄於賴保禎、金樹人、周文欽、張德聰（編著）（pp.151-172）：《諮商理論與技術》（修訂再版）。臺北：國立空中大學。

洪蘭（譯）（2016）。《自癒是大腦的本能》（*The brain's way of healing: Remarkable discoveries and recoveries from the frontiers of neuroplasticity,* by Norman Doidge, 2015）。臺北：遠流。

胡展誥（2016）。《遇見生命最真實的力量》。臺北：聯經。

韋啟昌譯（2014）。《人生的智慧》（*The wisdom of life*, by A. Schopenhauer）。臺北：新雨。

紐則誠、趙可式、胡文郁編著（2005）。《生死學》（二版）。臺北縣：國立空中大學。

陳金燕（1993）。〈從諮商員的「自我覺察」（self-awareness）談諮商員教育〉。《輔導季刊》，29（3），62-69。

陳金燕（1996）。〈自我覺察訓練方案初探〉。《輔導季刊》，32（3），43-50。

陳金燕（1998）。〈諮商教育工作者於諮商員養成教育課程中實施「自我覺察訓練」之原則、作法與成效之研究〉。《中華輔導學報》，6，154-194。

陳金燕（2003）。〈自我覺察在諮商專業中之意涵：兼論自我覺察督導模式〉。《應用心理研究》，18，59-87。

陳金燕、王麗斐（1998）。〈諮商學習者在「自我覺察課程」之學習歷程與追蹤效果之探討研究〉。《中華輔導學報》，6，116-153。

梁永安譯（2016）。《當下的力量：通往靈性開悟的指引》（*The power of now: A guide to spiritual enlightenment*, by E. Tolle, 2004）。臺北：橡實文化。

曾貝露（2011）。《完形治療對父母離異青少年之未竟事務的效果研究──單一個案研究的應用》。高雄師範大學輔導與諮商研究所博士論文，未出版。

張美惠譯（2015）。《創傷的積極力量（上）》（*Post traumatic success: Positive psychology & solution-focused strategies to help clients survive and thrive*, by F. Bannink, 2014）。臺北：張老師文化。

張盈堃（2004）。〈解構死亡：兩種「後」的論述〉。收錄於林綺雲、張盈堃、與徐明瀚著：《生死學──基進與批判的取向》（pp.54-86）。臺北：洪葉文化。

游美惠（2014）。〈親密關係〉。收錄於黃淑玲、游美惠主編：《性別向度與臺灣社會》（pp.57-86）。臺北：巨流。

黃囇莉（2014）。〈性別歧視的多重樣貌〉。收錄於黃淑玲、游美惠主編：《性別向度與臺灣社會》（pp.3-26）。臺北：巨流。

張春興（1989）。《張氏心理學辭典》。臺北：東華。

張盈堃（2004）。〈解構死亡：兩種「後」的論述〉。收錄於林綺雲、張盈堃、與徐明瀚著：《生死學──基進與批判的取向》（pp.54-86）。臺北：洪葉文化。

張德芬譯（2008）。《一個新世界：喚醒內在的力量》（A new earth, by E. Tolle, 2006）。臺北：方智。

張鳳燕、楊妙芬、邱珍琬、蔡素紋譯（1998/2002）。《人格心理學──策略與議題》（*Personality: Strategies & issues.* by Liebert, R. M., &Liebert, L. L., 1998）。臺北：五南。

楊明磊（2009）。〈男性諮商的權力關係與特殊議題〉。《國際中華性學雜誌》，9（3），45-48。

蔡明昌、張啟泰（2014）。〈國小學童旁觀者的霸凌因應方式之研究〉。《輔導季刊》，50（1），23-33。

劉乃誌等（譯）（2010）。《是情緒糟，不是你很糟：穿透憂鬱的內觀力量》（*The mindful way through depression: Freeing yourself from chronic unhappiness,* by Williams, Teasdale, Segal, & Kabat-Zinn，2007）。臺北：心靈工坊。

劉震鐘、鄧博仁譯。《死亡心理學（第二版）》（2005）（*Psychology of death,* by R. Kastenbaum, 1992）。臺北：國立編譯館、五南出版社。

羅明華（民89）。「自我覺察與成長課程大綱」。臺中師院初等教育系網站。（http://

et.ntctc.edu.tw/ 自我覺察與成長.htm

Alexander, P. C., & Warner, S.(2003). Attachment theory and family systems theory as frameworks for understanding the intergenerational transmission of family violence. In P. Erdman & T. Caffery(Eds.), *Attachment and Family systems*(pp.241-258). New York: Brunner & Routledge.

Bagley, C. & King, M.(2005). Exploration of three stigma scales in 83 users of mental health services: Implications for campaigns to reduce stigma. *Journal of Mental Health*, 14(4), 343-355.

Ballard, D.(2001). Adolescent health: For girls, having dad around is preventive medicine. *Women's Health Weekly*, 7-8.

Beck, A. T., & Weishaar, M.(1995). Cognitive therapy. In R. J. Corsini & D. Wedding(Eds.), *Current psychotherapies*. Itasca: F. E. Peacock Publishers.

Becvar, D. S., & Becvar, R. J.(2009). F*amily therapy: A systemic integration*(7th ed.). Boston, MA:Pearson Education.

Blanco, P. J., Muro, J. H., & Stickley, V. K.(2014). Understanding the concept of genuineness in play therapy: Implications for the supervision and teaching of beginning play therapist. *International Journal of Play Therapy, 23*(1), 44-54.

Bogaert, A. F.(2005). Age at puberty and father absence in a national probability sample. *Journal of Adolescence, 28*(4), 541-546.

Brown, L. S.(2008). Feminist therapy. In J. L. Lebow (Ed.), *Twenty-first century psychotherapies: Contemporary approaches to theory & practice* (pp.277-306). Hoboken, N. J.: John Wiley & Sons.

Brown, S. L., & May, K. M.(2009). Counseling with women. In C. M. Ellis & J. Carlson(Eds.), *Cross cultural awareness & social justice in counseling*(pp.61-87). N.Y.: Routledge.

Brown, S. P. & Parham, T. A.(1996). Influence of a cross-cultural training course on racial identity attitudes of White women and men. *Journal of Counseling & Development, 74*(5), 510-516.

Buchbinder, E., & Eisikovits, Z.(2003). Battered women's entrapment in shame: A phenomenological study. *American Journal of Orthopsychiatry,73*(4), 355-366.

Capuzzi, D. & Gross, D. R.(1995). Achieving a personal and professional identity. In D. Capuzzi& D. R. Gross(Eds.)(pp.29-50). *Counseling & psychotherapy: Theories & interventions*. London:Prentice-Hall, Inc.

Carter, R. T.(1991). Cultural values: A review of empirical research and implications for counseling. *Journal of Counseling & Development, 70*(1), 164-173.

Cashdan, S.(1988). *Object relations therapy: Using the relationship.* N. Y.: W.W. Norton & Company.

Colby, C. R. & Long, L. L.(1994). The use of a mock trial as an instructional method in counselor preparation. *Counselor Education & Supervision, 34*(1), 58-75.

Cole, M. & Cole, S. R.(1993). *Development of children*(2nd ed.).N.Y.: Scientific American Books.

Collins, L. H.(2002). Alcohol and drug addiction in women: Phenomenology and prevention. In M. Ballou & L. S. Brown(Eds.), *Rethinking mental health &*

Constantine, M. G., Miville, M. L., Kindaichi, M. M., & Owens, D.(2010). Caseconceptualizations of mental health counselors: Implications for the delivery of culturally competent care. In M. M. Leach & J. D. Aten(Eds.), *Culture &the therapeutic process: A guide for mental health professionals*(pp.99-115). N. Y. : Routledge.

Coombes, K., & Anderson, R.(2000). The impact of family of origin on social workers from alcoholic families. *Clinical Social Work Journal, 28*(3), 281-302.

Cormier, L. S. & Hackney, H.(1993). *The professional counselor: A process guide to helping.* Boston, MA: Allyn & Bacon.

Corey, G.(1991). *Theory and practice of counseling and psychotherapy*(4th ed.). Pacific Grove, CA: Brooks/Cole.

Corey, G.(2001). *The art of integrative counseling.* Belmont, CA: Brooks/Cole.

Corey, G.(2005). *Theory and practice of counseling and psychotherapy*(7th ed.). Belmont, CA: Brooks/Cole——Thomson Learning.

Corey, G.(2009). *Theory and practice of counseling and psychotherapy*(8thed.). Belmont, CA: Brooks/Cole——Thomson Learning.

Corey, M. & Corey, G.(2002). *I never knew I had a choice: Explorations in personal growth.* Belmont, CA: Brooks/Cole.

Corey, G. & Corey, M. S.(2002). *I never knew I had a choice: Explorations in personal growth*(7 th ed.). Pacific Grove, CA: Brooks/Cole.

Corey, G., Corey, M. S., & Callanan, P.(2007). *Issues and ethics in the helping professions*(7 th ed.). Belmont, CA: Thomson Higher Education.

Corey, M. S., & Corey, G.(2011). Becoming a helper(6 th ed.).Belmont, CA: Brooks/Cole.

Corr, C. A., Nabe, C. M., & Corr, D. M. (2000). *Death and dying, life and living* (3rd ed.). Belmont, CA: Wadsworth.

Coyne, J. J., Barrett, P. M., & Duffy, A. L.(2000). Threat vigilance in child witnesses of domestic violence: A pilot study utilizing the ambiguous situations paradigm. *Journal of Child & Family Studies, 9*(3), 377-388.

DeLucia-Waack, J. L., & Fauth, J.(2004).In L. E. Tyson, R. Perusse, & J.Whitledge(Eds.), *Critical incidents in group counseling*(pp.136-150). Alexandria, VA: American Counseling Association.

Dryden, W.(1999). *Rational emotive behavioral counseling in action*(2 nd ed.). London: Sage.

Dryden, W.(2007).*Rational emotive behavioral therapy*. In W. Dryden(Ed.), *Dryden's handbook of individual therapy*(5 [th] ed)(pp.352-378). London: Sage.

Duval, T. S., Silvia, P. &Lalwani, N.(2001). *Self-awareness & causal attribution: A dual systems theory.* Boston, MA: Kluwer Academic Publishers.

Edleson, J. L.(2004). Should childhood exposure to adult domestic violence be defined as child maltreatment under the law? In P. G. Jaffe, L. L. Baker, & A. J. Cunningham(Eds.), *Protecting children from domestic violence——Strategies for community intervention*(pp.8-29). N. Y.: Guilford.

Ellis, A.(1997). The future of cognitive-behavior and rational emotive behavior therapy. In S. Palmer & V. Varma(Eds.), *The future of counseling & psychotherapy*(pp.1-14). London: Sage.

Ellis, M. V., Hutman, H., & Chapin, J.(2015). Reducing supervisee anxiety: Effects of a Role Induction Intervention for clinical supervision. *Journal of Counseling Psychology,* 取自 http://dx.doi.org/10.1037/cou0000099 8/5/15 檢索

Englar-Carlson, M.(2009). Counseling with men. In C. M. Ellis & J.Carlson(Eds.), *Cross cultural awareness & social justice in counseling*(pp.89-120). N.Y.: Routledge.

Erikson, J. M.(1997). *The life cycle completed*(Erik H. Erikson, extended version with new chapters on the ninth stage of development).N.Y.: W. W. Norton & Company.

Forgas, J. P., & Vargas, P. T. (2000). The effects of mood on social judgement and reasoning. In M. Lewis & J. M. Haviland-Jones (Eds.), *Handbook of emotions* (2nd ed.)(pp.350-367). N.Y.: Guilford.

Fraley, R. C., Hudson, N. W., Heffernan, M. E., & Segal, N.(2015). Are adult attachment styles categorical or dimensional? A taxometric analysis of general and relationship-specific attachment orientations. *Journal of Personality & Psychology, 109*(2), 354-368.

Fraley, R. C., Roisman, G. I., Booth-LaForce, C., Owen, M. T., & Holland, A. S. (2013). Interperaonal and genetic origins of adult attachment styles: A longitudinal study from infancy to early adulthood. *Journal of Personality & Psychology, 104*(5), 817-838. DOI:10.10337/a0031435

Farrell, R. L.(2009). Developing a diverse counseling posture. In C. M. Ellis & J. Carlson(Eds.), *Cross cultural awareness & social justice in counseling*(pp.45-60). N.Y.: Routledge.

Firestone, R. W., Firestone, L. A., & Catlett, J.(2003). *Creating a life of meaning & compassion: The wisdom of psychotherapy.* Washington, DC: American Psychological Association.

Gable, S. L., & Gosnell, C. L.(2011).The positive side of close relationships. In K. M. Sheldon, T. B. Kashdan, & M. F. Steger(Eds.), *Designing positive psychology: Taking stock & moving forward*(265-279). N.Y.: Oxford University Press.

Galinsky, E.(1987). *The six stages of parenthood*. New York: Addison-Wesley.

George, R. L., & Christiani, T. L.(1995). *Counseling theory and practice*(4th ed.). MA, Needham Heights: Simon & Schuster Company.

Gilliland, B. E., & James, R. K.(1998). *Theories and strategies in counseling and psychotherapy*(4 th ed.). Needham Heights, MA: Allyn & Bacon.

Gilliland, B. E., James, R. K., & Bowman, J. T.(1989).*Theories and strategies in counseling and psychotherapy*(2 nd ed.). Eaglewood Cliffs, NJ:Prentice Hall.

Gladding, S. T.(1999). The faceless nature of racism: A counselor's journey. *Journal of Humanistic Counseling, Education & Development*, 37(3), 182-187.

Hackney, H. L., & Cormier, S.(2009). *The professional counselor: A process guide to helping*. Upper Saddle, NJ: Pearson.

Halbur, D. A., & Halbur, K. V.(2006). *Developing your theoretical orientation in counseling and psychotherapy*. Boston, MA: Pearson Education, Inc.

Hazler, R. & Kottler, J.(1994). *The emerging professional counselor: Student dreams to professional realities*. Alexandria, VA: American Counseling Association.

Hendry, E. B.(1998). Children and domestic violence: A training imperative. *Child Abuse Review, 7*, 129-134.

Heppner, M. J. & O'Brien, K. M.(1994). Multicultural counselor training: Students' perceptions of helpful and hindering events. *Counselor Education & Supervision, 34*(1), 4-18.

Hill, N. R.(2003). Promoting and celebrating multicultural competence in counselor trainees. *CounselorEducation & Supervision, 43*(1), 39-51.

Himelstein, S.(2013). *A mindfulness-based approach to working with high-risk adolescents*. N.Y.: Routeldge.

Holmes, J.(1993). *John Bowlby and attachment theory*. London:Routledge.

Hooks, b. (2004). *The will to change: Men, masculinity, and love*. N. Y.:Artiabooks.

Geldard, K., & Geldard, D.(2009). *Relationship counseling for children, young people & families*. London: Sage.

Ivey, A. E., D'Andrea, M., Bradford Ivey, M., & Simek-Morgan, L.(2007).*Theories of counseling & psychotherapy: A multicultural perspective*(6th ed.). Boston, MA: Allyn & Bacon.

Ivey, A. E., & Ivey, M. B.(2008). *Essentials of intentional interviewing: Counseling in a multicultural world*. Belmonet, CA: Thomson Higher Education.

Jacobs, M.(2004). *Psychodynamic counseling in action*(3 rd ed.). London: Sage.

Johnson, L. R., & Sandhu, D. S.(2010). Treatment planning in a multicultural context: Some suggestions for counselors & psychotherapists. In M. M. Leach & J. D. Aten(Eds.), *Culture & the therapeutic process: A guide for mental health professionals*(pp.117-156). N. Y.: Routledge.

Johnson, S. M., Makinen, J. A., & Millkin, J. W.(2001). Attachment injuries in couple relationships: A new perspective on impasses in couples therapy. *Journal of Marital and Family Therapy, 27*(2), 145-155.

Jordan, S. K.(1999). Revising the ethics code of the IAMFC—A training exercise for counseling psychology and counselor education students. *Family Journal, 7*(2), 170-175.

Kahn, M.(1997). *Between therapist and client: The new relationship*(Rev. ed.). N.Y.:W. E. Freeman.

Kamsner, S.(2000). The relationship between adult psychological adjustment and childhood sexual abuse, childhood physical abuse, and family-of-origin characteristics. *Journal of Interpersonal Violence, 15*(12), 1243-1261.

Kaplan, S. J.(2000). Family violence. In C. C. Bell(Ed.), *Psychiatric aspects of violence: Issues in prevention and treatment* (pp.49-62). San Francisco, CA: Jossey-Bass.

Kensit, D. A.(2000).Rogerian theory: A critique of the effectiveness of pure client-centered therapy. *Counseling Psychology Quarterly, 13*(4), 345-351.

Kellogg, S. H., & Young, J. E.(2008). Cognitive therapy. In J. L. Lebow(ed.), *Twenty-first century psychotherapies: Contemporary approaches to theory & practice*(pp.43-79). Hoboken, N. J.: John Wiley & Sons.

Kwong, M. I., Bartholomew, K., Henderson, A. J. Z., & Trinke, S.(2003). The intergenerational transmission of relationship violence. *Journal of Family Psychology, 17*(3), 288-301.

LaFromboise, T., & Jackson, M.(1996). MCT theory and Native-American populations. *In A theory of multicultural counseling & therapy*(Sue, D. W., Ivey, A. E., & Pedersen, P. B., pp.192-203). Pacific Grove, CA: Brooks/Cole.

Larson, J. H., Peterson, D. J., Heath, V. A., & Birch, P.(2000). The relationship between perceived dysfunctional family-of-origin rules and intimacy in young adult dating relationship. *Journal of Sex and Marital Therapy, 26*, 161-175.

Leach, M. M. &Aten, J. D.(2010). An introduction to the practical incorporation of culture into practice. In M. M. Leach & J. D. Aten(Eds.), *Culture & the therapeutic process: A guide for mental health professionals*(pp.1-12). N. Y.: Routledge.

Leach, M. M., Aten, J. D., Boyer, M. C., Strain, J. D., & Bradshaw, A. K.(2010). Developing therapist self-awareness &knowledge.In M. M. Leach & J. D. Aten(Eds.), *Culture & the therapeutic process: A guide for mental health professionals*(pp.13-36). N. Y.: Routledge.

Lewis, P. & Simpson, R.(2007). *Gendering emotions in organizations.* N. Y.: Palgrave MacMillan.

Lister-Ford, C.(2002). Skills in transactional analysis counseling and psychotherapy. London: Sage.

Locke, D. C.(2001). ACES at its best: Celebrating the human spirit. *Counselor Education &*

Supervision,40(4), 242-241.

Lutwak, N.(1993/94). Conceptual level and therapeutic responsiveness among counselor trainees. *CurrentPsychology, 12*(4), 353-363.

Lyubomirsky, S.(2007). *The how of happiness: A scientific approach to getting the life you want.* New York: Penguin Press.

Makinen, J. A., & Johnson, S. M.(2006). Resolving attachment injuries in couples using emotionally focused therapy: Steps toward forgiveness and reconciliation. *Journal of Consulting and Clinical Psychology, 74*(6), 1055-1064.

Martin, S. G.(2002). Children exposed to domestic violence: Psychological considerations for health care practitioners. *Holistic Nursing Practice, 16*(3), 7-15.

May, R.(1953). *Man's search for himself.* New York: W. W. Norton & Company.

McKay, M. M.(1994). The link between domestic violence and child abuse: Assessment and treatment considerations. *Child Welfare, 73*(1), 29-39.

Mearns, D., & Thorne, B.(2007). *Person-centered counseling in action*(3ᵗʰ ed.). London: Sage.

Mellor, P. A.(1993). Death in high modernity: the contemporary presence and absence of death. In D. Clark(ed.)*Sociology of death*(pp.11-30). Oxford, UK: Blackwell.

Mones, A. G.., & Schwartz, R. C.(2007). The functional hypothesis: A family systems contribution toward an understanding of the healing process of the common factors. *Journal of Psychotherapy Integration, 17*(4), 314-329.

Morrel, T. M., Dubowitz, H., Kerr, M. A., & Black, M. M.(2003). The effect of maternal victimization on children: A cross-informant study. *Journal of Family Violence, 18*(1), 29-41.

Mortiboys, A.(2005). *Teaching with emotional intelligence: A step-by-step guidefor higher and further education professionals.* London: Routledge.

Naaman, S., Pappas, J. D., Makinen, J., Zuccarini, D., & Johnson-Douglas, S.(2005). Treating attachment injuries couples with emotional focused therapy: A case study approach. *Psychiatry, 68*(1), 55-77.

Nichols, M. P.(1992). *The power of family therapy.* Lake Worth, FL: Gardner.

Nichols, M. P.(2010). *Family therapy: Concepts and methods*(9ᵗʰ ed.). Boston, MA: Allyn & Bacon.

Niles, F. S.(1993). Issues in multicultural counselor education. *Journal of Multicultural Counseling &Development, 21*(1), 14-21.

Osofsky, J. D.(2003). Prevalence of children's exposure to domestic violence and child maltreatment: Implications for prevention and intervention. *Clinical Child & Family Psychology Review, 6*(3), 161-170.

Pedersen, P.(1988). *Handbook for developing multicultural awareness.* Alexandria, VA: AACD Press.

125. Perkins, R. M.(2001). The father-daughter relationship: Familial interactions that impact a daughter's style of life. *College Student Journal , 35*(4), 616-626.

Ponterotto, J. G., Casas, J. M., Suzuki, L. A., & Alexander, C. M.(2010). Counselor social justice in action: Lessons from the field. In Ponterotto, J. G., Casas, J. M., Suzuki, L. A., & Alexander, C. M.(Eds.), *Handbook of multicultural counseling*(3rd ed.)(pp.545-546). Thousand Oaks, CA: Sage.

Reissland, N.(2012). *The development of emotional intelligence.* UK: Routledge.

Richardson, T. Q. & Molinaro, K. L.(1996). White counselor self-awareness: A prerequisite for developing multicultural competence. J*ournal of Counseling & Development, 74*(3), 238-242.

Ridley, C. R.(2005). *Overcoming unintentional racism in counseling & therapy: A practitioner's guide to intentional intervention*(2nd ed.). Thousand Oaks, CA: Sage.

Roberts, A. R.(2005). *Crisis intervention handbook: Assessment, treatment, &research*(3rd ed.). N.Y.: Oxford University Press.

Rosenbaum, A. & Leisring, P. A.(2003). Beyond power and control: Towards an understanding of partner abusive men. *Journal of Comparative Family Studies, 34*(1), 7-22.

Roysircar, G., & Gill, P. A.,(2010). Cultural encapsulation and decapsulation of therapist trainees. In M. M. Leach & J. D. Aten(Eds.), *Culture & the therapeutic process: A guide for mental health professionals*(pp.157-180). N. Y.: Routledge.

Russel, R., Gill, P., Coyne, A., & Woody, J.(1993). Dysfunction in the family of origin of MSW and other graduate students. *Journal of Social Work Education,29*(1), 121-129.

134. Sarafino, E. P.(2005). Context and perspectives in health psychology. In S. Sutton, A. Baum, & M. Johnson(Eds.), *Sage handbook of health psychology*(pp.1-26). London: Sage.

Scheele, A. M.(2005). *Launch tour career in college: Strategies for students, educators, & parents.* Westport, CT: Praeger.

Schneider Corey, M. & Corey, G.(2011). *Becoming a helper*(6th ed.). Belmont, CA: Brooks/ Cole.

Seibert, D., Drolet, J. C., & Fetro, J. V.(2003). *Helping children live with death & loss. IL*: Southern Illinois University.

Seligman, L.(2006). Theories of counseling and psychotherapy: Systems, strategies, and skills(2nded). Upper Saddle River, NJ: Pearson Prentice Hall.

Sellers, S. L., & Hunter, A. G.(2005). Private pain, public choices: Influence of problems in the family of origin on career choices among a cohort of MSW students. *Social Work Education, 24*(8), 869-881.

Sharf, R. S.(2012). *Theories of psychotherapy & counseling concepts & cases*(5th ed.). Belmont ,CA: Brooks/Cole.

Sharkin, B. S. & Gelso, C. J.(1993). The influence of counselor trainee anger-proneness and anger discomfort on reactions to an angry client. *Journal of Counseling & Development, 71*(5), 483-487.

Staton, A. R., Benson, A. J., Briggs, M. K., Cowan, E., Echterling, L. G., Evans, W. F., et al.,(2007). *Becoming a community counselor: Personal & professional explorations.* Boston, IL: Lahaska Press.

St. Clair, M.(1996). *Object relations and self psychology: An introduction*(2nd ed.). Pacific Grove, CA: Brooks/Cole.

Stewart, I.(1989). *Transactional analysis counseling in action.* London: Sage.

Stiles, M. M.(2002). Witnessing domestic violence: The effect on children. *American Family Physician, 66*(11), 2052-2057.

Sue, D. W.(2001). Multidimensional facets of cultural competence. *Counseling Psychologist, 29*, 790-821.

Sue, D. W.(1996). Towarda theory of multicultural counseling & theory. In *A theory of multicultural counseling & therapy*(Sue, D. W., Ivey, A. E., & Pedersen, P. B., pp.1-2). Pacific Grove, CA: Brooks/Cole.

Sue, D. W., Ivey, A. E., & Pedersen, P. B.(1996). *A theory of multicultural counseling & therapy.* Pacific Grove, CA: Brooks/Cole.

Sweeney, T. J.(1989). *Adlerian counseling: A practical approach for a new decade*(3rd ed.). Muncie, IN: Accelerated Development.

Taft, C., Schumm, J. A., Marshall, A. D., Panuzio, J., & Holtzworth-Munroe, A.(2008). Family-of-origin maltreatment, posttraumatic stress disorder symptoms, social information processing deficits, and relationship abuse perpetration. *Journal of Abnormal Psychology, 117*(3), 637-646.

Taylor, M.(1996). The feminist paradigm. In R. Woolfe & W. Dryden(Eds.), *Handbook of counseling psychology*(pp.201-218). Thousand Oaks, CA: Sage.

Tolman, A. E., Diekmann, K. A., & McCartney, K.(1989). Social connectedness & mothering: Effects of maternal employment & maternal absence. *Journal of Personality & Social Psychology, 56*(6), pp.942-949.

Toporek, R. L.(2001). Context as a critical dimension of multicultural counseling: Articulating personal, professional, and social factors. *Journal of Multicultural Counseling & Development, 29*(1), 13-31.

Tudor, K., & Worrall, M.(2006). *Person-centered therapy: A clinical philosophy.* London: Routledge.

Turner, J. H.(2007). *Human emotions: A sociological theory.* London: Routledge.

Tyler, J. M., & Guth, L. J.(2003). *Understanding online counseling service through a review of definition and elements necessary for change.*(ERIC Document Production Service No. ED 481136)

Utsey, S. O., Fisher, N. L., & Belvet, B.(2010). Culture and worldview in counseling and psychotherapy: Recommended approaches for working with persons from diverse sociocultural backgrounds. In M. M. Leach & J. D. Aten(eds.). *Culture and the therapeutic process: A guide for mental health Professionals*(pp.181-199). N.Y.: Routledge.

Vogel, D. L., Wade, N. G., & Haake, S.(2006). Measuring the self-stigma associated with seeking psychological help. *Journal of Counseling Psychology, 53*(3), 325-337.

Vogel, D. L., Wester, S. R., Wei, M. & Boysen, G. A.(2005). Role of outcome expectations and attitudes on decisions to seek professional help. *Journal of Counseling Psychology, 52*(4), 459-470.

Warner, J., & Baumer, G.(2007). Adlerian therapy. In W. Dryden(Ed.), *Dryden's handbook of individual therapy*(5 th ed)(pp.124-143). London: Sage.

Welfel, E. R.(2010). *Ethics in counseling and psychotherapy: Standards, research, and emerging issue*s(4 th ed.).Belmont, CA: Brooks/Cole.

Whitmore, D.(2004). *Psychosynthesis counseling in action*(3 rd ed.). London: Sage.

Winter, P.(1994). A personal experience of supervision. *British Journal of Guidance & Counseling, 22*(3), 353-356.

Yalom, I. D.(1980). *Existential psychotherapy.* N. Y.: BasicBooks. ＃ Eckhart Tolle(2003/2016)

國家圖書館出版品預行編目資料

圖解自我探索與成長／邱珍琬著．--初版．--臺
北市：五南圖書出版股份有限公司，2017.02
　　面；　　公分
ISBN 978-957-11-8977-2（平裝）
1.團體輔導 2.團體諮商 3.自我實現
178.3　　　　　　　　　105024628

1BZY

圖解自我探索與成長

作　　者 ― 邱珍琬（149.29）

發 行 人 ― 楊榮川

總 經 理 ― 楊士清

總 編 輯 ― 楊秀麗

副總編輯 ― 王俐文

責任編輯 ― 金明芬、洪禎璐

封面設計 ― 陳翰陞

排版設計 ― 劉好音

出 版 者 ― 五南圖書出版股份有限公司

地　　址：106台北市大安區和平東路二段339號4樓

電　　話：(02)2705-5066　　傳　　真：(02)2706-6100

網　　址：https://www.wunan.com.tw

電子郵件：wunan@wunan.com.tw

劃撥帳號：01068953

戶　　名：五南圖書出版股份有限公司

法律顧問　林勝安律師事務所　林勝安律師

出版日期　2017年2月初版一刷
　　　　　2022年2月初版三刷

定　　價　新臺幣320元

經典永恆・名著常在

五十週年的獻禮——經典名著文庫

五南，五十年了，半個世紀，人生旅程的一大半，走過來了。

思索著，邁向百年的未來歷程，能為知識界、文化學術界作些什麼？

在速食文化的生態下，有什麼值得讓人雋永品味的？

歷代經典・當今名著，經過時間的洗禮，千錘百鍊，流傳至今，光芒耀人；

不僅使我們能領悟前人的智慧，同時也增深加廣我們思考的深度與視野。

我們決心投入巨資，有計畫的系統梳選，成立「經典名著文庫」，

希望收入古今中外思想性的、充滿睿智與獨見的經典、名著。

這是一項理想性的、永續性的巨大出版工程。

不在意讀者的眾寡，只考慮它的學術價值，力求完整展現先哲思想的軌跡；

為知識界開啟一片智慧之窗，營造一座百花綻放的世界文明公園，

任君遨遊、取菁吸蜜、嘉惠學子！